1964
O GOLPE

Flávio Tavares
1964
O GOLPE

4ª EDIÇÃO

L&PMEDITORES

Texto de acordo com a nova ortografia.
1ª edição: fevereiro de 2014
4ª edição: maio de 2019

Capa: Marco Cena *Imagem*: documento original da CIA
Tradução dos documentos: Cássia Zanon
Revisão: Simone Diefenbach

CIP-Brasil. Catalogação na Fonte
Sindicato Nacional dos Editores de Livros, RJ

T23m

Tavares, Flávio, 1934-
    1964: o golpe / Flávio Tavares ; tradução dos documentos Cássia Zanon. – 4. ed. – Porto Alegre, RS : L&PM, 2019.
    320 p. : il. ; 21 cm.

    ISBN 978-85-254-3096-0

    1. Brasil - História - Revolução, 1964. 2. Brasil - Política e governo - 1964. 3. Brasil - Forças armadas. I. Zanon, Cássia. II. Título. III. Título: Mil novecentos e sessenta e quatro: o golpe.

14-08568   CDD: 981.062
                         CDU: 94(81)'1961/1964'

© Flávio Tavares, 2014

Todos os direitos desta edição reservados a L&PM Editores
Rua Comendador Coruja, 314, loja 9 – Floresta – 90220-180
Porto Alegre – RS – Brasil / Fone: 51.3225.5777

Pedidos & Depto. comercial: vendas@lpm.com.br
Fale conosco: info@lpm.com.br
www.lpm.com.br

Impresso no Brasil
Outubro de 2019

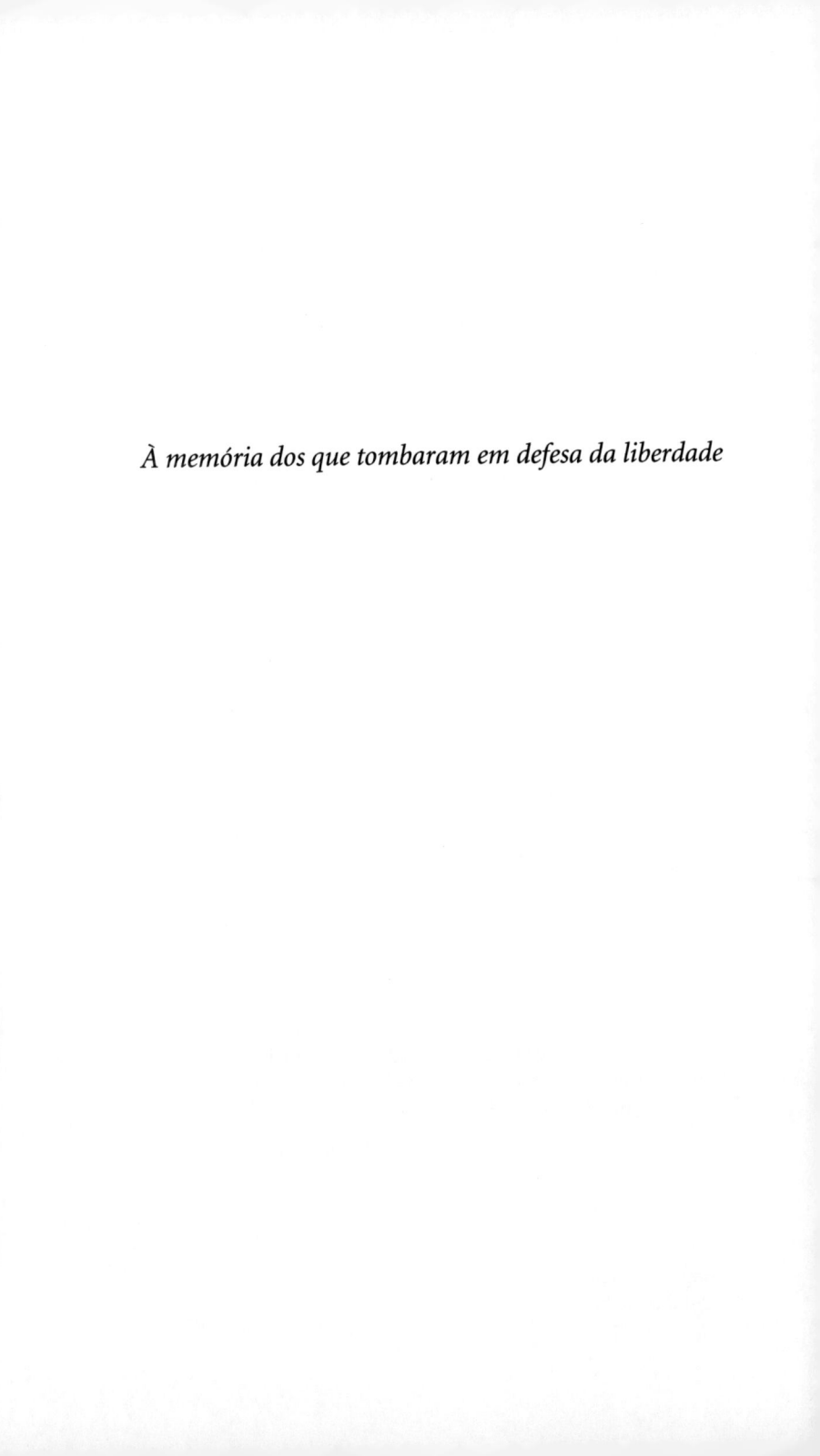

À memória dos que tombaram em defesa da liberdade

Sumário

Prólogo – O começo no fim 11

Primeira parte 13
    Capítulo I – Resistir ou negociar? 15
    Capítulo II – A conspiração 58
    Capítulo III – Washington no jogo 94
    Capítulo IV – O senhor embaixador 112
    Capítulo V – Walters na praça 124
    Capítulo VI – Os tiros de novembro 152
    Capítulo VII – *Post mortem* 160
    Capítulo VIII – O comício e o começo 174
    Capítulo IX – A queda 189
    Capítulo X – Apoteose no oceano 217

Segunda parte 235
    Capítulo XI – Como foi possível? 237
    Capítulo XII – Jango: A surpresa 252

Terceira parte 261
    Os documentos secretos 263
        Documento 1 265
        Documento 2 287
        Documento 3 289
        Documento 4 295
        Documento 5 299
        Documento 6 305
        Documento 7 311
        Documento 8 313

Epílogo 315

"A verdade é filha do tempo, não da autoridade."
(*Die Wahrheit ist das Kind der Zeit, nicht der Autorität.*)
BERTOLT BRECHT

Prólogo
O começo no fim

Assisti em 1961 à chegada do vice-presidente João Goulart a Porto Alegre, vindo da China, e, logo, à posse presidencial em Brasília, após o triunfo do Movimento da Legalidade. A 1º de abril de 1964, testemunhei seus derradeiros momentos no Palácio do Planalto, aquelas horas finais em que o poder lhe fugia das mãos a cada instante, e toda tentativa de ir adiante o fazia retroceder ainda mais.

Sem telefones interurbanos nem telex ou voos comerciais, Brasília estava isolada nessa tarde, 36 horas após o início da sublevação do general Olympio Mourão, em Minas Gerais. Só os boatos, carregados de invencionices, alimentavam o Congresso, os quartéis e a população. De pronto, soubemos que Jango viera do Rio, onde ainda estava a maioria dos ministérios. Ele era o centro nevrálgico de tudo e, com ele, tudo se esclareceria.

Caminhamos do Congresso ao Palácio do Planalto, sem saber que ali estava o começo da história do golpe de Estado. E do que o rodeou – a dispersão dos conspiradores e seu reagrupamento. Ou o ufanismo inocente dos legalistas. A direita e a esquerda em confronto. E do que veio depois.

Assisti a tudo, mas só agora, 50 anos depois, fui descobrir os elos da conspiração e da articulação do golpe. Até a quase totalidade dos que dele participaram ignoravam sua raiz.

Ei-la adiante, diretamente no que conto e nos documentos secretos da Casa Branca, da CIA e da Embaixada dos EUA. E, mais do que tudo, nas entrelinhas do que ali se oculta.

Primeira parte

Capítulo I
Resistir ou negociar?

"Na história, como na vida,
a doença surge bem antes do sintoma.
Tudo começa antes de ter começado."

Arievlis Patraz
(poeta afegã)

– 1 –

A queda foi rápida, mas a conspiração foi longa. Começou em setembro de 1961, quando João Goulart assumiu a presidência da República, em Brasília, dois anos e sete meses antes desse anoitecer de 1º de abril de 1964, em que ele deixou a cidade e o poder tal qual havia chegado: voando às pressas, assediado, aplaudido e acuado.

No Palácio do Planalto, de pé, falando ao telefone junto à ampla escrivaninha presidencial, não mudou o tom de voz quando eu e dois outros jornalistas entramos no gabinete. O olhar distante mostrava que, outra vez, ele se sentia dependente de algo exterior a si mesmo, como em agosto de 1961, quando Jânio Quadros renunciou. Naquela vez, estava em Cingapura, distante de tudo e, de fato, pouco interveio para chegar à presidência. Agora, no centro político do poder, a sorte e o futuro dependiam das ordens que desse ou da disposição que demonstrasse para se opor à rebelião ou para negociar com os rebeldes do general Olympio Mourão Filho, que desciam de Minas Gerais em direção ao Rio de Janeiro pedindo "a renúncia do presidente da República". No entanto, ele continuava a depender dos demais, como em 1961 na Campanha da Legalidade.

Primeira parte

Só ele próprio parecia não perceber, ou não entender, que todos estavam à espera do que ordenasse, dissesse ou fizesse e que dependia do presidente da República dar solução ou apontar um caminho àquele momento. Até porque, no isolamento da capital, sem comunicação interurbana desde a madrugada, ninguém entendia ao certo o que significava "aquele momento".

E foi assim, com a avidez de saber o que ele faria que, em tropel, entramos no gabinete presidencial. Maria da Graça Dutra, Fernando Pedreira e eu nem chegamos a lhe fazer perguntas. Naquela tarde, menos de uma hora antes, João Goulart viera do Rio de Janeiro num jato *Coronado* requisitado à Varig, que permanecia em Brasília à sua disposição, já que não podia voar na rota a Nova York, pois todos os voos do Brasil ao exterior haviam sido cancelados. De fato, Jango saíra do Rio em fuga, ou quase isso, sem disposição para ordenar a resistência armada à rebelião. Ninguém sabia disso ou sequer percebera, à exceção dos comandantes com sede no Rio, que era ainda a "capital militar do Brasil", sede dos ministérios da Guerra (ou Exército), Marinha e Aeronáutica.

De pé, enquanto o ajudante de ordens reunia apressadamente papéis e pastas, ele nos disse duas frases lacônicas, mas com um jeito tão tranquilo que me confundiram ainda mais naquele instante de confusa indagação.

– Acabo de falar com o comandante do III Exército, que reafirmou sua lealdade e apoio. Vou instalar o governo no Rio Grande do Sul e viajo hoje mesmo a Porto Alegre com o ministério!

Jango nunca foi loquaz e sempre se expressou em frases curtas e simples, mas agora chegava a ser seco, mesmo em tom educado e íntimo. Mudos e literalmente petrificados, só atinamos em parte com o sentido daquela pressa e daquelas palavras que, de fato, pouco diziam e transmitiam apenas interrogações, não respostas. Pedreira era o comentarista político de *O Estado de S. Paulo*, o mais férreo opositor de Jango; Maria da Graça, do discreto *Correio Braziliense*, era velha militante comunista; e eu, o colunista político da cadeia *Última Hora*, que apoiava abertamente o programa de reformas do governo. Representávamos jornais diferentes entre si, mas recebíamos igual tratamento por parte do presidente. Sem confundir amizade e política, Pedreira e eu éramos críticos da sua forma de agir. Pedreira, por entender que ele avançava demais e sem sentido. Eu, por entender que ele se enredava em avanços e recuos que acabariam em descrédito ou retrocesso. Maria da Graça, sempre à espera do que dissesse "o partido", era fiel ao seu jornal limitando-se a informar.

Meio século depois, é fácil perceber que Jango avançou demais – mesmo sem saber ou sem o desejar – num país cheio de preconceitos, dominado por uma mentalidade atrasada e temente a mudanças. Naquele dia 1º de abril, porém, Jango recuou além dos limites do absoluto.

– 2 –

Sem comunicações e sem aviões, a capital parecia flutuar a esmo e todos nós com ela, ao sabor da fantasia e da invencionice. Ou dos desejos. No Palácio do Planalto, porém, o serviço de fonia da Casa Militar da Presidência funcionava sem problemas, via rádio, e dali Jango falou com o general Ladário Pereira Telles, que naquela madrugada assumira o comando do III Exército, em Porto Alegre, e o informou de que viajava ao Sul.

– Venha, presidente, venha. O III Exército reafirma sua lealdade e resistirá. Temos algumas dificuldades, todas pequenas, no entanto, que vamos sanar e vencer com sua presença! – salientou Ladário.

Depois, entrou no diálogo Leonel Brizola, que já não era governador, como em 1961 (quando comandou o movimento que garantiu a posse de Jango), mas decidira mobilizar civis e militares pelo rádio com o mesmo ímpeto de quando comandava a máquina governamental no Estado. Deputado federal pela Guanabara, eleito em 1962 como o mais votado do país, Brizola tinha no Sul sua retaguarda civil-militar e, com sua habitual veemência, insistia em que "a rebelião de Minas Gerais é o golpe" e "o golpe se derrota mobilizando povo e Exército". Com esta frase, inclusive, concluiu a conversação, que o presidente encerrou com outra que dava a entender que viajava para resistir à tentativa de golpe:

– Os ministros me acompanham para instalar em Porto Alegre o governo da República. Vamos ser fiéis à Constituição e manter a legalidade democrática!

A frase final, de pura retórica, se adaptava muito mais a um comício do que à gravidade do momento. Destoava, até, do ambiente de apreensão dominante em Brasília e no Sul, mas ninguém percebeu nela qualquer recuo além daqueles que a tática impõe. E que não são recuos, apenas cuidados.

– 3 –

Ao entrarmos no gabinete presidencial, Jango se preparava para sair. Os militares ajudantes de ordem arrumavam pastas com documentos, enquanto ele combinava pelo telefone (com Tancredo Neves, líder governista na Câmara dos Deputados, e Valdir Pires, consultor-geral da República) a redação de um pronunciamento dele próprio à nação. Em trinta minutos, iriam reunir-se todos eles na residência presidencial da Granja do Torto, para a redação definitiva.

E, sem pedir que saíssemos, ele próprio começou a abrir gavetas, arrumar papéis e telefonar. Ao lado da sua mesa havia o único telefone da capital com linha direta ao Rio e, portanto, imune ao corte de comunicações ordenado pelos sindicatos "para paralisar os golpistas". E, lá do Rio, o informaram que o general Moraes Âncora (comandante do I Exército e seu apoio leal) estava "quase sem fala, numa profunda crise de asma". Naquelas circunstâncias, o asmático Âncora era, de fato, o poder maior no Exército: o general Jair Dantas Ribeiro, ministro da Guerra, convalescia no Hospital dos Servidores de uma delicada cirurgia de câncer de próstata e, na cama, exercia apenas autoridade nominal. Logo, Jango desceu à Casa Militar, para novamente falar com o Sul pelo rádio.

O general Ladário tinha saído em inspeção "há poucos minutos" e o presidente deixou-lhe um recado a ser transmitido, também, ao "homem dos fios". No QG, em Porto Alegre, o major

Álcio, chefe do serviço de fonia, anotou tudo. O "homem dos fios" era Brizola e o próprio major Álcio cuidadosamente gravava as conversações. Mas não apenas por zelo ou obrigação militar: em seguida, informava tudo ao seu pai, o general Arthur da Costa e Silva, no Rio e sem comando de tropa, mas que horas depois iria instalar-se no prédio sem generais (e quase vazio) do ministério da Guerra e se autoproclamar "ministro" e chefe do Exército. Ninguém previa isso até então, nem o próprio Costa e Silva, que fora surpreendido com a sublevação de Mourão...

– 4 –

O Palácio do Planalto estava em calma, silencioso, sem a normalidade do ruído de ir e vir. Mesmo assim, não percebemos que aquilo era a calmaria típica posterior às tempestades. Brasília era uma caixa fechada e não sabia da tormenta. Voltamos ao edifício do Congresso, onde o burburinho dominava tudo e até o silêncio de uns poucos era sinal da agitação que não podiam explicar. O plenário da Câmara dos Deputados e do Senado tinham se transformado em campo de batalha. Não se sabia ao certo o que ocorria no núcleo militar, a não ser que o general Olympio Mourão "descia" com suas tropas pela estrada de Juiz de Fora ao Rio de Janeiro e que o governador Magalhães Pinto tinha constituído, às pressas, "um secretariado de grandes personalidades", algo como um "ministério federal" no âmbito do Estado de Minas Gerais. Com isso, tinha unido os dois adversários irreconciliáveis, a UDN (União Democrática Nacional) e o PSD. O udenista Afonso Arinos, ex-ministro de Relações Exteriores, agora era secretário estadual de Relações Exteriores. O jurista e ex-governador udenista Milton Campos, secretário "sem pasta". José Maria Alkmin, a figura mais próxima a Juscelino Kubitschek, de quem fora ministro, era secretário estadual de Fazenda, além de outros "grandes nomes" dos dois partidos adversários entre si.

Ninguém entendia a súbita visão da "união de Minas" instituída pelo governador, à qual se seguia uma rebelião militar da qual ele era o condutor civil.

Sem conhecer detalhes das batalhas, ou saber sequer se havia batalhas, a guerra era verbal, principalmente na Câmara dos Deputados. No Senado, o entrevero tinha se encerrado com um patético pronunciamento do líder trabalhista Artur Virgílio alertando que a consumação de um golpe militar derrubaria "a todos", a todo o poder civil, inclusive os atuais adversários do governo. Os senadores recolhiam-se aos conciliábulos dos gabinetes, deixando o combate constante para o plenário da Câmara dos Deputados. Eram ainda tempos de oratória e racionalismo verbal e os discursos se sucediam como fogo de metralha numa guerra de trincheiras, em que um lado atacava e o outro respondia. Todas as bravatas verbais dos últimos nove meses (quando a oposição endureceu a forma de agir) reuniam-se agora numa só tarde e numa só noite, de parte a parte. Esse interminável pingue-pongue era até atraente, mas se tornava perigosamente tolo, pois acendia paixões e destapava ou multiplicava vaidades. E esse jogo (em que cada qual, ao atacar ou defender, tentava demonstrar ser mais sagaz e mais brilhante do que o outro) fazia o Parlamento perder de vista a função primordial de espelho da Constituição e da democracia.

E se a rebelião triunfasse? Onde ficaria o Parlamento? A missão intrínseca do Congresso era o golpe ou a Constituição?

O exibicionismo discursivo fazia perder de vista tudo o que não fosse exibição.

– 5 –

A oposição da UDN era minoritária, mas tinha o brilho e a habilidade de que carecia a maioria pró-governo do PTB e PSD, além dos partidos menores. Os chamados "cardeais da UDN" – Adauto Lúcio Cardoso, do Rio, Aliomar Baleeiro, da Bahia, Bilac Pinto e Pedro Aleixo, de Minas – tinham preparado a fogueira ao longo dos últimos meses e, agora, ao surgir a chispa da rebelião militar, lançaram o grupo de reserva para cuspir labaredas. Naqueles tempos, o Parlamento ainda tinha prestígio, e toda a vida da nação (ou, até, toda a atualidade mundial) desembocava em discursos e discussões no plenário.

A maioria governamental era heterogênea, a começar pelo próprio PTB, com os trabalhistas divididos entre "avançados", que buscavam rápidas reformas estruturais, e os "fisiológicos", mais numerosos e com os olhos postos, quase tão só, em postos no governo ou favores do poder. O PSD, do ex-presidente Juscelino Kubitschek (nascido no mesmo ventre getulista do PTB), era conservador em sua essência. Apenas uma ínfima minoria da bancada parlamentar apoiava o programa de reformas. A grande maioria se calava e muitos outros se insurgiam abertamente contra a reforma agrária. O mineiro e juscelinista Último de Carvalho, por exemplo, extravasava sua visão mirabolante: "O que querem é terminar com a propriedade privada e implantar o comunismo!", bradava há meses em discursos e quase todos os dias pelos corredores.

O líder da maioria governamental, Tancredo Neves, mineiro e do PSD, era obrigado a usar todos os artifícios possíveis para comandar os deputados do seu próprio partido. Naquele 1º de abril, porém, à medida que se debilitava a autoridade de Jango, enfraquecia-se também (e mais do que tudo) a lealdade do PSD, interessado sobretudo na "fisiologia" de obter nomeações e outras benemerências governamentais, além de empréstimos do Banco do Brasil e da Caixa Econômica. Um presidente acuado pouco pode prometer para o futuro – nem cargos nem verbas – e a maioria do PSD calou-se. E, pelo menos, um terço da bancada trabalhista silenciou. E silenciavam, principalmente, os janguistas, aqueles que se ligavam diretamente a Jango, ou aos favores que podia conceder como presidente.

– 6 –

Há mais de um ano, desde a volta ao presidencialismo, no final de janeiro de 1963, o ambiente político estava carregado de eletricidade em função das reformas de base. A carga elétrica atingira, contraditoriamente, a área parlamentar governista, em parte desarticulada pelas disputas entre os "mais reformistas" e os "menos reformistas". E tudo se acentuava naquele 1º de abril cheio de raios. O líder trabalhista Doutel de Andrade, de raciocínio rápido mas retórico orador, não tinha o comando integral da sua bancada. Os "brizolistas" e toda a esquerda viam nele apenas "um pelego" de Jango por haver derrubado da liderança o deputado Bocayuva Cunha (um engenheiro com profunda formação humanista), numa manobra urdida pelo Palácio do Planalto, meses antes, quando Jango quis instituir o estado de sítio e os próprios trabalhistas se opuseram. O resto dos reformistas e da esquerda, dispersa em diferentes partidos (dos pequenos até a própria UDN e o conservador PSD), pouco confiava nele e o via apenas como um pau-mandado do presidente. Doutel se esforçava, era audaz, mas não conseguia coordenar a resposta à avalanche discursiva da oposição, que bombardeava forte, animada pelo pouco que sabia e pelo muito que inventava sobre as tropas de Mourão e "a posição de Minas Gerais".

A guerra de discursos significava a preparação urgente do impeachment do presidente da República. E os deputados se alvoroçavam, pois tinham nas mãos o destino presidencial. A "equipe de reserva" da UDN pedia a renúncia ou o impedimento de Jango num tom desafiador de guerra aberta.

Para atacar o presidente, o padre Godinho, deputado por São Paulo, por exemplo, usou todos os adjetivos que a teologia medieval da Igreja empregava contra o demônio. E, quando já não dispunha de qualificativos, surpreendeu-se ao ver no plenário o deputado Francisco Julião e o chamou de *Giuliano*, nome do bandido chefão da camorra siciliana, presente naqueles anos na imprensa de todo o mundo. Dedicado à chefia política das Ligas Camponesas no Nordeste, o pernambucano Julião comparecia naquele dia à Câmara pela primeira vez desde eleito, exatamente para não perder o mandato por ausência continuada. Sem o saber, viu-se em meio ao furacão do golpe. E ele, até então ferrenho opositor, que qualificava João Goulart de "latifundiário e lacaio do latifúndio" ou de "demagógico patrocinador de falsa reforma agrária", viu-se levado a defender o governo. E, para se opor ao golpe, falou como um general no comando de tropas – não em sentido figurado, mas real e concreto – e ameaçou "mobilizar, pelo Brasil inteiro, 60 mil homens armados das Ligas Camponesas".

– Cinco mil dos quais estão perto daqui, em Goiás e no Distrito Federal! – bradou triunfante.

Até então, em ambos os lados, as bravatas e ameaças consistiam em adjetivos. Agora, o pernambucano Julião (em seu primeiro dia no Parlamento) trovejava com o fantasma da guerra civil e trazia números e armas, só faltando fantasiar combates e lutas, antes mesmo de se saber ao certo do andamento da rebelião em Minas. Com isso, gerou terror e medo entre os indecisos. Um mês antes, o deputado Bilac Pinto tinha assegurado saber que sindicatos urbanos e organizações rurais "recebiam armas" para deflagrar a "guerra revolucionária" e, nesse dia de outras guerras, as palavras tonitruantes de Julião pareciam confirmar a denúncia.

Na tensão do momento, quem adivinharia que tudo aquilo era tão só uma fanfarronada adolescente ou infantil, em que os dois lados (Bilac Pinto e Julião) se emulavam na fantasia da mentira?

– 7 –

Há muito, a jactância dominava o cenário político. De uma parte, pregava-se o golpe em arrogante tom de jactância, abertamente e sem rodeios, como se aquilo não fosse um delito – e o delito maior, pois esmagava a legalidade da Constituição. Paralelamente, pregava-se a aniquilação dos golpistas com idêntica fanfarronice, como se isso não significasse um confronto militar, sempre perigoso e brutal. O governador da Guanabara, Carlos Lacerda, de palavra hábil e brilhante, a cada semana inventava um pretexto para pedir "a derrubada do presidente da República". Isto mesmo: pregava a "derrubada" – nem sequer pedia a renúncia. Insuflava abertamente à rebelião direta sob o pretexto de "impedir um golpe do presidente para manter-se no poder".

O estilo político de Jango, no entanto, não era o dos golpes com armas. Podia usar, até, sorrateiros expedientes de promessas ou compromissos sem cumprir, mas não apelava às Forças Armadas. Em agosto de 1963, ele reuniu, na residência presidencial da Granja do Torto, os cronistas políticos de cada um dos jornais do Rio e São Paulo com sucursal em Brasília e o da própria capital. Na conversa longa e descontraída, indagamos de tudo. Perguntei-lhe do "golpe" em andamento no seio do governo, que Carlos Castello Branco, do *Jornal do Brasil*, do Rio, abordara dias antes em sua coluna. Castelo estava presente e ampliou a pergunta, com o que Jango ampliou a resposta e fez confidências.

Contou que "nesta sala, sentados nos sofás em que vocês estão", civis e militares já lhe haviam sugerido ou proposto fechar o Congresso, mais de uma vez. "Vocês sabem disso e sabem que eu rejeitei sempre", disse numa alusão às crises do período do parlamentarismo, em 1962, quando tornou-se público que o general Amaury Kruel, com apoio dos comandantes do I, II e III Exércitos, sugeriu dissolver o Congresso, "ou fechar mesmo", e convocar novas eleições parlamentares. No dia seguinte, em sua coluna (então caixa de ressonância da oposição da UDN), Carlos Castello Branco escreveu que esperava encontrar na Granja do Torto um homem aturdido por preparativos estranhos, mas deparou-se com "um presidente tranquilo". No fundo, inocentava Jango, mas os opositores prosseguiram na denúncia contínua e incessante.

Em setembro de 1963, numa entrevista ao jornal *Los Angeles Times*, Lacerda (já, de fato, candidato da UDN à presidência da República) atingiu o ponto máximo. Afirmou que Jango estava "sob o domínio dos comunistas" (algo que, nos EUA, servia para justificar até o absurdo) e acrescentou que os militares só não o derrubavam naquele momento para "evitar uma confusão ainda maior que a atual".

No lado do PSD (partido integrante da maioria governamental), o arauto aberto do golpe era o deputado Armando Falcão, ministro da Justiça no governo de Juscelino Kubitschek que continuava ao seu redor. Conheceria o ex-presidente os passos dos golpistas? Ou não acreditaria neles, tomando-os apenas como ultraopositores, até porque queria voltar ao poder e já fora proclamado candidato na eleição presidencial de outubro de 1965?

– 8 –

A jactância habitava também o lado do governo ou dos que estavam contra o golpe. "Se os golpistas puserem a cabeça de fora, serão esmagados como se esmaga uma cobra, na cabeça!", disse-me o ministro da Justiça, Abelardo Jurema, do PSD da Paraíba, integrante do mesmo partido infestado de propagandistas da derrubada.

O grande "divisor de águas" da política de então, Leonel Brizola, usava metáfora semelhante – via na pregação golpista "uma serpente venenosa" a esmagar pela cabeça.

Há muito, as Forças Armadas estavam divididas em termos políticos, mas ambos setores conviviam no estamento militar, mesmo um falando mal do outro. A divisão crescera de 1951 a 1954, durante o governo de Getúlio Vargas. De um lado, os "nacionalistas", com uma visão de soberania e independência nacional, anti-imperialistas e, assim, próximos à esquerda. De outro, na direita, os "liberais democráticos", como se autodenominavam os americanófilos, imbuídos do anticomunismo doentio típico da Guerra Fria daqueles tempos. Como ministro da Guerra, o general Henrique Teixeira Lott conseguira acalmar os atritos (durante o governo de Juscelino Kubitschek) impondo-se a três tentativas de golpe dos "liberais-democráticos". Nos sete meses do governo Jânio Quadros, a convivência tendia a acentuar-se, até que a renúncia presidencial levou ao fracassado golpe militar de 1961, tentando impedir a posse do vice-presidente.

A divisão se acentuou a partir daí. E, num paradoxo, principalmente a partir dos derrotados. Os vencedores não se portaram com arrogância ou presunção. Mais até: dispuseram-se a conviver com os derrotados dentro do estamento militar. O espírito e as ações de revanche surgem dos vencidos em 1961. São eles que articulam a grande conspiração que leva a 1964.

PRIMEIRA PARTE

– 9 –

O ministro da Guerra, general Jair Dantas Ribeiro, que comandava o Exército, recatado no falar, quando indagado sobre golpe e golpistas, limitava-se a exclamar, num sorriso sarcástico de desdém: "Eles que se atrevam!".
Eles! "Eles" eram muitos, mais do que acreditavam todos até, com raízes onde jamais se pensou. Mesmo assim, em vez de se atreverem, prepararam-se pouco a pouco. Os governistas, ou legalistas, atuavam às claras por imposição da própria lei e pela condição de "serem governo". Seus atos eram públicos, estampados no Diário Oficial e serviam de pretexto para a crítica dos que conspiravam nas catacumbas dos quartéis.
Começava aí a vantagem dos conspiradores. O sigilo os protegia. Suas cabeças concretas não eram visíveis e, por isso, podiam ser mais atuantes, por não estarem limitadas pelo RDE, o rígido Regulamento Disciplinar do Exército, ainda mais severo na Marinha e Aeronáutica.
É assim que "eles" – os que se atreveram – constituem uma espécie de "núcleo operacional" na Escola Superior de Guerra, onde algumas das "grandes figuras" dos "liberais" americanófilos se encontravam numa espécie de "refúgio", ao não terem comandos de tropa. De lá, o general Osvaldo Cordeiro de Farias coordenava a conspiração, numa preparação lenta mas progressiva. Há anos, ele era o principal elo militar com a política. No "tenentismo" da década de 1920, integrara o Estado Maior da Coluna Prestes. Depois, já coronel, tinha governado o Rio Grande do Sul, como interventor federal nomeado por Getúlio Vargas nos tempos do Estado Novo, e nos anos 1950 fora eleito governador de Pernambuco. Comandara a Artilharia da Força Expedicionária Brasileira na Segunda Guerra Mundial, na Europa, e era uma das mais respeitadas figuras do Exército. Trouxera dos Estados Unidos o modelo do War College e, com ele, implantou no Brasil a Escola Superior de Guerra como um núcleo de elite das Forças Armadas, acima dos governos e com autonomia. No improvisado golpe de

Estado de 1961, após a renúncia de Jânio Quadros, no entanto, sofrera uma derrota humilhante: não conseguiu sequer chegar a Porto Alegre para assumir o comando do III Exército e impedir que se integrasse ao movimento do então governador Leonel Brizola, que a partir do Rio Grande do Sul assegurou a posse do vice-presidente.[1]

Junto com os três ministros militares de então, Cordeiro de Farias fora o grande derrotado. Como eles, engoliu o fracasso, mas não o digeriu. Lentamente, preparou-se para vomitá-lo mais tarde.

– 10 –

Naqueles anos, o presidente da República não necessitava apenas de "apoio parlamentar" para governar, mas também de "apoio militar". O "partido fardado" (para usar a expressão criada por Oliveiros S. Ferreira), porém, não era unitário. Dividia-se em duas correntes e exigia cuidados não só por isso mas por ter armas em vez de votos. João Goulart tinha chegado à presidência contrariando a vontade de um amplo setor militar, que abertamente impugnou sua posse em 1961. Os dezesseis meses de regime parlamentarista tinham silenciado, em parte, as desavenças internas nas Forças Armadas. Os governos de coalizão dos três diferentes primeiros-ministros desse período (Tancredo Neves, Francisco Brochado da Rocha e Hermes Lima) alcançaram também a área militar e as divergências se acalmaram. Não se extinguiram, porém. Deixaram apenas de ser públicas.

Em 6 de janeiro de 1963, o resultado do plebiscito sobre o regime parlamentarista foi tomado por todos como uma avassaladora vitória do presidente João Goulart. Cerca de 80% dos eleitores disseram "não" ao novo regime político, que em verdade era tão só um remendo costurado às pressas pelo Congresso para dar um fim legal ao golpe de Estado de 1961. Mas os números do plebiscito significavam um voto de confiança ao presidente, pois lhe devol-

---

1. Detalho o episódio no livro *1961: O golpe derrotado*. Porto Alegre: L&PM Editores, 2012.

viam todos os poderes. Assim, a partir daí, Jango começou a vencer a indecisão típica do seu estilo e, estimulado pelos generais e políticos mais próximos, reorganizou o "esquema militar", implantando o que se chamou na época de "um dispositivo de confiança".

No início de 1963, quando organizou o primeiro governo presidencialista, Jango conservou os três ministros militares vindos da etapa final do parlamentarismo – general Amaury Kruel, brigadeiro Reynaldo de Carvalho e almirante Araújo Suzano. Eles tinham sido decisivos para levar o Congresso a marcar a data do plebiscito, principalmente quando Kruel assumiu o ministério da Guerra em setembro de 1962 e estabeleceu um sistema de pressão quase direta sobre os parlamentares. Na etapa de plenos poderes do presidencialismo, eles seriam "vitais" para a consolidação do governo. Os ministros civis consolidariam a base político-parlamentar entre o PSD juscelinista e o trabalhismo a partir de "grandes nomes" de escolha pessoal do presidente. Lembro-me dos aflitos telefonemas de Leonel Brizola, que vivia seus derradeiros dias como governador do Rio Grande do Sul, tentando influir na constituição do novo governo. Pouco antes, em outubro de 1962, ele derrotara o governador Carlos Lacerda no próprio Estado da Guanabara, ao se eleger ali como o deputado federal mais votado do país, e passou a ser o ponto de referência dos "progressistas" e "nacionalistas". (Brizola, sozinho, teve mais votos do que toda a UDN, o partido de Lacerda). Mesmo assim, o "comandante do Movimento da Legalidade de 1961" não foi chamado a opinar sobre o novo ministério, como tampouco opinara sobre os anteriores, no Parlamentarismo.

– Mas consegui colocar o velho Mangabeira no ministério da Justiça, que o Jango queria dar, num escândalo, ao PSD do Nordeste! – segredou-me Brizola na época. Reconhecido e acatado como jurista, o octogenário João Mangabeira dirigia o Partido Socialista e, pela segunda vez, chegava ao ministério pelas mãos de Brizola: em 1962, no governo do primeiro-ministro Brochado da Rocha, como ministro das Minas e Energia, tinha preparado a legislação sobre exploração e uso do subsolo, essencial para definir as políticas sobre minérios, carvão e petróleo, além dos aquíferos.

Habilmente, com os conselhos de Evandro Lins e Silva (nomeado para a chefia da Casa Civil), Jango formou um ministério de alto nível, com nomes partidários e independentes, mas de sua escolha pessoal, acima dos partidos.[2]

O alto nível do primeiro ministério presidencialista elevou o debate político, mas, paradoxalmente, contribuiu para que Jango o substituísse em poucos meses. E, num paradoxo dentro do paradoxo, as pressões do embaixador dos Estados Unidos é que, indiretamente, provocam uma ruptura profunda no governo. Incansável, o embaixador Lincoln Gordon pressiona em várias frentes para que o governo federal "indenize corretamente" as empresas American and Foreign Power (Amforp) e International Telephone and Telegraph (ITT), nacionalizadas no Rio Grande do Sul. Gordon vai diretamente a Jango, que nomeia uma "comissão interministerial", integrada pelos ministros da Fazenda, Indústria e Comércio e – não se sabe por que – também pelo ministro da Guerra, para sugerir "soluções" à compra do acervo das empresas.

A Justiça brasileira já havia decidido sobre ambos os casos, mas Gordon não ligava para isso, desconhecia as decisões e pres-

---

2. No Ministério da Fazenda, o jurista e ex-chanceler San Thiago Dantas; nas Relações Exteriores, o jurista Hermes Lima (do Partido Socialista e ex-primeiro--ministro); nas Minas e Energia, Gabriel Passos, um nacionalista da oposicionista UDN e ex-ministro no parlamentarismo; na Agricultura, o industrial José Ermírio de Moraes, recém-eleito senador pelo PTB de Pernambuco; na Viação e Obras Públicas, o independente Hélio de Almeida, presidente do Clube de Engenharia; no Planejamento, o economista Celso Furtado, organizador da Superintendência de Desenvolvimento do Nordeste; na Reforma Administrativa, Amaral Peixoto, "caudilho" do conservador PSD; na Saúde, Pinheiro Chagas, um juscelinista do PSD de Minas; na Educação, o professor Monteiro de Barros, ligado ao governador de São Paulo, Adhemar de Barros; no Ministério do Trabalho, o deputado Almino Affonso, do Amazonas, da esquerda trabalhista e ex-líder da bancada na Câmara Federal; no Ministério da Indústria e Comércio, o baiano Antônio Balbino, juscelinista do PSD, que desfrutava do "status" especial de "quebra-galho" do presidente. Na Superintendência de Reforma Agrária, o deputado João Caruso, ex-secretário da Agricultura do Rio Grande do Sul e único nome da confiança pessoal de Brizola.

sionava por outra saída. Brizola (que como governador fizera as nacionalizações) acusa publicamente, então, os três ministros de "suspeita de conluio" com o embaixador. San Thiago Dantas, Antônio Balbino e Kruel apoiavam abertamente a "compra" do acervo da Amforp e da ITT por US$ 135 milhões, cifra descomunal na época. (Pouco antes, em março de 1963, o ministro da Fazenda, San Thiago Dantas, em visita a Washington, conseguira renegociar ou obter novos créditos para o Brasil num total de US$ 84 milhões, muito menos do que o embaixador "exigia" para indenizar as duas empresas.)

– Isto é crime de lesa-pátria, traição aos interesses nacionais, pois nos exigem comprar ferro velho! – alertava Brizola pela TV, achando "muito estranho" que o ministro de Minas e Energia não integrasse a comissão interministerial.

Quando da nacionalização da empresa de energia elétrica em 1959 (ainda no governo Juscelino), a Justiça aceitara os cálculos em que o governo gaúcho demonstrou que o valor do velho acervo era inferior aos reinvestimentos fictícios e aos lucros ilegais enviados pela empresa à matriz nos Estados Unidos. Brizola mandou depositar, então, o valor simbólico de 1 cruzeiro (padrão monetário vigente) como indenização. A Justiça aceitou o procedimento e investiu o governo estadual na posse plena da empresa. Agora, através de um ato administrativo de "compra", o embaixador buscava mudar a decisão judicial.

Os três membros da "comissão interministerial" concordavam com a visão do embaixador, e era improvável que contrariassem o presidente, até porque "a compra" da Amforp estava na pauta principal do governo. No entanto, Jango se calava. Mais do que isso, num gesto de dubiedade total, mandou que o ministro da Indústria e Comércio, Antônio Balbino, conseguisse "dinheiro privado" de empresas nacionais para pagar espaços na televisão e rádio, a fim de que Brizola atacasse a ideia de Gordon e do próprio governo...

(Lembro-me de Josué Guimarães, diretor da Agência Nacional, recebendo dos assessores do ministro Balbino – um dos alvos das denúncias – duas pequenas malas abarrotadas de cédulas, para pagar espaços a Brizola na TV Tupi, do Rio, que comandava, então, a única cadeia de televisão do país.)

– 11 –

O estilo de Jango, seu comportamento arredio de, em vez de decidir, buscar estratagemas para os fatos decidirem por si próprios, acabou por não funcionar no dia da rebelião de Mourão em 31 de março de 1964. Naquele junho de 1963, porém, o presidente resolveu a seu estilo a nascente crise que as acusações de Brizola sobre "as negociatas milionárias em dólares" ameaçavam deflagrar na área governamental. E mudou o ministério. Com o pretexto de que Hermes Lima deixara o ministério do Exterior para entrar ao Supremo Tribunal Federal e de que San Thiago Dantas, doente com um câncer, se afastava, a nova composição era absolutamente janguista, tanto à esquerda quanto à direita. Evandro Lins e Silva passa a ministro do Exterior e Darcy Ribeiro entra na chefia da Casa Civil, e ambos sugerem ao presidente "um grande nome" para o ministério da Agricultura – Josué de Castro, ex-deputado trabalhista, membro da FAO da ONU, respeitado no mundo inteiro pelos seus livros *Geografia da fome* e *Geopolítica da fome*. E de Pernambuco, mantendo a regra de que o estado núcleo dos grandes conflitos agrários mantenha esse ministério. Esse homem reunia os atributos para levar adiante a reforma agrária sem assustar, mesmo com as restrições impostas pela Constituição.

O grande Josué de Castro, porém, teve o nome vetado pelo PTB pernambucano, que o considerava "estranho" e "ousado demais" desde que nove anos antes, em 1954, organizou "o congresso camponês" que encheu Recife de maltrapilhos desfilando nas ruas com enxadas, foices e facões. Em seu lugar, Jango escolheu, então, o deputado Osvaldo Lima Filho, da ala conservadora que dominava o PTB pernambucano. Na Superintendência de Reforma Agrária, o "brizolista" João Caruso é substituído pelo economista João Pinheiro Neto, mineiro radicado no Rio e apresentado a Jango por Samuel Wainer, diretor do jornal *Última Hora*, no qual escrevia o comentário econômico.

Na área militar, a figura mais próxima de Jango em termos pessoais, seu compadre Amaury Kruel, deixa o ministério da Guerra e vai comandar o estratégico II Exército, em São Paulo. Substitui o general Pery Bevilacqua, nacionalista e um dos comandantes militares do Movimento da Legalidade (de 1961), que é, no entanto, crítico severo do movimento sindical e das greves operárias. (As críticas de Brizola sobre a atuação de Kruel no caso da Amforp tinham inviabilizado sua permanência no ministério). O novo ministro da Guerra, general Jair Dantas Ribeiro, nacionalista histórico, consolidará o círculo de ferro antigolpista, junto com o almirante Sílvio Motta, na Marinha, e o brigadeiro Anísio Botelho, na Aeronáutica. Na chefia da Casa Militar, o recém-promovido general Argemiro Assis Brasil unirá as diferentes faces do dispositivo castrense governista.

Como uma rolha na boca furiosa da direita conservadora, o ministro da Fazenda é o ex-governador de São Paulo, Carvalho Pinto, numa tentativa de ponte com o empresariado industrial e a antiga oligarquia do café. No ministério da Educação, outro paulista, Paulo de Tarso Santos, do Partido Democrata Cristão, mas com posturas avançadas, de esquerda. O esquema parlamentar se amplia com três ministros do PSD, conservadores mas antigolpistas, a começar pelo paraibano Abelardo Jurema, na Justiça.[3] E, mais do que tudo, Jango volta a controlar sozinho seu velho feudo político – no ministério do Trabalho, Almino Affonso (que trocara os velhos "pelegos" janguistas por sindicalistas independentes ou pró-comunistas) é substituído por Amaury Silva, senador pelo Paraná.

---

3. No ministério da Saúde, Wilson Fadul, major-médico da Aeronáutica e deputado pelo PTB de Mato Grosso. Nas Minas e Energia, o baiano Oliveira Brito, do PSD, tal qual o cearense Expedito Machado, em Viação e Obras Públicas, controlando as grandes verbas federais. Na Indústria e Comércio, o inexpressivo Egídio Michaelsen, candidato trabalhista derrotado ao governo do Rio Grande do Sul. Celso Furtado permanece no ministério do Planejamento para levar adiante o Plano Trienal, esboçado no início do presidencialismo.

– 12 –

O ministério inexpugnável a qualquer tipo de golpe recém começa a funcionar quando morre o papa João XXIII. Jango o conhecera ainda quando vice-presidente no governo de Juscelino Kubitschek, numa "visita privada" ao Vaticano, em companhia da mulher e dos dois filhos pequenos, e faz celebrar uma missa de exéquias no Palácio do Planalto. Num avião especial, viaja do Rio a Brasília todo o corpo diplomático, do norte-americano Gordon ao soviético Andrei Fomin, representante de um Estado "comunista e ateu" que, pela primeira e única vez na vida, assiste a uma missa. Tudo ia resumir-se a isso quando o jornalista João Etcheverry sugere que o presidente assista em Roma à entronização do novo papa. Jango reluta, mas Etcheverry aponta o que ninguém percebera: pela primeira vez, os Estados Unidos têm um presidente católico que irá à coroação do novo papa e é o momento para um novo encontro de Jango e Kennedy.

Em abril de 1962, em sua primeira viagem ao estrangeiro, Jango visitara Kennedy em Washington, que o recebeu amistosamente, ao pé da escadinha do avião, ao pisar o solo. Mas já no helicóptero que o levou à hospedaria da Casa Branca, Kennedy indagou sobre se a reforma agrária (que ainda nem se iniciara) não era "comunizante". A necessidade de uma reforma agrária era um dos pontos da Aliança para o Progresso, o programa de ajuda dos Estados Unidos à América Latina (surgido em 1961 como contraponto à Revolução Cubana), mas os informantes do presidente dos EUA tinham se esquecido disso. Os atos públicos nos EUA tinham sido calorosos – Jango desfilou pelas ruas de Nova York em carro aberto, sob uma chuva de confetes e aplausos, por exemplo. Mas as reuniões privadas foram tensas. A política externa independente do Brasil (iniciada por Jânio Quadros) sobressaltava os Estados Unidos: agora, Washington tinha de dialogar em vez de impor. Estimulados pela paranoia da CIA, os norte-americanos continuavam aferrados à ideia de intervir em Cuba, até mesmo para "vingar" a humilhação de um ano antes (abril de 1961), quando

Fidel Castro repelira a invasão de seu país, armada e apoiada abertamente pelos EUA. O Brasil em maior grau e, por outro lado, a Argentina e o México eram os entraves maiores aos planos da CIA. A grande controvérsia com o Brasil, porém, na qual o governo dos EUA insistia sem cessar, era a nacionalização da American and Foreign Power efetuada em 1959 pelo governador do Rio Grande do Sul, Leonel Brizola. A isso se somou outra "preocupação" por parte de Kennedy: dois meses antes da viagem de Jango a Washington o governador rio-grandense tinha nacionalizado a International Telephone and Telegraph, em fevereiro de 1962, com os mesmos procedimentos adotados quanto à empresa de eletricidade. Demonstrou, em juízo, que os lucros enviados ilegalmente aos EUA e uma série de falcatruas fiscais alcançavam soma maior do que o valor do acervo da companhia e, assim, depositou em juízo a indenização simbólica de 1 cruzeiro, padrão monetário da época. O dólar valia, então, ao redor de 350 cruzeiros.

Seria essencial, portanto, um novo encontro com Kennedy, agora em Roma, aproveitando o pretexto da entronização do novo papa.

– 13 –

Num jato *Coronado* da Varig, Jango levou a Roma uma comitiva de 31 pessoas (do arcebispo de Brasília ao presidente do Supremo Tribunal, parlamentares do governo e da oposição, dirigentes empresariais e de trabalhadores), para mostrar a Kennedy, mais do que ao papa, que ali estava a representação do Brasil inteiro.

A longa e cansativa cerimônia de ascensão de Paulo VI ao papado durou quase três horas. Logo, houve breves encontros privados com cada um dos chefes de Estado, em que se trocaram presentes. Só depois disso, Jango e Kennedy se reuniram ao anoitecer, na sede da Embaixada dos EUA em Roma. Unicamente os dois presidentes, mais o intérprete. Já ao início, Jango percebeu que ali estava outro Kennedy, mais duro e rígido do que aquele que, em 1962, o recebera com efusão em Washington e que, agora em Roma, reclamava de tudo. Já ao sentar-se, ouviu queixas sobre terríveis dores na coluna, "*horrible back pains*", agravadas por aquele intermitente ficar de pé e ajoelhar-se durante a longa cerimônia na Catedral de São Pedro, no Vaticano. O olhar contraído tornava evidente que Kennedy tomara sedativos e tentava compensar o efeito mostrando-se aceso. Jango entendeu essa intimidade como uma concessão ao entendimento, mas, de imediato, sem rodeios, Kennedy lhe indagou "quando" e "como" daria uma "solução adequada" à situação da Amforp e da ITT.

– Todos, nos EUA, esperam por isso, e com pressa! – completou.

Kennedy era um "irlandês" educado e fino de Boston, mas (como se as "*horrible back pains*" o empurrassem) em seguida soltou uma frase ameaçadora:

– Lembre-se, *Mr. President*, que a emenda Hickenlooper, se aplicada, pode excluir o Brasil de todo tipo de ajuda norte-americana!

A emenda do senador republicano Bourke Hickenlooper à lei de investimento e ajuda externa dos EUA proibia qualquer auxílio ou empréstimo a governos que expropriassem empresas norte-americanas sem "correta e adequada compensação" e fora motivada pela nacionalização da Amforp no Rio Grande do Sul, em 1959. Kennedy investia e atacava até, mas não parecia cômodo. Pelas dores na coluna? Ou por saber que estava sendo ríspido como um déspota, quando devia dialogar como um estadista? Ou não se sentia cômodo devido ao intérprete, que fora ligado ao seu antecessor (o republicano Dwight Eisenhower) e ele pouco conhecia, mas que agora o fitava fixamente, como a lembrar-lhe que faltava o golpe final?

O intérprete não era apenas um intérprete conhecedor dos dois idiomas, mas o coronel Vernon Walters, que sabia mais sobre os encontros dos presidentes do Brasil e dos Estados Unidos do que os próprios protagonistas. Fora intérprete nas reuniões de Truman com Eurico Dutra em Washington, de Eisenhower com Juscelino

Kubitschek em Washington e no Rio, e, agora, em Roma, nesse encontro de Jango e Kennedy. Meses antes, em agosto de 1962, Kennedy o nomeara adido militar no Brasil, com a função específica de criar um elo com a direita militar brasileira e encorajá-la a realizar uma futura "intervenção armada", criando a certeza de que os Estados Unidos apoiariam um eventual golpe de Estado. O embaixador Lincoln Gordon tinha feito o pedido pessoalmente e em forma direta ao presidente, num longo encontro na Casa Branca na manhã de 30 de julho de 1962.

(Nesta data, casualmente, começou a funcionar na White House o serviço de gravação das audiências, conversas e telefonemas do presidente dos Estados Unidos e tudo ficou registrado. Como aparecerá em outros capítulos deste livro, a escolha de Walters surge documentada, meio século depois, como o marco fundamental da preparação e execução do golpe de Estado).[4]

– 14 –

No Brasil desde agosto de 1962, aqui Walters reencontrara velhos amigos. O país fazia parte de sua carreira militar. Em 1944-1945, na Segunda Guerra Mundial, esse homenzarrão que dominava cinco ou seis idiomas fora o "oficial de enlace" do V Exército dos Estados Unidos com a Força Expedicionária Brasileira (FEB) na campanha da Itália e lá se fez íntimo do capitão Humberto Castello Branco, seu par no lado do Brasil. Finda a guerra, anos depois serviu como adjunto ao Adido Militar dos EUA no Rio de Janeiro. Seu círculo de achegados no Exército brasileiro, porém, provinha da campanha na Itália, naquela intimidade nascida e gerada no perigo da guerra. Em 1962, ao voltar ao Rio (onde ainda funcionavam todas as embaixadas), vinha com uma missão específica, como parte de uma engrenagem montada a partir da Embaixada dos Estados Unidos. E, assim, naquela noite em Roma, escancarou os olhos para Kennedy e o fitou exageradamente, como a lembrá-lo de algo acertado por antecipação.

---
4. Detalhes da gravação no capítulo III deste livro.

Kennedy mordiscou os lábios e, num ríctus forçado, disse a Jango lentamente:

– Temos informação, *Mr. President*, de que há comunistas em seu governo! *Mr. Lins e Silva and Mr. Ryff, by example!*

Velho amigo pessoal de Jango, o secretário de Imprensa Raul Ryff pertencera, no Sul, ao Partido Comunista, do qual se afastara há anos. O ministro de Relações Exteriores, Evandro Lins e Silva, era de esquerda, mas não pertencera ao PCB e, como jurista e advogado de prestígio, defendera capitalistas e comunistas com igual brilho. Ambos estavam na sala ao lado, em conversa com assessores de Kennedy, sem saber que se transformavam em alvo de tiro de uma intromissão insólita e absurda: um presidente estrangeiro jamais tinha se atrevido a reclamar da nomeação de ministros ou funcionários de qualquer graduação.

– 15 –

Nem o papa! Sim, nem Sua Santidade sequer insinuara qualquer coisa sobre os pendores comunistas do presidente do Brasil. E devia saber muito mais do que Kennedy – o confessionário do catolicismo recebe segredos e revelações, de pequenos dramas familiares até grandes tragédias sociais, e Paulo VI podia ter feito alguma alusão ao tema. Seria compreensível até. Mesmo depois que, em 1956, na União Soviética, o primeiro-ministro Nikita Kruschev desmitificou Stalin e o apresentou como um déspota mórbido, os comunistas continuam jactando-se de serem ateus e seguem criticando (ou até atacando) a Igreja Católica e também as luteranas.

Jango conhece o poder temporal da Igreja. Em 1954, candidato a senador no Rio Grande do Sul, foi derrotado pela LEC, a (então poderosa) Liga Eleitoral Católica, que – a partir dos sussurros dos confessionários – elegeu o professor de Direito Armando Câmara, um erudito e culto solteirão, apresentado por uma coligação de centro-direita e tão ligado à Igreja que o chamavam de "quase beato", por ter feito voto de castidade. Nessa época, dois

meses após o suicídio de Getúlio Vargas, João Goulart ainda não era chamado de "comunista" mas, apenas, de "boêmio" e "mulherengo", por ser assíduo frequentador de boates ou cabarés elegantes, beber whisky escocês e continuar solteiro aos 33 anos de idade...
    Nesses anos todos, a partir de João XXIII o "*aggiornamento*" do Concílio Vaticano II liberta o catolicismo das amarras medievais. No Brasil, porém, a grande maioria da Igreja critica o programa de reformas do governo e nele vê o fantasma do "comunismo". Com uma visão atrasada, creem mais na feitiçaria da água benta do que na solidariedade e amor dos Evangelhos e nem sequer leram as encíclicas sociais dos papas. Nem a *Rerum Novarum*, de Leão XIII, que vem ainda do século XIX, nem a recentíssima *Populorum Progressio*, de 1962. Por esses dias de 1963, receberam até um reforço para fazer mira no governo e disparar orações como se fossem tiros: diretamente dos Estados Unidos, o padre James Peyton veio a São Paulo e, depois, viajou Brasil afora para rezar o Santo Rosário e invocar a proteção da Virgem Maria contra "o perigo iminente do comunismo".
    O próprio cardeal dom Carlos Carmelo de Vasconcelos Motta indignou-se com o tom político das ladainhas do padre Peyton e preveniu o presidente de que a Embaixada dos EUA estava por trás de tudo. Dom Carlos está idoso, já não é arcebispo de São Paulo e seu poder e influência na Igreja se limita, nesse 1963, ao Santuário de Nossa Senhora Aparecida. Os fios de tudo na imensa diocese paulistana (a maior da Igreja, em todo o mundo) passaram às mãos do novo arcebispo, dom Agnelo Rossi, que vê "comunistas" por todos os lados e desconfia dos moços e moças da JEC e JUC[5] ou intervém nas ações da JOC entre os trabalhadores da periferia. No Rio, o cardeal-arcebispo dom Jaime de Barros Câmara está na mesma linha – acompanha o governador Carlos Lacerda e denuncia comunistas até nas sacristias. Por sorte, o bispo auxiliar, dom Hélder Câmara, é seu contraponto. Aberto, dom Hélder trabalha

---

5. Siglas da Juventude Universitária Católica e da Juventude Operária Católica, engajadas (principalmente em São Paulo) na campanha das reformas e da alfabetização de base do governo federal.

entre os pobres das favelas e entre o operariado, apoia o programa de reformas e até acompanhou dom Carlos Carmelo ao Palácio para dizer isso ao presidente. Alguns de seus achegados participaram, na Guanabara, da campanha eleitoral que fez de Leonel Brizola o deputado federal mais votado do Brasil em 1962.

– 16 –

Se o novo papa foi extremamente cordial, por que Jango irá importunar-se com o que lhe disse Kennedy?

A audiência privada com Paulo VI deveria ser breve e limitar-se tão só aos cumprimentos e à troca de presentes, mas se prolongou. O presidente ofertou-lhe uma caixa-estojo para as joias vaticanas, esculpida em madeira nobre da Amazônia, austera e bela, sem dúvida o mais original de tudo o que o papa recebeu. A ideia foi do agnóstico Darcy Ribeiro, chefe da Casa Civil, comunista na juventude, que, agora, fez o desenho detalhado, milímetro a milímetro, encaixe por encaixe, e entregou a execução ao gordo e afável Manuel Ferreira Lima, o artesão exímio que ele trouxera de Minas para ser o marceneiro-chefe da Universidade de Brasília. Ao recebê-la das mãos do presidente do Brasil na biblioteca do Vaticano, o asceta Paulo VI contemplou-a fascinado e pousou a mão sobre a tampa, como se assim tocasse a maior selva do planeta transformada em joia pelas mãos de "seu" Manuel.

– Imploro a Deus para que continue a inspirar o autor desta obra de arte magnificamente bela! – exclamou o papa, fixando-se em cada detalhe e fazendo o sinal da cruz sobre a caixa, como a abençoá-la.

Um ano depois, em 1964, nos primeiros tempos da ditadura (quando Jango e Darcy já estavam no exílio e eu era, ainda, professor da Universidade de Brasília), "seu" Manuel contou-me "o segredo" da caixa de joias do Papa.

Durante três dias, quase sem dormir, ele havia serrado e esculpido um toro de pau-ferro, madeira dura e insensível a formão ou cinzel, obtendo a forma e os traços. Logo, os aprendizes lixaram e "o Darcy trouxe a seda e o veludo vermelho-roxo do forro". Antes de as costureiras prenderem o forro com tachas de ouro, porém, "seu" Manuel decidiu escrever "uma coisa" e fazer "um desenho" debaixo do veludo almofadado e ali deixar sua marca.

– Lembrei-me de que, daqui a 150 ou 200 anos, as traças vão roer o forro, aparecerá a madeira do fundo e, aí, o papa e os cardeais vão ler tudo. E vai ser um espanto, com cardeal, padre, freira e até a Guarda Suíça correndo pelo Vaticano! – disse-me ele.

Todo o grupo aprovou e combinaram que aquilo era "um segredo". Não dei importância ao que me dizia o Gordo Manuel e perguntei, por perguntar, qual era a escrita e qual o desenho.

– A fogo, desenhei bem bonito a foice e o martelo entrelaçados e escrevi "Viva o Partido Comunista" logo embaixo! – respondeu.

No encontro de Roma, Kennedy se havia equivocado. Comunista mesmo era o Gordo Manuel, marceneiro-chefe da Universidade de Brasília. Mas só descobrirão daqui a 150 anos...

– 17 –

No início dessa manhã de 1º de abril de 1964, no Palácio das Laranjeiras, no Rio, João Goulart estava ainda sob os efeitos do triunfalismo da noite de 30 de março, em que discursou na chamada Assembleia dos Sargentos, na sede do Automóvel Club, no centro da cidade. Fora seu segundo desafio a Carlos Lacerda, na cidade-Estado que este governava, em menos de um mês. No primeiro, em 13 de março, no Comício das Reformas, junto à Central do Brasil, a maior estação ferroviária do Rio, presentes todos os ministros militares e civis, tinha discursado ante 200 ou 250 mil pessoas, lembrando que, horas antes, assinara dois decretos fundamentais para levar adiante as reformas de base e iniciar a reforma agrária. Um deles declarava de "utilidade pública", sujeitas à desapropriação para reforma agrária, as propriedades rurais improdutivas de mais de 100 hectares à margem das rodovias federais. O outro desapropriava as quatro refinarias privadas de petróleo existentes no país, todas de pequeno porte e em mãos de empresários brasileiros, consolidando assim o monopólio estatal por parte da Petrobras.[6] Anunciou ainda o envio ao Congresso de um projeto de lei dando direito de voto aos analfabetos, velha reivindicação da esquerda, encampada agora por toda a "área popular".

Naquela noite da sexta-feira 13 de março, o conciliador Jango transmutou-se e decidiu disputar abertamente a liderança da "área popular" (ou da esquerda) com Brizola e Arraes, usando para isso o poder presidencial. À tardinha, sentiu palpitações cardíacas com queda da pressão arterial, que solucionou com algumas doses de whisky, mas deixou Maria Thereza preocupada. E a "primeira-dama", que pouco aparecia em público e não ia a comícios, resolveu acompanhá-lo. Não sabia que, além dos dois decretos, sua presença ajudaria a inclinar emocionalmente a balança da "área popular" a favor do marido.

O comício fora organizado pela Confederação Nacional dos Trabalhadores na Indústria (CNTI), ligada ao presidente, com a colaboração de outros sindicatos e da União Nacional dos Estudantes (UNE), com a ideia de que só discursassem representantes desses organismos, além do próprio Jango, no encerramento.

– O presidente não queria que nenhum dirigente político falasse, menos ainda o Arraes e o Brizola, pois o ato era dos trabalhadores e da UNE. Ao mesmo tempo, me pediu que excluísse os comunistas da lista de oradores – contou-me 45 anos depois o principal organizador da manifestação, Clodsmith Riani, presidente da CNTI e um dos homens em que Jango se apoiava na área sindical. "Um pelego", como depreciativamente dizia a gíria dos opositores.

Arraes e Brizola reagiram e houve um duelo verbal nos bastidores da "área popular" e pela imprensa. Por fim, ambos acabaram discursando, mas ao início do comício, antes ainda de que a Avenida Presidente Vargas se transformasse em maré humana.

---

6. Eram as refinarias de Manguinhos, na cidade do Rio de Janeiro, de Manaus, no Amazonas, e de Rio Grande e Uruguaiana, no Rio Grande do Sul.

Eles já haviam discursado quando Jango lá chegou, no momento em que o presidente da UNE, o jovem José Serra, começava a falar "selando a unidade de estudantes e trabalhadores pelas reformas de base, para libertar o Brasil da dependência e do imperialismo". Em contraste com o traje escuro de Jango, o vestido creme-claro de Maria Thereza dava ao palanque iluminado na penumbra da praça a decoração de um cenário festivo. Já não era só o cenário de guerra – trabalhadores da Petrobras com tochas iluminando a noite, protegidos pelos tanques do Exército, que ali estavam para evitar represálias por parte da truculenta polícia do governador estadual Carlos Lacerda, que durante a semana ameaçava veladamente intervir no comício ou, até, dissolvê-lo.

O comício levou João Goulart a vencer a batalha (ora em surdina, ora aberta e ruidosa) pela liderança da "área popular". Agora, ele se convencera de que já não dependia mais de Brizola nem, muito menos, de Arraes. E mais facilmente poderia manobrar Luiz Carlos Prestes e os comunistas, sem ter de evitá-los num lado ou de açodá-los em outro. Essa visão de triunfo fez com que não desse maior importância ao 19 de março em São Paulo, em que a direita conservadora organiza a "Marcha da Família com Deus pela Liberdade", em protesto contra "a penetração comunista no governo e no Brasil" que reúne caudal similar ao do comício no Rio. Ou, talvez, superior até. O governo estadual paulista e a ultramontana TFP, Sociedade Brasileira de Defesa da Tradição, Família e Propriedade", estão na crista da manifestação, à qual se somam o CCC (Comando de Caça aos Comunistas) e dezenas de organismos estilo "cruzada", na maioria femininos, desfraldando faixas "contra o comunismo" e aos gritos de "um, dois, três, Brizola no xadrez", ou "um, dois, três, Goulart não tem vez". Dona Leonor de Barros, esposa do governador Adhemar de Barros, encabeça a passeata, que se conclui na Praça da Sé, onde – das escadarias da catedral – recebe a bênção pública do arcebispo dom Agnelo Rossi.

– *In nomine Patris et Filii et Spiritus Sancti* – apregoa em latim dom Agnelo, borrifando água benta sobre dona Leonor, a deputada Conceição Santamaria e outros organizadores da manifestação.

– 18 –

Não há maiores reações à "Marcha da Família com Deus pela Liberdade", denominação inteligente e hábil, sugerida pelo padre Peyton há tempos (ao chegar dos Estados Unidos) e que reúne tudo o que as pessoas ordeiras e trabalhadoras querem ou pretendem: ter uma família e viver em liberdade sob a proteção de Deus. Mas (já na linha renovadora do Concílio Vaticano II) a Ação Católica paulistana protesta "contra a utilização política da religiosidade e da religião". Recebe o apoio do cardeal Carlos Vasconcelos Motta, que, porém, já não tem poder na arquidiocese e está limitado ao Santuário de Nossa Senhora Aparecida. No Rio, dom Hélder Câmara está de saída para assumir a diocese de Recife e Olinda e nada pode fazer, mas diz algo profético:

– Essa marcha soa a guerra e ódio!

O governo federal toma a marcha como algo natural, uma mobilização de protesto usual na democracia. João Goulart e o ministro do Interior e Justiça, Abelardo Jurema, estão mais preocupados com "a área popular", para ali manter a supremacia do presidente. Não há por que se preocupar com os opositores. Os três ministros militares estão firmes no controle de suas armas e na lealdade à Constituição.

– 19 –

Em plena Semana Santa, Jango está em sua fazenda em São Borja, no Rio Grande do Sul, com a família, quando sobrevém a assembleia da Associação dos Marinheiros e Fuzileiros Navais, na sede do Sindicato dos Metalúrgicos, no Rio. A reunião é pacífica, sem cunho político e deve limitar-se a um problema disciplinar interno: a libertação de quatro dirigentes da Associação, detidos por reclamarem das pesadas normas de disciplina ou trabalho impostas aos praças inferiores nos navios. Deputados e dirigentes sindicais, no entanto, lá comparecem "em solidariedade" e os discursos ganham contorno político. O marinheiro José Anselmo dos

Primeira parte

Santos, presidente da Associação, lê com veemência um discurso bombástico, agressivo até, transmitido ao país pela Rádio Mayrink Veiga. Sob pressão dos oficiais conservadores, o ministro Sílvio Motta arma um pelotão de fuzileiros navais e manda desalojar o local da reunião e, aí, a nave muda a rota. Ao chegar, a tropa joga os fuzis ao solo e adere à assembleia.

Da noite de quarta-feira, 25 de março de 1964, até a Sexta-feira Santa, a reunião passa a ser o fortim de uma rebelião que nasce como uma assembleia. O vazio dos feriados, com a oficialidade de folga, evita uma solução rápida e tudo explode nos jornais sem notícias como se fora um caos. Naqueles anos, a Semana Santa era "santa" mesmo. Eram dias de recato e meditação – as emissoras de rádio tocavam, apenas, música clássica e a TV transmitia poucas horas, exibindo filmes sobre a vida e paixão de Cristo. Não só o Brasil, mas todo o mundo ocidental (e cristão) se paralisava.

Não havia notícias nesse ambiente. A assembleia dos marujos é algo novo e inusitado e a imprensa, sem notícias, ocupa-se dela por ser o único fato nessa cidade que é (ainda) capital da República pela metade, pois abriga a maior parte dos ministérios. Quando os fuzileiros depõem as armas e aderem à assembleia, tudo é estrepitoso – é o novíssimo dentro do novo e a notícia cresce nesses dias sem notícias. A rebelião sem armas passa a ser vista e noticiada como "motim". Jango retorna às pressas do Sul, os marujos são detidos pelo Exército e o almirante Sílvio Motta deixa o ministério. Levados a um quartel, os "sublevados" são liberados de imediato. Recebem ordem de voltar a seus postos "em disciplina e obediência". Jango é aconselhado a não os punir. Sabe que "a hierarquia está abalada", mas – além de não gostar de castigos – busca, mais do que tudo, manter a supremacia na "área popular", que é simpática aos marinheiros e, até, os adula. Se concordasse em puni-los, talvez fosse criticado por Brizola, Arraes e até pelo governador Seixas Dória, de Sergipe, que é da UDN mas integra a "área popular" e apoia as reformas de base.

Além disso, acha justas as reivindicações da marinheirada. Pensa igual o novo ministro, almirante Paulo Mário Rodrigues. A maioria da oficialidade pensa diferente. Mais ainda: nesse 1964, a Marinha tem ainda velhos ranços (ou guarda velhas tradições) e a nomeação de Paulo Mário é mal recebida e, até, boicotada: encontrou cortados os telefones do gabinete, por exemplo. Presidente do Tribunal Marítimo, ele estava fora do serviço ativo havia anos e tomou posse em trajes civis. Além de tudo, cometeu algo que muitos na elite naval não desculpam: viúvo, voltou a casar-se e uniu-se a uma negra. Na posse, o repórter de uma rádio, em transmissão ao vivo, lhe indaga "se é verdade" que sua mulher é uma negra, como se o instasse a confessar um delito:

– Sim, e além de negra é honesta! – respondeu.

– 20 –

O olhar político de João Goulart se fixa, há tempos, em dois pontos, que são, talvez, as únicas obstinações desse homem que não é um obstinado:

1) Sobrepor-se a Brizola, Arraes, ou a Prestes e a quem mais for, e comandar a "área popular" e nela não ser comandado;

2) Desafiar e enfrentar Carlos Lacerda, essa serpente que vomita injúrias e calúnias, e vencê-lo em seus próprios domínios de governador do Estado da Guanabara.

Estes são os impasses políticos que o perturbam como presidente. Fala-se em "golpe de Estado" e o jornal *Última Hora* bate nessa tecla quase todas as semanas, sempre com uma suspeita nova, mas Jango confia na área militar e no que lhe dizem os comandantes. E também confia nos subalternos, nos sargentos, que afirmam estarem organizados. E agora confia, também, nos marujos. É voz corrente que, nos quartéis, os sargentos é que sabem de tudo e tudo manejam. Os oficiais apenas dão ordens, mas nem sabem onde estão as chaves do arsenal ou do paiol. No mar, os marujos foguistas é que põem o navio a andar.

Com os decretos do comício de 13 de março e o tratamento que deu ao desafio dos marinheiros, ele sente que se sobrepôs na área popular e nacionalista e sobre toda a esquerda. Só falta exibir seu poder a Lacerda no próprio Rio de Janeiro. O comício de 13 de março já fora um desafio para mostrar que o governador não era o dono político da cidade-Estado que governava.

Agora, no entanto, a crise não provém de Lacerda, mas da alta oficialidade da Marinha, que se revolta – literalmente se revolta – contra a não punição dos marinheiros. No Sábado de Aleluia divulga-se um manifesto em que 25 almirantes e 180 oficiais superiores criticam o governo pelo "golpe aplicado contra a disciplina na Marinha". À tarde, em assembleia no Clube Naval, com participação de alguns oficiais do Exército e da Aeronáutica, outro manifesto, ainda mais duro, com ataques ao presidente da República e afirmando que o novo ministro Paulo Mário foi "indicado pelo CGT", o Comando Geral dos Trabalhadores, que funcionava como uma espécie de central sindical. A menção é um disparate (o novo ministro não tem vínculos com a área sindical), mas serve como mecha para o incêndio à vista. O Clube Militar (que reúne os oficiais do Exército) "se solidariza com a Marinha e com o Clube Naval". Como contrapeso, o I Exército entra em prontidão.

A crise na Marinha está na rua. O governo sente o peso da situação e, em nota oficial da Presidência da República, anuncia "um total reexame de todos os acontecimentos".

– 21 –

A 30 de março de 1964, em minha coluna política no jornal *Última Hora*[7], informo sobre a preparação de um golpe militar, a partir de Minas Gerais, e menciono uma reunião em Juiz de Fora, dias antes, em que o almirante *Sílvio Heck* assegura o apoio e participação da Marinha. Nessa data, porém, outra é a preocupação entre os que podem ser autores de um golpe.

Pela manhã, em Belo Horizonte, após constituir um secretariado de "unidade", com "grandes nomes", ao estilo de um

---

7. A informação aparece nesse dia em *Última Hora* do Rio, São Paulo, Belo Horizonte e Curitiba, mas não nas edições de Porto Alegre e Recife.

ministério nacional, o governador Magalhães Pinto lança manifesto "em solidariedade à Marinha" e assegura que "Minas Gerais se empenhará, com todas as forças e energias do seu povo, para a restauração da ordem constitucional comprometida nesta hora". O manifesto defende as reformas sociais, não fala na derrubada do presidente e chega a ser dúbio. Mas a requisição da gasolina existente em todos os depósitos de combustível no estado e a mobilização ostensiva da Polícia Militar estadual (invadindo domicílios e prendendo dirigentes sindicais e estudantis ou da esquerda) mostram que o governo mineiro vive os momentos prévios a uma insurreição. O general Carlos Luiz Guedes, comandante da guarnição do Exército, comunica ao vice-cônsul dos Estados Unidos, Lawrence Laser, que vai partir com suas tropas "ainda hoje" e indaga se poderá "receber ajuda de armas e equipamentos" se a luta se prolongar.[8]

– 22 –

Nesse 30 de março, a associação dos sargentos da Polícia Militar da Guanabara festeja seu aniversário com um "ato público" na sede do Automóvel Club, no centro da cidade, e o presidente João Goulart é o convidado de honra. Os subalternos das Forças Armadas também comparecerão e aí está a mecha para um novo desafio. Bastará acendê-la. Mas não há perigo de que se transforme em incêndio: o presidente sente-se seguro. Tão seguro que seu leal escudeiro, o general Jair Dantas Ribeiro, baixou hospital a 29 de março e nesse dia 30 se submete a uma cirurgia na próstata. Um câncer, dizem alguns. Continua, porém, como ministro da Guerra, comandando o Exército do seu leito no Hospital dos Servidores.

Jango aceita o convite e decide ir (e discursar) na reunião dos sargentos cariocas. A área militar está calma, mas a calmaria pode ser (como no mar) sinal de tempestade à vista. Março tem sido mês agitado. Comício do dia 13. Marcha paulista do dia 19. Assembleia-

---

8. Do livro do general Guedes, *Tinha que ser Minas*. Rio de Janeiro: Nova Fronteira, 1979, p. 223.

-rebelião dos marinheiros no dia 25. Crise na Marinha. Manifesto-
-ameaça do governador de Minas. E, agora, festa dos sargentos dia
30, no Automóvel Club. Ao contrário do que pensam o presidente
e seu círculo íntimo, a situação militar é delicada e se remexe nas
entranhas. A não punição dos marinheiros (e o alarde da imprensa
na semana sem novidades) feriu a sensibilidade de grande parte
dos oficiais, até mesmo de nacionalistas, alinhados em política com
a "área popular". A estrutura militar se funda na obediência e na
hierarquia, e pelo menos isso foi desrespeitado na assembleia dos
marujos. Mais ainda: depois de tudo, o presidente da Associação dos
Marinheiros, José Anselmo dos Santos, critica e ataca com rudeza os
superiores em declarações a jornais e radioemissoras, como se fosse
um "astro" de Hollywood. E, à medida que os criticados se calam,
mais ele aumenta o ataque, sem ser punido nem silenciado.

Por tudo isso, alguns (como Tancredo Neves, líder do
governo na Câmara dos Deputados) sugerem que Jango não vá à
festa dos sargentos. Se for, terá de discursar, o que seria perigoso.
O dirigente comunista Luiz Carlos Prestes tem a mesma opinião
e crê, até, que o marinheiro Anselmo seja "um provocador", no
estilo dos que a CIA norte-americana utiliza mundo afora. Em
janeiro, pela primeira vez Prestes esteve com o presidente, num
encontro de várias horas, e agora lhe manda um recado: "Não vá!".

Mas os militares ou civis "janguistas" veem em Lacerda o único
e grande adversário. Ser aclamado pelos subordinados do governador será sobrepor-se a ele. E humilhá-lo, até. Jango toma a euforia
como vitória e vai à reunião mais por razões psicossociais do que
políticas – para triunfar sobre Lacerda. Após inflamadas palavras
de diferentes sargentos (alguns desafiando "os gorilas fardados", ou
seja, a direita golpista), o presidente encerrou a festa. Discursou em
favor das reformas de base – "reformas cristãs", frisou. Buscou aquie-
tar as Forças Armadas dizendo que, na crise dos marinheiros, agiu
para pacificar e "impedir a violência contra brasileiros que erraram,
mas que, por errar, não deviam ser massacrados". (Ouvido hoje, o
discurso soa a moderado, mas no ambiente exaltado de março de
1964 significava um desafio e foi recebido como tal.)

Resistir ou negociar?

Ainda na dúvida sobre o que ocorria exatamente em Minas, ouvi o discurso pelo rádio, em Brasília, com três ou quatro parlamentares da oposição, no gabinete do senador Daniel Krieger, meu velho amigo e um dos líderes da oposicionista UDN na Câmara Alta. Ali, em silêncio, ouvimos João Goulart dizer veemente:

> A crise que nesta hora se manifesta no país foi provocada pela minoria de privilegiados, que vive de olhos voltados para o passado e teme enfrentar o luminoso futuro que há de se abrir para a nossa democracia, pela integração de milhões de brasileiros, irmãos nossos, que serão incorporados à sociedade e libertados da penúria e da ignorância. [...] Esses grupos, que tentam impedir o progresso do país e barrar a ampliação das conquistas populares, são comandados hoje pelos mesmos que ontem pregavam o golpe, ditadura e regimes de exceção; pelas forças e pessoas que causaram o suicídio do grande e imortal presidente Vargas; que foram responsáveis pela renúncia do meu antecessor e que procuraram impedir em 1950, 1955 e 1961 a posse de três presidentes eleitos. São essas forças que hoje se unem contra as reformas exigidas pelo povo brasileiro.

Jango e Krieger tinham sido amigos no Rio Grande do Sul e no Rio, partilhando, até, rodadas de whisky e cavalos no hipódromo. Mesmo distanciado politicamente do presidente, Krieger considerava-se seu amigo pessoal. Escutou o longo discurso em silêncio e, ao final, dirigiu-se a mim e exclamou:

– Este discurso vai derrubar o Jango!

Fez-se um silêncio ainda maior. Um eventual golpe assustava até a oposição, inclusive os que apostavam no golpe e já sabiam do que começava em Minas.

– 23 –

Naquela tarde de 1º de abril, quando vi o presidente da República abrir gavetas e recolher papéis, começava a materializar-se a advertência do senador Krieger na noite de 30 de março.

As horas passaram-se rápidas, com os dias e os fatos atropelando-se entre si. Em 31 de março, quando se conheceram detalhes do que começara em Belo Horizonte no dia anterior e se concretizava com a movimentação de tropas em Juiz de Fora, o governo de Jango recém despertava da "empolgação" da festa dos sargentos cariocas na sede do Automóvel Club. Era como se um amplo porre de alienação se esparramasse pelo Palácio das Laranjeiras, onde Jango despachava com os ministros no Rio. Um deputado estadual do PTB de Minas telefonou de Belo Horizonte e, desastradamente, informou que Magalhães Pinto lançara um manifesto "em apoio às reformas". Era o indício – dizia – de nova guinada do governador para aninhar-se no seio de Jango, como o fizera até meses antes...

O manifesto do governador mineiro falava da necessidade de reformas sociais, mas não para apoiar o governo de Jango, e sim para lançar à rua o movimento militar para derrubá-lo. Antes de divulgá--lo e de enviá-lo ao general Mourão, em Juiz de Fora, o governador entregou uma cópia a Herbert Okun, cônsul dos Estados Unidos em Belo Horizonte, que a enviou por telex à embaixada, sediada no Rio, a qual – por sua vez – a remeteu de imediato a Washington. A Casa Branca e o presidente Lyndon Johnson conheceram o manifesto do governador de Minas antes dos próprios mineiros.

As rádios de Belo Horizonte e Juiz de Fora informavam a mobilização de tropas, e o general Assis Brasil, chefe da Casa Militar da Presidência, telefonou pessoalmente a Mourão, ao final da manhã do dia 31 de março. O comandante da 4ª Divisão de Infantaria despistou com uma resposta lacônica mas, ao mesmo tempo, aparentemente "tranquilizadora":

– Tudo normal por aqui. Nenhum movimento fora de controle!

O chefe da Casa Militar presidencial acalmou-se e acalmou o presidente. No entanto, as primeiras tropas da vanguarda e os lentos tanques leves de Mourão estavam na estrada, há horas, e só ele e alguns poucos oficiais continuavam no quartel.

– 24 –

Na época, o trajeto de Juiz de Fora ao Rio era demorado na antiga estrada cheia de curvas, que descia e subia a serra, mas não era isso que retinha o general em seu quartel-general. Nem era apenas por isso que, pelo rádio, mandava as tropas se deslocarem "lentamente", parando onde fosse possível.

Mourão enfrentava sérios problemas, mas não por parte dos oficiais legalistas. Do Rio de Janeiro, o general Castello Branco, chefe do Estado Maior do Exército, telefonou pedindo que "abandonasse essa loucura" e recolhesse a tropa e os tanques aos quartéis. Castello se solidarizava com as intenções de Mourão e de Magalhães Pinto, mas pedia prudência nos atos e advertia:

– Isto é uma aventura perigosa que só vai fortalecer o presidente. Ainda não é o momento. Espere um pouco e já verá. Vocês estão se precipitando. O presidente ainda tem força e vocês serão massacrados! – disse quase textualmente.[9]

Com um palavrão que fugia, inclusive, ao seu estilo de tratar um superior, Mourão respondeu que não recuaria e se despediu. Mas (pelas dúvidas) ordenou que as tropas avançassem "com a maior lentidão possível". Quase ao mesmo tempo, o marechal Osvaldo Cordeiro de Farias fazia idêntico apelo ao governador em Belo Horizonte. Insistia em que ele e Mourão "não tinham coordenação nacional" e deviam esperar, pois, "em poucos meses", estouraria um movimento em todo o país. O governador recusou: a sorte já estava lançada e ele não recuaria.

No entorno presidencial, ninguém conhecia esses diálogos (só revelados dezenas de anos depois), mas a lentidão das tropas, a passo de tartaruga, ajudava a complicar ou borrar a noção do perigo que aquilo em verdade significava. A resposta de Mourão

---

9. Relato pessoal de Laurita Mourão, filha do general, gravado em 2009 no Rio, como material para o filme-documentário *O dia que durou 21 anos*, de Camilo Tavares. Ainda em 1967, em Brasília, Magalhães Pinto contou-me do apelo do marechal Cordeiro de Farias, como narro no livro *O dia em que Getúlio matou Allende*, Ed. Record, RJ, 2004.

ao telefonema de Assis Brasil fora um mentiroso despiste que perdurou por longas horas.

– 25 –

Ao confirmar-se a rebelião, o presidente faz uma declaração à Agência Nacional na tarde do dia 31, no Rio, condenando "a tentativa de quebrar a unidade militar" de um Exército que "se honra em defender a ordem legal". Do leito no hospital, após a cirurgia, o general Jair subscreve declaração similar e uma unidade de canhões, sob o comando do legalista general Ênio Cunha Melo, deixa o Rio para se opor aos rebeldes.

Mas, em verdade, o presidente e o chamado "dispositivo militar" do governo interpretam tudo como um simples levantamento, desses que terminam em horas ou poucos dias por falta de suprimentos e apoio logístico. Não sabem que (no Exército) os mais diretos adversários políticos de Jango pensam também assim e que, por razões e objetivos diferentes, tacham de "loucura" o gesto improvisado de Mourão.

Na noite de 31 de março, visito em Brasília o comandante da guarnição militar, general Nicolau Fico. Acompanha-me Afonso de Souza, repórter político de *O Globo*. Gaúcho de Bagé, o general me oferece chimarrão, mostra-se tranquilo e "fiel às leis e ao presidente", diz que Mourão "não tem prestígio" no Exército e aponta um detalhe que será fundamental nas horas seguintes:

– Estou à espera do que diga o Amaury, para seguir o mesmo caminho. A minha posição é a do Amaury!

Entendo aí que o general Amaury Kruel, comandante do estratégico II Exército, em São Paulo, é peça-chave também em Brasília. Compadre de Jango, está a seu lado desde 1961, como chefe da Casa Militar, logo como ministro da Guerra. É um "janguista" nato, mas tem fama de se haver metido em "negócios escusos" e foi duramente criticado por Brizola e por toda a "área popular" no caso das negociações pelo acervo da *American and Foreign Power*. Politicamente, é um conservador e anticomunista, mas, além de compadre e íntimo de Jango, outro detalhe o define: Kruel é velho desafeto pessoal do general Castello Branco, que, por sua vez, está notoriamente alinhado com os liberais americanófilos que combatem o presidente. Ambos se desentenderam durante a Segunda Guerra, em 1944 na Itália, e aí nasceu a inimizade.

Os especialistas em "política militar" criaram até um axioma: onde o Castello estiver, o Kruel está no lado oposto, e vice-versa!

– 26 –

No Palácio das Laranjeiras, Jango está confiante. Em São Paulo, Kruel é seu bastião. No Rio, o correto Moraes Âncora comanda o I Exército, cuja principal unidade – a Vila Militar – está nas mãos de Oromar Osório, o general destemido que, em 1961, no Sul, mobilizou suas tropas para marchar em direção a Brasília e dar posse ao vice-presidente. Paradoxalmente, agora o comando no Sul é que tem problemas: o comandante do III Exército, Benjamim Galhardo, mostra-se inseguro ou "frouxo e sem autoridade" sobre os oficiais afinados com os rebeldes. A informação circula em Porto Alegre e, mesmo se não for exata, só por circular já é grave.

Para o comando sulino nomeia às pressas, então, Ladário Pereira Telles, general de Divisão, mas "comissionado" interinamente e com poderes totais. É nacionalista e legalista, destemido e corajoso como a situação exige. Um avião da Varig decola do Rio, à noite de 31 de março, com dois únicos passageiros: o general Ladário e seu ajudante de ordens.[10]

Às 2 horas da madrugada de 1º de abril, Ladário assume o comando em Porto Alegre e, só então, Jango pensa em dormir. A longa jornada de 31 de março fora tensa desde a tarde, com as visitas (em separado) do ex-presidente Juscelino Kubitschek e de San Thiago Dantas. Conversa estranha a de ambos, que são de Minas e

---

10. De Porto Alegre, o general Otomar Soares, recém promovido ao generalato, telefonou informando da posição "dúbia e frouxa" de Galhardo e sugerindo substituí-lo "com urgência, como garantia". Brizola pensava igual e telefonou também.

sabem tudo de lá. E até insinuam que o governador pode ter sabido pelo cônsul norte-americano em Belo Horizonte que Washington poderia reconhecer Minas Gerais como "Estado beligerante" ou separatista. E isso complicaria a situação interna, pois significaria que os Estados Unidos tomavam posição a favor dos rebeldes.

(Horas antes de encontrar-se com Jango, Juscelino estivera com o embaixador dos Estados Unidos e com James Minotto, um especialista em América Latina do Senado norte-americano em visita ao Brasil. Depois, voltou a estar com Gordon).

A manhã de 1º de abril inicia-se no Palácio das Laranjeiras imitando (ou fingindo) um dia normal. Às 8h30, o empresário e economista Fernando Gasparian, presidente do Sindicato da Indústria Têxtil, à frente de um grupo de industriais nacionais, expõe um plano de modernização de maquinaria, que Jango promete levar adiante. Será sua derradeira audiência como presidente. Daí em diante, o que parecia sólido começa a dissolver-se.

– 27 –

Em São Paulo, o general Kruel adere à rebelião de Minas, após longa conversa telefônica em que seu compadre Jango rejeita as condições que impõe para continuar leal ao governo: 1) declarar ilegal o Comando Geral dos Trabalhadores (CGT) e outros organismos, como o Pacto de Unidade e Ação e a UNE, e romper com "o sindicalismo pró-comunista"; 2) declarar publicamente seu repúdio ao comunismo e aos comunistas; 3) rever a quebra de disciplina por parte dos marinheiros e puni-los.

– Quem me conhece sabe que não sou comunista. Neste momento, não posso demonstrar fraqueza e, se fizer tudo isso, mostro fraqueza e serei derrubado! – respondeu Jango, resumidamente, pedindo ao compadre-general que pensasse e voltasse a telefonar. (Engraçado! Juscelino tinha lhe sugerido quase o mesmo um dia antes.)

Kruel não voltou a telefonar. Já estava acertado com o governador paulista Adhemar de Barros, o qual na noite do dia 31 se proclamara a favor do golpe. A decisão anima o governador Carlos Lacerda, que manda as polícias militar e civil invadirem faculdades ou sindicatos no Rio e ocuparem alguns pontos da cidade, fuzil em riste e porrete na mão. De Recife, o governador Arraes assegura que "os golpistas não terão vez", mas age lentamente e o IV Exército está repleto de coronéis e oficiais de extrema direita que o general Castello Branco colocou em postos-chave ainda quando o comandava.

– 28 –

O caos à vista e próximo, porém, é o Rio, onde está o presidente e quase todo o ministério. O general Moraes Âncora (sufocado por uma crise de asma que a umidade da chuva agrava ainda mais em plena crise militar) tem de se ocupar, agora, também do ministério da Guerra, além do comando do I Exército, e isso vai além do que a saúde lhe permite. Quase todos os outros generais no posto de maior graduação são golpistas, seja Cordeiro de Farias, Castello Branco ou Costa e Silva. E sumiram! Esconderam-se e não há como prendê-los e evitar que deem ordens. A greve geral, decretada pelos sindicatos "para paralisar o golpe", deixou a cidade deserta, as repartições públicas sem funcionar, o comércio fechado, as fábricas paradas. Não há ônibus nem bonde, trem ou outro transporte. Carros e táxis pouco circulam, pois ninguém sabe até quando não se venderá gasolina. Até as barcas a Niterói vão parar.

Só em quatro pontos da cidade se vê movimento. Junto ao Palácio das Laranjeiras, a entrada ao Parque Guinle está guardada por dois tanques do Exército. Perto dali, no palácio estadual, Carlos Lacerda lança palavrões contra Jango e contra o almirante Cândido Aragão[11], pelas rádios Globo e Tupi, e diz que está entrincheirado e de arma na mão. Será metáfora ou metralhadora mesmo? No centro da cidade, outros dois polos opostos. Na Cinelândia, a Embaixada dos Estados Unidos está de portas fechadas mas, há 72 horas,

---

11. Aragão comandava os fuzileiros navais e era discriminado por "vir de baixo" e ter feições indígenas ou amulatadas.

funciona ininterruptamente. As luzes internas estiveram acesas em todos os pisos nas últimas três noites, e a guarda de *Mariners* armados aumentou nas portas e janelas do prédio de mármore branco. Na Praça XV, na sede do Departamento de Correios e Telégrafos, o coronel Dagoberto Rodrigues (seu diretor) comanda improvisada resistência ao golpe, reunindo marinheiros, fuzileiros navais, estudantes e trabalhadores que, com dificuldade, encontraram um bonde a esmo ou chegaram a pé.

Na Marinha, a lealdade do recente ministro Paulo Alberto e do novo comandante da esquadra, almirante Norton Demaria Boiteux, pouco serve: os comandantes de navio dispensaram os marinheiros das tarefas a bordo. Os barcos de guerra estão vazios.

Na Aeronáutica, o ministro Anísio Botelho e o comandante da III Zona Aérea, brigadeiro Francisco Teixeira, permanecem firmes e leais. O comandante da Base Aérea de Santa Cruz, coronel Rui Moreira Lima, conseguiu, até, vencer a chuva e fez um voo rasante sobre as tropas de Minas, na estrada, com seu jatinho desarmado. Rui é veterano herói da Segunda Guerra Mundial, na Itália, e – se receber ordem – pode até "bombardear as posições", a vanguarda e a retaguarda na estrada, e encurralar assim as tropas de Mourão sem matar ninguém. Já sugeriu o plano. Não há quem dê ordens, porém.

– 29 –

Com as notícias vindas de Porto Alegre, a estratégia de Jango é outra, pois a rápida ação do general Ladário é animadora. O governador Ildo Meneghetti (afinado com os golpistas) abandonou o palácio e fugiu para Passo Fundo, ao norte gaúcho, depois que o Exército requisitou as radioemissoras e restabeleceu a Cadeia da Legalidade, na qual, como em 1961, Brizola mobiliza o povo pedindo o cumprimento da Constituição. A resistência popular concentra-se, agora, na prefeitura da capital rio-grandense.

O presidente João Goulart já sabe o que fazer. Com o general Assis Brasil e os ministros que estão no Rio ou, ao telefone, com

Darcy Ribeiro e Tancredo Neves, já acertou tudo. Vai a Brasília, onde está a decisão política, e de lá a Porto Alegre, onde tem apoio militar pleno e pode instalar o governo enquanto tudo se desenvolve. No decorrer disso, a área política, o Congresso, discutirá o impedimento do presidente (o que todos chamam de "impeachment", em inglês) e os fatos decidirão por si mesmos.

No rito parlamentar, mesmo se exagerarem a pressa, tudo durará mais de sete dias. Assim, em vez de resistir, negociará. Em vez de tiros, bombardeios, dissabores, sangue ou riscos, haverá debates, opiniões, discursos incandescentes, pareceres jurídicos. O leguleio substituirá o canhão.

Vai a Brasília para acertar detalhes, enviar a mulher e os filhos para o Sul e, depois, ele próprio irá a Porto Alegre "para instalar o governo". (Ou fazer de conta que governa, pois, em situação incerta, ninguém manda em nada). Mas sai do Rio às pressas. Já informou aos ministros militares que prefere discutir a guerrear e, por isso, tem de se apressar. Pediu a seu amigo Rubem Berta um jato *Coronado*, que a Casa Militar acaba de requisitar formalmente à Varig. Já deixou de chover na manhã cheia de surpresas deste 1º de abril e, ainda antes do meio-dia, sai do Rio às pressas, no imenso avião quase vazio, com apenas oito passageiros.

Em vez de resistir, vai negociar. Seu estilo foi sempre esse e essa é a sua natureza. E ninguém pode fugir daquilo que é. Pode-se fugir de tudo, até do conturbado Rio de Janeiro nesse úmido 1º de abril de 1964, mas ninguém foge de si mesmo!

Capítulo II
A conspiração

– 1 –

A queda foi rápida, mas a conspiração foi longa. Minuciosa e cuidadosamente organizada, reuniu gente daqui e de fora – militares, empresários e latifundiários, diplomatas, políticos, jornalistas e publicitários, bispos, padres e beatas, num trabalho perfeccionista de dois anos e seis meses, que foi além fronteiras e consumiu milhões de dólares em planejamento, propaganda, reuniões secretas e ardis públicos. Contraditoriamente, porém, a conspiração eclodiu, transformou-se em rebelião aberta e se tornou vitoriosa de forma improvisada, aventuresca e até extravagante, sem que os grandes conspiradores confiassem no triunfo.

Tudo principiou nos instantes seguintes à renúncia de Jânio Quadros, em 25 de agosto de 1961, antes mesmo de que João Goulart chegasse à presidência da República.

Estranho, não? Derrubar um presidente antes de ser presidente é como cortar uma árvore antes de que germine: soa a fantasia ou invencionice de ficção sem qualquer sentido, mas – em verdade – foi o fato marcante dos anos 1960 no Brasil. O golpe de 1964 deflagrou-se em 1961 no exato dia da renúncia de Jânio Quadros, a 25 de agosto daquele ano, antes de que o próprio Jango (em visita oficial à China comunista) soubesse que deixara de ser vice-presidente e passara a chefe do governo.

Mágica ou feitiçaria?

Os três ministros militares – Exército, Marinha e Aeronáutica – vetaram a posse do vice-presidente (que naquele dia concluíra visita oficial à Rússia Soviética e à China, países com os quais o

Brasil não tinha relações diplomáticas) e anunciaram que o prenderiam se voltasse ao Brasil. Jango era acusado de "apoiar greves" e ter vínculos com os sindicatos comunistas, além de, na visita à China, "ter exaltado o êxito das comunas populares". De imediato, os ministros militares deram posse ao presidente provisório e iniciaram conversações para acertar a sucessão definitiva, quando o governador do Rio Grande do Sul, Leonel Brizola, declarou-se "em rebelião contra o golpe de Estado". Armou uma cadeia de rádio, convocou "povo e militares à resistência pela legalidade", distribuiu armas à população e, assim, sensibilizou o próprio III Exército (o maior do país), que se integrou à campanha nos três estados sulinos. Houve mobilização de tropas de parte a parte, ordens de bombardeio aéreo do palácio do governo gaúcho, pontes dinamitadas, mas finalmente Jango Goulart retornou ao Brasil, numa labiríntica volta ao mundo, indo a Paris e Nova York para chegar a Porto Alegre pela rota do Pacífico, esgueirando-se do temporal que o ameaçava no Rio de Janeiro – porta de entrada natural do país. Finalmente, quinze dias após a renúncia presidencial, assume o cargo a 9 de setembro de 1961. No Congresso, em Brasília, um acordo político estabelece o parlamentarismo, podando poderes do presidente da República e, corolário de tudo, a 9 de setembro de 1961 ele é empossado pelo Congresso Nacional.[12]

– 2 –

A conspiração começa a implantar-se já nos dias seguintes. Os grandes derrotados apelam à paciência e decidem continuar em surdina o que não conseguiram escancaradamente. A desforra é a meta.

Um fato aparentemente trivial marca o início de tudo. Após a posse de Jango, o coronel Golbery do Couto e Silva passa

---

12. Em *1961: O golpe derrotado* (L&PM, 2012) narro a sublevação do Movimento da Legalidade e seus desdobramentos. Na volta ao Brasil, Jango passou por Zurique, Paris, Nova York, Lima, Buenos Aires e Montevidéu para chegar a Porto Alegre.

voluntariamente à reserva. Nasceu em 1911, acaba de completar 50 anos e é o teórico pensante da direita liberal militar, que domina o pensamento da Escola Superior de Guerra, versão brasileira do War College dos Estados Unidos. Tem pela frente uma promissora carreira, mas intui (ou pressupõe) que, com o novo presidente, jamais chegará a general. Ele é que redigiu o manifesto dos ministros militares vetando a posse de Jango, uma profissão de fé sobre "a ameaça comunista", que agora deve continuar nos quartéis e chegar à sociedade inteira:

> No quadro de grave tensão internacional em que vive dramaticamente o mundo, com a comprovada intervenção do comunismo internacional na vida das nações democráticas, avultam à luz meridiana os tremendos perigos a que se acha exposto o Brasil. [...] Na Presidência da República, o senhor João Goulart constituir-se-ia, sem dúvida alguma, no mais evidente incentivo a todos aqueles que desejam ver o país mergulhado no caos, na anarquia, na luta civil. As próprias Forças Armadas, infiltradas e domesticadas, transformar-se-iam em simples milícias comunistas.[13]

Desde os anos 1950, o coronel Golbery é "o intelectual" ao qual a direita militar apela sempre. Em 1952, no governo de Getúlio Vargas, redigiu o explosivo manifesto em que 84 coronéis protestaram contra a duplicação do valor do salário mínimo (sob a alegação de que isso afastaria os jovens das carreiras subalternas das Forças Armadas) e derrubaram João Goulart do ministério do Trabalho. As teses dos livros de Golbery sobre o mundo bi-polar (escrito assim, com hífen, para não haver dúvida de que se está com os Estados Unidos ou com os comunistas) devem aplicar-se, agora, diretamente à vida interna do Brasil para chegar a todas as camadas sociais. E ele só pode fazer isso na reserva do Exército, como um civil livre, não submetido à disciplina e aos regulamentos militares.

---

13. Fragmento da proclamação de 29.8.1961, em que os ministros militares oficializam o veto a Jango Goulart. Detalho o assunto em *1961: O golpe derrotado*, L&PM, 2012.

– 3 –

Em outubro de 1961, o coronel Golbery (gaúcho da cidade de Rio Grande) obtém oficialmente a reforma no Exército e deixa as fileiras ativas com soldo e patente de general de brigada, sem nunca ter ascendido ao generalato. O gesto é uma mescla de coerência individual – não servir sob as ordens de alguém que considera "ameaçador" – e compulsiva visão fanática de revide e vingança. Sim, pois o teórico da impossibilidade de Jango assumir a Presidência se dedica a organizar o IPÊS[14], Instituto de Pesquisas Econômicas e Sociais, na aparência um inocente organismo dedicado à investigação sociológica, mas, em verdade, um corpo fechado, ao estilo de moderna sociedade secreta com vida pública. Mantido ao início com contribuições de grandes empresas, quase todas estrangeiras (depois com enormes verbas da CIA norte-americana), o IPÊS passa a ser o suporte da conspiração. Golbery é o ideólogo. O empresário Glycon de Paiva é o mentor financeiro. O executivo-mor é o delegado de polícia Rubem Fonseca, exímio redator de textos que, ali, põe em prática suas habilidades de inventar tragédias ou fantasiar situações, com as quais irá transformar-se em conhecido romancista anos depois. Chefe de um seleto grupo de intelectuais mercenários, contratados com salários nababescos, cinco ou seis vezes superiores às mais altas remunerações dos grandes jornais do Rio e São Paulo, Rubem Fonseca torna-se a figura-chave pela qual o IPÊS estabelece a ponte entre os conspiradores e a opinião pública.

O "instituto" atua em forma subliminar, indireta mas concreta – promove palestras e seminários, publica livros e folhetos, alimenta temas de radionovelas, cria boatos que se transformam em notícias de jornal e patrocina programas de rádio. Há, ainda, outra atividade fundamental: a realização de filmes cinematográficos, rápidos "jornais" de atualidades exibidos nas fábricas, nas

---
14. A sigla IPÊS, propositadamente com circunflexo, buscava incutir a ideia de algo frondoso e forte como o ipê árvore, tal qual revelou Denise Assis, autora de *Propaganda e cinema a serviço do golpe*. Rio de Janeiro: Mauad, 2010.

escolas, nas praças e paróquias do interior e, mais do que tudo, nas próprias salas de cinema das cidades. As leis da época obrigavam a exibir curtas-metragens de "atualidades nacionais", de cinco a dez minutos, antes dos filmes, e o IPÊS inundou o país com material gratuito, de excelente nível técnico, com imagens e narração convincentes sobre as mazelas do país e "a ameaça do perigo do comunismo". O cinema era o principal entretenimento e diversão de todos os grupos sociais e esses rápidos filmes de "atualidade" calavam fundo nas pessoas comuns, iluminando o caminho para protegê-las da "ameaça vermelha", presente em todos os lugares. A TV era ainda incipiente, não havia transmissão via satélite nem redes nacionais, e o IPÊS fornecia gratuitamente às emissoras a grande novidade da época, ainda incomum no Brasil – gravações em fita, "videotapes" finalizados em Miami, que embasbacavam os telespectadores.[15]

Estava em marcha, em plena ação, a "guerra psicossocial" mencionada nos livros de Golbery. Dos treze salões da sede do IPÊS, no 27º piso do imenso Edifício Avenida Central, na Avenida Rio Branco, no Rio de Janeiro, articula-se um movimento de largo espectro, destinado a expandir-se além da área militar para ricochetear na caserna. Tudo se faz para que, de ora em diante, a opinião pública é que bata à porta dos quartéis, implorando pelo golpe militar. Assim, Golbery busca corrigir a visão de 1961, quando o marechal Odílio Denys, o almirante Sívio Heck e o brigadeiro Grün Moss impuseram o golpe militar sobrepondo-se à opinião pública e foram derrotados. A audácia do vitorioso de então, Leonel Brizola, consistira exatamente nisso – em mobilizar a opinião pública pelo rádio e, através dela, sensibilizar os quartéis. Por que não o imitar – e imitá-lo para melhor ainda – usando contra o inimigo armas similares às suas e ainda mais sofisticadas? O

---

15. Entre os contratados por Rubem Fonseca, estavam Nélida Piñon, mais tarde premiada romancista e membro da Academia Brasileira de Letras, além de jornalistas de escol, como Wilson Figueiredo. O fotógrafo francês Jean Manzon dirigia os filmes "de atualidades", sempre com roteiro de Fonseca, que ainda não despontara como romancista.

golpe de 1961 fora algo improvisado a partir da renúncia de Jânio Quadros. Agora, ao contrário, iria planejar-se tudo, numa ofensiva passo a passo, como uma batalha pensada, esmiuçada e decidida por antecipação.

A calma, a propaganda programada e a existência de futuros aliados estrangeiros e poderosos ajudariam a criar a sensação de caos interno. A construção de Brasília, nos tempos de Juscelino Kubitschek, tinha desatado uma inflação galopante, impossível de conter (e jamais contida), que, por si só, justificava todo tipo de crítica. Os novos investimentos na indústria estimulavam a inflação e, a cada dia, criavam novos hábitos de consumo. Portanto, o grande aliado natural estava ali – na inflação e na ânsia que se criava na população.

– 4 –

Os anos 1950-1960 foram tempos de aberta conspiração político-militar, a tal ponto que, na América Latina, os exércitos pareciam destinar-se, mais do que tudo, a preparar golpes de Estado, não a defender a integridade dos territórios. No fundo, os ministros militares eram os fiadores do processo democrático, mas a realidade intramuros era contraditória. Os oficiais tomavam abertas posições políticas – de um lado, divididos entre "americanófilos" e "nacionalistas". Ou entre uma ampla "direita", reunindo liberais e fascistoides autoritários, e uma ampla "esquerda", juntando não comunistas a pró-comunistas na tentativa de entender a nação. Com a Guerra Fria alimentando a política interna, os quartéis eram, também, centros de arregimentação ideológica, em contendas abertas ou veladas, mas sempre presentes.

A disputa pela hegemonia mundial entre os Estados Unidos e a União Soviética se concretizava em dois blocos militares – a OTAN, por um lado, e o Pacto de Varsóvia, por outro – e chegava também ao Brasil e à América Latina. Paranoias idênticas dominavam cada um dos blocos e suas áreas de influência.

O "mundo ocidental e cristão" resguardava-se da "contaminação comunista" desconfiando de tudo o que dissentisse da rígida liderança norte-americana e rejeitando (ou reprimindo) tudo o que fosse reivindicação social ou de independência nacional, pois aí podia estar "o dedo vermelho" ou "o ouro de Moscou". A campanha pela exploração nacional do petróleo nos anos 1950, por exemplo, foi vista como perigosa subversão comunista... Por outro lado, o "bloco oriental" (os países comunistas da Europa), com as liberdades públicas suprimidas, desconfiava e rejeitava qualquer tentativa de liberalização interna por temor à "sabotagem capitalista".

– 5 –

Os preconceitos obedecem a ideias fixas e são irracionais em si mesmos. Por isso, tornam-se irreconciliáveis e tendem a se agravar quando levados ao debate público, pois exasperam cada um dos lados e arraigam os fanatismos, de parte a parte. E assim, exatamente por isso – como tática de combate –, rapidamente o IPÊS ampliou seu raio de ação e passou ao ataque público, mas de forma inteligente e velada, como se fosse apenas um observador do "caos" que apresentava ao país. O trabalho aberto, direto e sujo ficou com o IBAD, o Instituto Brasileiro de Ação Democrática, criado anos antes, em maio de 1959, ainda no governo de Juscelino, sob os auspícios da Embaixada dos Estados Unidos. Seu fundador e cabeça visível, Ivan Hasslocher, dono no Rio de Janeiro da agência de propaganda Incrementadora de Vendas Promotion, estudara nos Estados Unidos no início dos anos 1950, onde se vinculou a diferentes organizações de extrema direita, que pululavam no auge da paranoia anticomunista da Guerra Fria e esperavam a "futura guerra nuclear". O IBAD de Hasslocher agia escancaradamente e esbanjava dinheiro. Em espaços de rádio, comprados a cada uma das emissoras existentes no país, em dias e horários diferentes, especializava-se em apresentar as propostas ou ideias de reforma agrária como um simples confisco, ou como o início de um confisco maior, que levaria o Estado "a desintegrar as famílias, retirando os filhos da guarda dos pais", e "a expropriar a propriedade pessoal, seja uma fazenda rural, um pequeno comércio ou imóvel residencial". Os panfletos do IBAD advertiam em forma direta, ou até vulgar, para algo que o IPÊS insinuava em forma inteligente: "A fé cristã dos brasileiros está ameaçada. Querem nos privar de adorar nosso Deus" – dizia o narrador de um dos filmes de "atualidades", ao falar das perseguições religiosas na Hungria.

Os articuladores dessa catástrofe que (como dizia o IBAD) "significaria a implantação do modelo comunista" eram o presidente da República e o então governador rio-grandense Leonel Brizola – mais do que tudo Brizola, que criara o Instituto Gaúcho de Reforma Agrária e entregara terras a camponeses. E mais ainda: o governo do Rio Grande do Sul apoiava e mantinha ostensivamente o recém-fundado Master, Movimento dos Agricultores Sem Terra, apontado como "ameaça visível". E a dura linguagem dos programas do IBAD chegava propositadamente ao baixo calão, numa tentativa de ser entendida pelos círculos inferiores da escala social, que se ligavam ao mundo pelo rádio.

– 6 –

Da Escola Superior de Guerra, na Praia Vermelha, no Rio, Cordeiro de Farias planejava os passos maiores da conspiração na área militar como quem constrói um edifício, a partir dos alicerces.

O IPÊS de Golbery era o lado culto e oculto da conspiração. Organizado por advogados de grandes empresas multinacionais, comandado pelo coronel-general que teorizava sobre "a guerra total, indivisível e permanente" (ao utilizar os serviços mercenários de excelentes escritores, jornalistas, editores e cineastas), o IPÊS criou a atmosfera de insegurança e perigo através da propaganda subliminar. Encerrado em si mesmo tal qual uma ostra, organizado em moldes secretos (copiados por Golbery dos tempos em que tinha pertencido à Maçonaria, da qual se desligou por volta de 1960), esse aparente "instituto de pesquisas" não descia às raivosas quinquilharias que davam ao IBAD a aparência de um cão hidrófobo. O próprio Ivan Hasslocher não se ofendia ao ver-se comparado assim:

– Contra os comunistas sou um cão raivoso, sim! – ouvi-o exclamar ante a CPI da Câmara dos Deputados que, em 1963, investigou a ação do IBAD.

Nesse trabalho aberto (e sujo, se preciso) Hasslocher criou a Ação Democrática Popular, ADEP, em plena campanha para as eleições de 1962. Está em jogo a composição do novo Congresso Nacional – Câmara dos Deputados e Senado –, além dos governadores e legislativos de onze dos 22 estados do país, entre os quais São Paulo, Rio Grande do Sul, Pernambuco e Bahia. A ADEP "assume os princípios do IBAD" e se propõe a "defender a democracia e combater a corja comunista" como embrião de um "futuro bloco" parlamentar. Como tal, financia a campanha eleitoral de mais de 250 candidatos a deputado federal, vários a senador, além de 600 candidatos a deputado estadual e oito candidatos a governador dos onze estados.

Do ventre dadivoso do "instituto" de Hasslocher alimentam-se dezenas de agrupações – de estudantes, mulheres, empregados ou famílias –, todas denominadas "democráticas" e destinadas a "combater a ameaça comunista". Em outubro de 1963, cinco meses antes do golpe, uma comissão de inquérito da Câmara dos Deputados investiga as atividades do IBAD, e o relatório final (elaborado por Pedro Aleixo, brilhante parlamentar da UDN e líder da oposição ao governo) conclui que a denominação não corresponde à sua atividade real e desmascara, inclusive, a origem norte-americana dos seus milionários fundos. Não chega, no entanto, a penetrar no sólido e sereno ventre do IPÊS.

Com base nas conclusões da CPI, e por pressão dos nacionalistas e da própria imprensa, um decreto do presidente da República fecha o IBAD. Ou "suspende seu funcionamento por três meses".

– 7 –

A guerra psicossocial do coronel Golbery continua, assim, em plena marcha. O núcleo militar do IPÊS está na Escola Superior de

Guerra, ESG, a "Sorbonne militar", apelido usual que se alterna com o de "Sorbonne da Praia Vermelha", pelo lugar da sede no Rio de Janeiro. Seu fundador, cérebro e dirigente visível é o marechal Osvaldo Cordeiro de Farias – que, desde os anos 1920, cultiva a política junto às armas. Tenente ainda, em 1925 integrou a rebelde Coluna Prestes e de 1938 a 1942 governou o Rio Grande do Sul como interventor federal nomeado por Getúlio Vargas. Na Segunda Guerra Mundial, comandou a artilharia da Força Expedicionária Brasileira na Itália. Sagaz, inteligente e hábil, nos anos 1950 saltou de comandante do IV Exército, em Recife, a candidato do PSD a governador de Pernambuco, elegendo-se e administrando o estado por quatro anos.

Ele é o grande político da área militar e o grande militar da área política. Leva às costas, no entanto, uma derrota humilhante: na crise da renúncia de Jânio Quadros, em 1961, foi nomeado comandante do III Exército, com sede em Porto Alegre, mas não conseguiu sequer chegar aos três estados sulinos, onde os chefes militares tinham se unido à rebeldia de Brizola para dar posse ao vice-presidente João Goulart.

Desde então, Cordeiro conspira abertamente entre políticos e militares, como sempre fez. Por frustração ou vindita, por sentir-se seguro ou por ser atrevido, atua, porém, de uma forma tão pública que todos tomam o que diz apenas como uma pregação de ideias, admissível naqueles tempos de divergências e debate público, à luz do sol.

– O general Jair diz que, como o Cordeiro não tem mais tropa, se rebela com palavras! – respondeu-me o presidente João Goulart, despreocupado e, até, com desdém, quando lhe indaguei se sabia das andanças de Cordeiro de Farias, indo e vindo pelo país inteiro. Afinal, se a frase desdenhosa era do próprio general Jair, seu leal ministro da Guerra, por que ele iria se preocupar? Logo ele, que deixava que os ministros se preocupassem com tudo aquilo que ele não se preocupava.

– Isso é só um jeito de pedir aumento de soldo! O projeto de aumento dos militares vai estar no Congresso quando terminar o recesso de verão! – completou ainda com mais desdém, como se respondesse a uma infantilidade, mesmo atencioso e educado, como sempre. Era janeiro de 1964, no Palácio Rio Negro, em Petrópolis, onde o presidente se refugiava do calor do Rio e da chuva de Brasília.

Por que pensar em conspiradores? Por acaso, o plebiscito de 6 de janeiro de 1963 (em que mais de 80% dos eleitores rejeitaram o parlamentarismo) não tinha significado um "voto de confiança" ao presidente da República e um apoio às "reformas de base" anunciadas desde que assumiu em 1961?

– 8 –

Ah, as reformas de base...

No Palácio do Planalto, tinha se constituído um "grupo de trabalho" para a reforma urbana, coordenado pelo deputado pernambucano Artur Lima Cavalcanti e assessorado por Diógenes de Arruda Câmara, velho dirigente comunista. O GT, no entanto, era quase clandestino para não atiçar a ira de um primo de Diógenes e seu inimigo figadal – monsenhor Arruda Câmara, deputado por Pernambuco e uma das principais vozes da extrema direita no Congresso e, ao mesmo tempo, pedinte nos gabinetes do governo. A reforma agrária, no entanto, continuava mais em projetos, discursos e intenções do que em realizações concretas. Um artigo da Constituição, determinando que as indenizações por desapropriações agrárias deviam ter pagamento "prévio e em dinheiro", tornava praticamente inviável qualquer passo concreto na área rural.

Em meados de 1963, o Congresso debate um projeto de emenda à Constituição, apresentado pelo deputado Bocayuva Cunha, líder da bancada trabalhista, suprimindo o "prévio e em dinheiro" e estabelecendo que as desapropriações de áreas improdutivas serão pagas em títulos da dívida pública, reajustáveis pela inflação. Todo o debate político se concentra nisso e o país estremece.

Os estados do Nordeste e Minas Gerais reúnem os parlamentares mais recalcitrantes, tementes a quaisquer mudanças e que, atônitos, sentem-se desde já confiscados. Os nomes mais relevantes dos três grandes partidos (PTB e PSD pelos governistas, UDN pela oposição) integram a comissão especial que estuda a emenda. Recordo ainda a conversa informal, na instalação da comissão, em que Leonel Brizola (recém empossado como o deputado mais votado do país, eleito pela Guanabara), após usar todos os argumentos e estatísticas socioeconômicas, deixou pensativo o conservador e correto Gustavo Capanema, de Minas Gerais, com uma alegoria inteligível e chã:

– Fazer reforma agrária sem tocar na terra é fazer feijoada sem feijão!

Capanema, que fora ministro de Educação de Getúlio Vargas e reformara o ensino secundário, ouviu em silêncio, pensativo.

A comissão especial escolhe um relator "neutro" – Plínio de Arruda Sampaio, do Partido Democrata Cristão, jovem deputado em primeiro mandato que, como coordenador do Plano de Ação do Governo de São Paulo, de fato, administrara o estado na gestão do governador Carvalho Pinto. Católico, com aparente perfil conservador, Plínio elabora, no entanto, um minucioso relatório a favor da emenda constitucional. O estremecimento da direita chega à inquietação. Se alguém que não falta à missa nem à comunhão pensa como ele pensa, o que ocorrerá com os demais – agnósticos, livres-pensadores, maçons, marxistas, divorcistas, comunistas encapuzados e outros avulsos pecadores que pululam pelo Parlamento??

Nos dias seguintes, pelo país inteiro os jornais advertem para o perigo de um terremoto iminente. Terremoto mesmo, pior do que aqueles da geologia, o qual pode revirar a terra improdutiva de quem tenha terra! Em minha coluna nas edições da *Última Hora* (do Rio, São Paulo, Belo Horizonte, Recife, Curitiba e Porto Alegre) explico e festejo o relatório nos únicos jornais que não o tratam como incendiário. Nos dias seguintes, porém, Capanema, do PSD, e Bilac Pinto, da UDN, esquecem as divergências em Minas e se unem para derrotar as teses do deputado-relator. O plenário do Congresso confirma a recusa da emenda constitucional numa sessão noite adentro. De ora em diante, e por muitos anos mais, o Brasil vai comer feijoada sem feijão.

Mas a votação nominal, a viva voz, mostra que há reformistas em todos os partidos. Nos pequenos e até no PSD e UDN, cernes do conservadorismo, mais de uma dezena de deputados votam a favor da emenda.[16] A direita conservadora triunfa, mas se assusta com os "infiéis" dentro das próprias fileiras. Eram ainda tempos em que os partidos procuravam definir-se por ideias e posições. Não existia o confuso quadro de hoje, no século XXI, em que os partidos são meros aglomerados de gente em busca dos benefícios do poder, reunidos em torno de vantagens pessoais e usando a eleição e o voto obrigatório tal qual um assaltante utiliza a gazua (ou o maçarico) para abrir um cofre-forte. Já havia barganhas, mas eram mínimas e se amparavam, sempre, na capacidade intelectual dos nomeados para o cargo barganhado.

– 9 –

Sem modificar a Constituição, a reforma no campo se tornava impossível, ou inócua, e a Superintendência de Reforma Agrária (SUPRA), corria o risco de especializar-se, apenas, em mobilizar camponeses para lutar por algo praticamente inalcançável. O diretor da SUPRA, João Caruso, ao assumir o cargo em fevereiro de 1963, viajou pelo recôndito centro e norte do Brasil para observar *in loco* os conflitos rurais que, naqueles dias, novamente se transformavam em confrontos armados. (Um ano antes, em 1962, o agricultor João Pedro Teixeira, organizador e principal articulador das Ligas Camponesas, fora morto numa emboscada

---

16. No cristão PDC, além de Plínio Sampaio, dois outros paulistas, Paulo de Tarso Santos e João Dória, votam pela emenda à Constituição. No centrista PSD, o maranhense Cid Carvalho e outros dos chamados "invisíveis". Na oposição, quase toda a chamada "bossa nova" da UDN – inclusive o pernambucano José Carlos Guerra e os mineiros Celso Passos e José Aparecido, de regiões conservadoras. Mas José Sarney, do Maranhão, e José Meira, da Paraíba, votam contra a emenda e, ali, rompem com a corrente progressista que haviam integrado.

em Sapé, na Paraíba, e pelo menos outros dezesseis camponeses sem terra tinham sido assassinados no Nordeste). Da longa viagem, além de contrair malária e quase morrer de febre e tremor, Caruso trouxe uma sugestão aplicável às leis da época: desapropriar, por decreto, as áreas improdutivas junto às rodovias federais ou ferrovias e entregá-las a cooperativas de agricultores sem terra.

O presidente achou a ideia "muito radical" e a congelou, no seu estilo de sempre protelar qualquer decisão de porte:

– Vamos pensar, ainda não é tempo! – disse a Caruso, de quem desconfiava, no fundo, por ser "homem do Brizola" e presidir o Partido Trabalhista no Rio Grande do Sul. Jango queixava-se por "ter de vigiar quase cada passo da SUPRA", para onde Caruso levara "a sua gente".

– Todos velhos trabalhistas e, no entanto, mais agitadores que os 'comunas' do PCB – ouvi o presidente comentar com Eugênio Caillard Ferreira, seu secretário particular e confidente, antigo colega de curso secundário no Sul. João Goulart não era de descer a minúcias nem de fomentar pequenezas, mas naquele dia chegou a mandar que pusessem "o olho" num subalterno, Romeu Barlese, "um dos gaúchos do Brizola e do Caruso", que organizava cooperativas rurais nas conflituosas regiões de latifúndio em Goiás.

– 10 –

A reforma agrária está manietada, de mãos atadas pela própria Constituição, e isso faz com que, paradoxalmente, o debate sobre o tema seja o núcleo central da política e das notícias de jornal, TV e rádio. (Sempre que se está num atoleiro ou em crise, só se fala do atoleiro e da crise...). O IBAD e o IPÊS se assustam e, no susto, expandem contatos ou propaganda e cada vez mais entram nos quartéis. As metástases da inflação desencadeada pela construção de Brasília incidem no custo de vida e as greves operárias nas cidades se unem às reivindicações sociais no campo. É a "prova" de que o país "vive na baderna geral comandada pelos comunistas e aceita pelo governo"!

Nos quartéis, os derrotados de 1961 têm pretexto para voltar a agir. Ou até para aliar-se a generais e coronéis que defenderam a posse de Jango Goulart, mas que agora se inquietam com "a desordem das reformas" e, mais ainda, com tudo o que se propala sobre a "ameaça comunista" e seu perigo. Há tempos, o general Olympio Mourão Filho é o exemplo preciso dessa situação.

– 11 –

De Mourão quase só se conta que iniciou a sublevação em Minas Gerais a 31 de março de 1964, mas em verdade foi muito além. Primeiro, em 1962, em Santa Maria, no Rio Grande do Sul, e a partir de março de 1963 em São Paulo, como comandante da 2ª Região Militar, conspirou por conta própria, no seu estilo impetuoso e independente, sem ligar-se a esquemas maiores, sem consultar a Embaixada dos Estados Unidos nem a "Sorbonne fardada", a Escola Superior de Guerra. Não sabia, sequer, que aí era o centro profundo da conspiração. Ou de "outra" conspiração, ainda que com a mesma finalidade: derrubar João Goulart da presidência. Mourão foi o primeiro militar a conspirar escancaradamente, tal qual Júlio de Mesquita Filho e Carlos Lacerda foram os primeiros conspiradores civis a não guardar segredo do que faziam. (Ao transformar-se a conspiração em sedição e a rebelião vitoriosa em golpe de Estado e, logo, em governo, pouco a pouco os três acabaram por desiludir-se e se opor ao rumo autoritário que desembocou no militarismo opressivo e direitista da ditadura.)

Nascido em Minas Gerais, este general que tocava piano e fumava cachimbo tinha fama de fanfarrão e audaz. Ainda capitão, em 1937, redigiu o "Plano Cohen" – uma diabólica conspiração comunista que espalharia o terror pelo país, forjada pelo Serviço Secreto do Exército – que serviu de pretexto para o golpe branco do Estado Novo. Em 1961, já general, apoiou a posse de João Goulart "por ser constitucional", mas em seguida passou a conspirar. Em março de 1963, formou em São Paulo um "Estado-Maior militar", que ele próprio comandava, e "um Estado-Maior civil", cuja chefia deu ao general reformado Dalysio Menna Barreto, um dos chefes de operações da revolução de 1932. A tarefa principal: agitação e propaganda, por um lado; organização de grupos combatentes, por outro. Os futuros "soldados civis", em boa parte estudantes de Direito e Engenharia da Mackenzie, se exercitavam nos stands de tiro do Paulistano, Pinheiros, Harmonia e outros clubes da velha oligarquia do café. No minucioso "diário", feito livro após sua morte, Mourão conta que ele próprio, à paisana, uma vez por semana metia-se no meio do povo na Praça da Sé e, em grupos de quinze ou vinte, começava "a agitar e falar mal do governo".

Quinze dias após assumir, em São Paulo, o comando da 2ª Região Militar (apenas um posto abaixo do comandante do II Exército), Mourão elaborou um plano de ação direta e de mobilização de tropas, transcrito em seu "diário", de março de 1963:

> A conspiração abrangerá tanto o meio civil quanto o militar; o movimento, quando maduro, partirá de S. Paulo com a maior rapidez possível, pelo vale do Paraíba abaixo, até conseguir atingir a Guanabara. As tropas do Rio Grande, Santa Catarina e Paraná convergirão rapidamente sobre São Paulo. Tudo isto sob o comando do Pery (general Pery Bevilacqua), se eu o conseguir para a causa. Em caso contrário, sob meu Comando.

Em respeito à hierarquia militar, e sendo ele próprio apenas general de divisão, anotou:

> Se algum general de exército for conquistado, será o chefe. Este poderá ser o Cordeiro de Farias ou o Nelson de Mello. O movimento, se for vitorioso, como infalivelmente deverá sê-lo, elegerá um presidente civil para completar o quinquênio, ao passo que um Conselho Militar-Civil, por mim presidido, estudará e apresentará as reformas à Constituição com a mudança da forma de governo. Tudo no espaço máximo de três anos, terminando em 1965. Para isto, será formado um Estado-Maior civil e um Estado-Maior militar. O Civil organizará o movimento no meio civil. É-lhe vedada

qualquer atividade militar, salvo paramilitar – criar, armar e instruir guerrilhas para operar paralelamente às forças militares.[17]

– 12 –

O chefe Mourão desconhecia a outra conspiração – com outros chefes, de patente e posto superior, e com vinculações além fronteiras, acima das Forças Armadas, do empresariado ou de quem fosse. Exatamente por desconhecer a conjura paralela, Mourão é minucioso, como se fosse o responsável por tudo a ocorrer. Divide o Estado-Maior Civil em chefias, a primeira delas dedicada à propaganda – imprensa, rádio e televisão, comícios e cartazes – e em seções. "Os olhos e ouvidos do Comando Revolucionário são a colheita de informações e a espionagem", anota em 28 de março de 1963. Cria uma seção especial para "a contraespionagem, separada de propósito da espionagem" e outra, a 3ª, dedicada à "sabotagem e contrassabotagem".

Em fins de junho de 1963, o ex-governador paulista Carvalho Pinto, recém nomeado ministro da Fazenda, tornara-se a figura--chave do governo e João Goulart buscava aproximar-se do empresariado conservador, quando o deputado trabalhista Rubens Paiva me segrega o que soube em São Paulo:

– No Clube Paulistano, os rapazes do CCC se exercitam em tiro ao alvo. E parece que também no Harmonia e no Pinheiros!

Conheço Rubens desde os tempos dos congressos da UNE, nos anos 1950, e sei que ele não é de inventar boatos. Conhece e frequenta o "*grand monde*" e o que conta é alarmante. O CCC, Comando de Caça aos Comunistas, não é só um punhado de meninos ricos arruaceiros – "a juventude transviada", como pensávamos –, mas uma organização paramilitar, com "grupos de defesa de quarteirão" nos bairros nobres, em treinamento intensivo com modernas armas leves. Sei que Rubens não inventaria, mas admitir o que conta é admitir que a direita prepara a guerra civil. E se isso

---

17. Do livro de Olympio Mourão Filho, *Memórias – A verdade de um revolucionário*, Porto Alegre: L&PM, 1978, p. 180.

for só outra fanfarronice do governador Adhemar de Barros, que adora escandalizar??[18]

Mourão já tinha se aproximado do governador Adhemar de Barros. Ambos começavam a irmanar-se com um único objetivo – derrubar o presidente – e nesse 1963, pouco a pouco, São Paulo se tornava o campo de provas da conspiração.

– 13 –

Nas comemorações do 9 de Julho (em que São Paulo festeja a "Revolução Constitucionalista" de 1932), no entanto, os conspiradores acharam que Mourão enlouquecera. Em plena sessão solene da Assembleia Legislativa, realizada à frente do edifício, "com a praça literalmente apinhada de gente", quando um dos líderes civis de 1932, o ex-secretário de Justiça Waldemar Ferreira, disse em discurso que "se prepara no país um movimento comunista chefiado do Palácio pelo próprio presidente da República", o general Mourão levantou-se da mesa de honra, ergueu os braços e berrou para os demais oficiais presentes:

– Vamos nos retirar. Não admito insultos contra o chefe das Forças Armadas, presidente João Goulart!

Pondo-se o quepe, ele e todos os oficiais do seu Estado-Maior se retiraram. Formou-se o tumulto. A sessão foi suspensa "por trinta minutos" e o governador Adhemar de Barros pediu que voltasse "pelo amor de Deus".

– Só volto depois que o governador falar e defender o presidente! – respondeu Mourão.

Adhemar era exímio em dizer qualquer coisa que lhe pedissem que dissesse, não importava que pensasse o oposto ou que, logo adiante, afirmasse o contrário, e prometeu discursar defen-

---

18. Em suas memórias, Mourão narra os exercícios de tiro nos clubes sociais paulistanos, além de seus encontros com os presidentes do São Paulo Futebol Club e do Corinthians para fins idênticos. Na época, ingenuamente faltou-me tino para unir os fatos com o Mourão dos anos 1930, que ajudou a dar forma paramilitar à Ação Integralista, de Plínio Salgado, cujos membros (sob a invocação de "Deus, Pátria e Família") usavam até uniformes com galões e postos hierárquicos.

dendo o presidente "desse amontoado de calúnias". Reaberta a sessão solene, o governador discursou de bom humor e fez mil rapapés a Jango, a quem elogiou da primeira à última frase.

Mourão voltou, então, à mesa de honra, mas sisudo. De cara amarrada, como um menino que, depois de levar uma pedrada, fosse abraçado pelo pai do apedrejador. Ele tinha conseguido desmoralizar, de público, o demagogo e corrupto Adhemar, que se opunha a Jango em surdina mas buscava favores e benefícios do governo federal.

Só aos muito íntimos Mourão pôde explicar o seu gesto. Tudo era farsa ou encenação. Dias antes, o secretário de Imprensa de Jango, Raul Ryff, ao encontrar-se com Laurita Mourão no aeroporto do Galeão, no Rio, tinha desabafado:

– Vamos tirar o teu pai de São Paulo, ele está em franca conspiração contra o governo!

Nesse dia, Mourão escreveu em seu "diário", onde anotava tudo: "Fiquei bambo. Não dormi a noite toda. Isto é obra do general Zerbini, que me espia. Tenho que me limpar com o governo".

E "limpou-se", mesmo estragando a comemoração maior de São Paulo. "Antes, eu tinha decorado a frase e ensaiado o gesto espalhafatoso de levantar os braços e gritar para os oficiais", escreveu.

O próprio Jango mandou agradecer-lhe pelo "gesto de lealdade", mas Mourão continuou a conspirar, mesmo perdendo alguns adeptos, aos quais não pôde explicar "a farsa da adesão". Já antes disso, outros conspiradores de primeira linha tinham passado a evitá-lo. Dias antes da encenação do 9 de Julho, ele se queixa no "diário" de que "o doutor Julinho" já não lhe dá atenção. O jornalista Júlio de Mesquita Filho não é só o poderoso diretor de *O Estado de S. Paulo*, que engajou o jornal na campanha contra "os totalitários do governo federal" – controla também as finanças da conspiração com rigidez absoluta e crê que "o pessoal do Mourão" gasta em tolices.

"Isto é intriga do major Restell, que assessora o doutor Julinho", escreve Mourão no "diário".

O major Rubens Restell é o elo de ligação entre os conspiradores da "Sorbonne militar", no Rio (comandados pelos generais Cordeiro de Farias e Castello Branco), e o círculo civil paulista. Mediu suas responsabilidades e acha que Mourão não merece fé.

– 14 –

O mineiro e desconfiado Mourão sabe que não inspira confiança entre os conspiradores. Em junho, antes ainda da farsa do 9 de Julho, escreve em seu "diário".

> Já nem tenho mais coragem de requisitar dinheiro do comitê do qual o doutor Julinho é o chefe. E não posso reagir, senão eles são capazes de me denunciar.

Sabe que não confiam nele, como ele tampouco confia nos outros conspiradores. Naquele 1963, à mesma época em que Carlos Lacerda, em entrevista à imprensa dos Estados Unidos, pedia abertamente a derrubada de Jango, Mourão volta a escrever no "diário", dolorido e quase revoltado:

> Há tempos tive um encontro com Lacerda na casa do Julinho. Falei uma hora e, depois, verifiquei com assombro que Lacerda não disse nada. Que há com ele? Também não confia em mim? Tempos depois, na casa do Nemésio Bailão, eu lhe perguntei: 'Governador, se nós ganharmos a parada (porque eu vou partir para este movimento de qualquer forma), o Sr. aceitaria ser eleito Presidente para completar o quinquênio?'. Ele respondeu: 'Aceitaria. Mas, general, em minha opinião, o senhor não consegue tirar tropas dos quartéis'. Em certas ocasiões, eu me limito a mandar longe certos tipos do que perder tempo em discutir com eles. Tanto mais que Carlos Lacerda, Julinho Mesquita e outros que por aí andam não me servem para nada. Não têm armas nem coragem. Vão para o inferno!

Os conspiradores conspiram não só contra Jango, mas também uns contra os outros. Desconfiam entre si, no devaneio de querer maquinar melhor, cada qual buscando ser mais astuto do que o outro na conjura. Os defensores da livre iniciativa infinita conspiram também por livre iniciativa. O ambiente descrito por Mourão está entremeado de coisas sórdidas, de picuinhas e intrigas. Até do medo a eventuais delatores. Ou Mourão é que é assim (por natureza) e vê arapucas, traições, delações, ratoeiras e ratazanas por todos os lados desde 1937?

Naquele ano distante, ele passou para o papel suas ideias sobre o que fariam os comunistas se tomassem o poder num golpe cruento, urdido e guiado diretamente de Moscou pelo *Komintern*, com execuções e enforcamentos em plena rua, incêndios de igrejas e outras brutalidades, e colocou um rabisco ao final, como se fosse assinatura. (Em 1935, dois anos antes, fracassara a rebelião comunista no Exército e tudo estava à flor da pele, até as fantasias e invencionices). O Serviço Secreto do Exército traduziu o rabisco como "Cohen", nome judaico que se ajustava ao dedo como um anel de noivado – só um judeu-comunista, com dois diabos no corpo de uma só vez, faria plano tão diabólico assim. (Eram os tempos áureos de Hitler, com adeptos mundo afora a perseguir judeus e prender comunistas na Alemanha). Dias depois, os generais, com Góes Monteiro à frente, colocaram Getúlio Vargas contra a parede: "Ou Vossa Excelência dá o golpe ou nós damos o golpe!".

E, em novembro de 1937, o Parlamento foi fechado. Chegou ao fim o governo constitucional de Getúlio, que se fez chefe do Estado Novo. Ou ditador civil com aval do poder militar.

Agora, em 1963, 26 anos mais tarde, tudo é diferente – a conspiração é real e Mourão é o conspirador. Ou um deles, pelo menos. Só o fantasma é o mesmo e imutável – a ameaça comunista pairando sobre o Brasil. Os conspiradores não têm dúvidas: na cabeça de cada membro do governo João Goulart, de seus parlamentares e de seus generais, de seus sindicalistas e de seus eleitores, existe agora um Plano Cohen, concreto e real. Um tenebroso plano de poder, comandado pelo próprio poder.

E, mais do que os conspiradores, também o embaixador dos Estados Unidos, Lincoln Gordon, não tem nenhuma dúvida. Há muito, está convencido disso, talvez muito antes do que os próprios brasileiros. Por tudo que seus contatos militares e civis lhe dizem, pelo que sabe e pelo que intui, dede 1961 está convencido disso.

– 15 –

Os recados sigilosos que o general Euryale de Jesus Zerbini envia de São Paulo ao general Assis Brasil, chefe da Casa Militar da Presidência, advertem que Mourão "conspira cada vez mais" e "o perigo pode se alastrar".

Quase tudo nele é tão visível quanto o cachimbo à boca. Viaja ao Rio com frequência e, numa das vezes, em Petrópolis, almoça com o marechal Odílio Denys, o almirante Sílvio Heck e o jurista Francisco Campos – um trio perfeito para a sedição. Em 1937, Chico Campos tinha dado forma jurídica ao golpe branco do Estado Novo e redigido a nova Constituição centralista e autoritária. Em 1961, os ministros Denys e Heck tinham vetado a posse de Jango.

No "diário", Mourão conta do almoço:

> Ninguém desembuchava. Vi que tudo era cretinice e que apenas estavam me fazendo desfilar na passarela para ser julgado pelo Chico Campos. Na despedida, ao transpor a porta, Denys me disse: 'Mourão, eu e o Chico Campos decidimos que você é o homem!' E saíram.

O advogado Antônio Neder, presente ao almoço, o felicitou: "Isto significa que o senhor acaba de ser designado o Ditador futuro do Brasil" escreve Mourão, grafando Ditador, com D maiúsculo, mas ressalvando:

"Está na cara que eles pensam que, me elegendo ditador, me animam a partir. Partirei de qualquer maneira. Mas fiquem prevenidos, não sou e não serei ditatorial."

Não é só a sedição, porém, que preocupa o conspirador.

PRIMEIRA PARTE

– 16 –

Mourão sabe que sua carreira militar está quase no fim. É general de divisão e, se não for promovido a general de exército, no início de maio de 1964 passará compulsoriamente à reserva. Será apenas um general de pijama, destinado a apagar-se como uma vela de cera. E de pijama vermelho, a cor que ama para usufruir do lar, mas que teme como símbolo político! Tudo o que fizer, tem de fazer antes de maio de 1964. É improvável que esteja na lista de promoções de dezembro de 1963 – o ministro Jair desconfia dele. Também Jango, principalmente depois da "espionagem" do general Zerbini, cuja mulher, Terezinha, participa do Movimento Nacionalista Feminino, que reúne aquelas mulheres que os rapazes do CCC chamam de "melancias" – verdes por fora e vermelhas por dentro. "Todos comunistas, como o Fórum Sindical, a UNE e tal qual os católicos da JUC e da JOC em São Paulo e Minas", costuma dizer Mourão. No Alto Comando poderia ter "apoio político" do general Castello Branco, que está por deixar o IV Exército, em Recife, para ocupar a chefia do Estado-Maior do Exército. Em termos pessoais, no entanto, um não gosta do outro. E, além disso, Castello não influirá nas promoções, pois vai para a chefia do Estado-Maior como consolo, com funções limitadas, só para tirá-lo do comando das tropas do Nordeste.

Em fins de agosto de 1963, Mourão é removido para o comando da 4ª Divisão de Infantaria, com sede em Juiz de Fora e jurisdição ampla – além de seu estado natal, Minas Gerais, abarca Goiás e toda a área ao redor de Brasília. Queixa-se de que seu "trabalho" em São Paulo ficou inconcluso, mas, no fundo, festeja a transferência. Volta ao estado natal, as guarnições de Belo Horizonte dependem dele, e está perto do Rio de Janeiro, onde moram quase todos os "molengas", como ele chama os generais de máxima graduação que quer atrair para a conspiração, mas que "não se definem". Além disso, Minas é território do deputado José Maria Alkmin, ex-ministro da Fazenda de Juscelino Kubitschek que ainda em São Paulo se comprometeu a colocar "todo o PSD do estado" na derrubada do presidente da República.

Falta, no entanto, a UDN, partido do governador mineiro Magalhães Pinto, adversário do PSD de Juscelino e de Alkmin em todas as frentes e em cada município. Um mês depois de assumir em Juiz de Fora, Mourão vai a Belo Horizonte para "sondar o governador". Ao chegar, é informado de que sargentos da Aeronáutica e fuzileiros navais se rebelaram em Brasília, em protesto pela decisão do Supremo Tribunal mandando suspender o mandato do sargento Garcia como deputado federal, por ser "inelegível" segundo a Constituição. Daí em diante, e por longo tempo, os conspiradores já não precisarão inventar pretextos para falar em "caos e anarquia": os "sargentos de Brasília" (como ficarão conhecidos) se encarregam disso...

– 17 –

O presidente João Goulart, em visita ao Rio Grande do Sul, retorna às pressas à capital, enquanto o Exército domina facilmente os rebeldes. A improvisada revolta comandada pelo sargento Antônio Prestes de Paula, da FAB, dura das 6 da manhã às 6 da tarde, quando ele é preso, escondido debaixo da cama, na casa de um companheiro de caserna. Sem estrutura nem apoios ou objetivos concretos, a revolta limitou-se a 350 sargentos (ou cabos) da Aeronáutica e fuzileiros navais e foi facilmente dominada pelo Exército – bastaram tiros ao ar. Os revoltosos prenderam os oficiais na Base Aérea e detiveram (por acaso e durante duas horas) o ministro do Supremo Tribunal, Víctor Nunes Leal, e o vice-presidente da Câmara dos Deputados, Clóvis Mota, quando estes se identificaram a uma patrulha na estrada ao aeroporto. Tomaram a central telefônica, mas, ao não saber operá-la, desligaram os circuitos, deixando a cidade (e eles próprios) sem comunicação.

Toda a "revolta dos sargentos" limitou-se a essa aventura de protesto de menos de doze horas, destituída de sentido e de significado, sem vínculos político-partidários. "Um movimento espontâneo", como se dizia, para esconder a improvisação e o sem sentido da eclosão. O sargento-líder tivera contatos com a Polop, "Política Operária", mas nem sequer consultara esse minúsculo grupo, criado em Minas Gerais, que pregava "a revolução constante e permanente" e reunia meia dúzia de professores universitários e jornalistas. (Uma piada corrente na esquerda dizia que a convenção nacional da Polop, com representantes de todo o país, fora feita num Fusca, num pequeno Volkswagen).

Daí em diante, porém, a revolta será pretexto e ponto de partida para mobilizar a direita civil e militar, ou servir de alavanca para fomentar (ou aumentar) atritos entre subalternos e oficiais. Dias depois, os rebelados são levados ao Rio em quatro aviões da FAB e lá trancafiados em navios de passageiros do Lloyd Brasileiro e da Costeira, ao largo da Baía de Guanabara. Por coincidência, nesse dia, o general Castello Branco assume a chefia do Estado-Maior do Exército com um discurso político de crítica aos "reformadores oportunistas" que "querem instituir uma milícia popular com ideologia ambígua para agitar o país". Removido do comando do IV Exército, em Recife, porque "fazia política", Castello faz política, agora, no principal núcleo militar do país em função de um acontecimento concreto.

A grande imprensa do Rio e São Paulo cai sobre a tola "revolta dos sargentos" como um corvo sobre a carniça. "Os sargentos rebeldes queriam transformar o Brasil em uma República Popular Socialista", apregoa *O Globo*, em manchete garrafal, ao alto da primeira página.[19] Outros jornais, no Rio e São Paulo, seguem a mesma linha. As agências internacionais de notícias transcrevem as "informações" que, no dia seguinte, aparecem na imprensa dos Estados Unidos e da Europa. Já não são necessárias as longas análises dos enviados especiais de jornais e televisões norte-americanos que andam pelo Brasil (principalmente pelo Nordeste) em busca de pistas e vestígios ocultos – o "perigo comunista" já é visível e

---

19. Jornal *O Globo* de 14 de setembro de 1963. Só *Última Hora*, com edições em seis capitais estaduais, não aponta a suposta origem comunista da revolta, mas a critica duramente e chama seus líderes de aventureiros e provocadores.

concreto até nas Forças Armadas e a própria imprensa adverte sobre isso.

– 18 –

E é nesse dia de tensão militar, com pretextos à solta para pregar "a ordem contra a baderna", que casualmente Mourão (junto com o general Carlos Luiz Guedes, comandante da guarnição de Belo Horizonte e seu subordinado) se reúne com Magalhães Pinto. Até então, o governador mineiro apoiara Jango e as reformas de base. Buscava ganhar espaço e sobrepor-se a Carlos Lacerda como candidato presidencial em 1965, dentro do partido de ambos, a União Democrática Nacional. De público, segue adepto das reformas, mas se afastou de Jango para não perder poder em Minas. O presidente deixou de ser um bom parceiro: os filmes do IPÊS estão em todos os cinemas, mostram que o governo federal "estimula a baderna e a agitação" e "a paz das famílias está sob ameaça", e os efeitos disso pesam no conservadorismo de Minas.

Mourão vai direto ao tema – o cachimbo o desinibe e lhe dá um displicente tom doutoral, que pode ser tomado como sabedoria ou maluquice: quer derrubar o governo para "garantir" as eleições presidenciais de outubro de 1965. Com um olho na própria candidatura, Magalhães gosta da ideia, mas não se compromete:

– Se Jango der o primeiro passo para o golpe, aí, sim, eu saio à rua para derrubá-lo – responde, esquivando-se de emprestar o nome e o cargo para "dar o primeiro tiro". Guedes pensa igual.

Daí em diante, até 30 de março de 1964, albores da "rebelião de Minas", ao longo de intermitentes reuniões, Mourão irá queixar-se de Magalhães e do general Guedes, duvidando de que "queiram seguir adiante". Ao mesmo tempo, fala tão abertamente em derrubar o presidente que outros conspiradores desconfiam. O general Costa e Silva acha, até, que ele pode ser "um agente provocador" que busca identificar e localizar o cerne da conspiração. O general Castello Branco recusa-se a receber seus emissários.

Ambos lhe mandam dizer que João Goulart "deve ir até 1965", final do mandato.

Os queixumes, quase em lágrimas, transbordam pelas páginas do "diário":

"O general Costa e Silva me repeliu três vezes e Castello Branco nem quer ouvir falar em revolução", escreve.

E a mágoa cai até sobre o empresário e poeta Augusto Frederico Schmidt, redator dos discursos de Juscelino quando presidente e figura-chave da intelectualidade de direita no Rio e São Paulo: "Schmidt disse ao major Alencar, do meu Estado-Maior, que eu não era de nada. Poeta idiota!".

Se ainda estivesse em São Paulo, Mourão não se preocuparia com Magalhães Pinto – deixaria que Lacerda o engolisse como seu adversário dentro da própria UDN. Seria perder tempo, até porque o governador de Minas apoiava as "reformas de base" e um de seus sustentáculos era o deputado José Aparecido de Oliveira, que comanda a "bossa nova", a esquerda udenista. Mas agora é diferente. Magalhães Pinto (não se sabe por quê) desentendeu-se com José Aparecido e, agora, está à solta – já não quer ser o esquerdista da direita. E o infatigável Mourão tenta e tenta.

– 19 –

O mês de setembro de 1963 é efervescente, como a indicar que, daqui em diante, não haverá primavera na política. Tudo é pretexto ou motivo para controvérsia. Pouco depois da revolta dos sargentos, a visita do presidente Tito, da Iugoslávia, é a "prova" que os conspiradores utilizam para mostrar que o Brasil "caminha para o comunismo". O convite fora ainda de Jânio Quadros (que tinha na escrivaninha uma foto do guerrilheiro que desafiou Stalin e continuou comunista), mas Jango cometia o sacrilégio de abraçá-lo sorrindo e lhe dedicar atenção e homenagens em Brasília. Para contrapor-se ao ato sacrílego, os governadores Adhemar de Barros e Magalhães Pinto se recusam a recebê-lo em São Paulo e Belo Horizonte, como fora programado, e a visita do líder do

Movimento dos Países Não Alinhados (ou da Terceira Via) se restringe à capital federal.[20]

Quase nesses mesmos dias, o governador Carlos Lacerda está em Washington com o presidente Kennedy, buscando verbas da Aliança para o Progresso para o Estado da Guanabara. Lá, é cauto e se comporta como alguém ocupado apenas em administrar. Na volta ao Rio, porém, em entrevista ao correspondente do jornal *Los Angeles Times*, afirma que "a reforma agrária é inoportuna", pois "é como pôr o carro adiante dos bois", e prega abertamente a destituição de Jango:

> O único motivo para que Goulart ainda esteja na Presidência é que os militares procuram evitar uma confusão ainda maior que o atual torvelinho econômico de inflação galopante, dívida externa maciça e luta pelo poder político. Os militares discutem, no momento, o que fazer de Jango: se é melhor tutelá-lo, patrociná-lo, colocá-lo sob controle até o fim do mandato ou destruí-lo [...] Pessoas intimamente ligadas a Goulart me dizem que ele perdeu o controle da situação. Se eu tivesse certeza de podermos seguir assim por mais dois anos, até as eleições de outubro de 1965, então eu diria: continuemos. Mas a questão não é continuar. Prefiro ver surgir um novo dia, mais cedo ou mais tarde. Com isto quero dizer que poderia ser em alguns meses!

E salientou sem rodeios: "Não creio que este estado de coisas possa subsistir até o fim do ano". Antes da conclusão altissonante, afirmou que Goulart podia, ainda, tentar imitar Vargas "transformando-se subitamente e procurando tornar-se um herói anticomunista no último momento".

Com sua eloquente capacidade de misturar fatos para transformar ou tergiversar ideias e a própria História, Lacerda concluiu: "Mas ele não tem a audácia necessária e não creio que os comunistas lhe permitiriam fazer isso!". Os norte-americanos pouco

---

20. Para ocupar a programação, Jozip Broz Tito e sua mulher viajaram de automóvel a Goiânia, onde passaram algumas horas, recebidos brevemente pelo governador de Goiás, Mauro Borges Teixeira, antes de embarcar de Brasília para Nova York e falar na ONU.

sabiam de Vargas ou do Brasil, e não distinguiam uma verdade de uma alucinação, mas aquilo que os sensibilizava fora dito: os comunistas dominavam o presidente, que só fazia o que "os comunistas lhe permitissem"...

A ameaça de guerra nuclear rondava como hipótese (ou como paranoia) e qualquer menção a comunismo atormentava a vida de qualquer pessoa nos EUA naqueles anos. As palavras de Lacerda não surgem apenas do seu ímpeto e da sua personalidade, que se alimentam do ataque e da violência oral há anos. O que ele diz corresponde a um plano tático para sensibilizar a opinião pública dos EUA e amedrontá-la ainda mais com "o perigo comunista", que estaria prestes a instalar-se no maior país da América Latina.

– 20 –

Os três ministros militares repelem as afirmações de Lacerda em dura nota oficial e o acusam de "apresentar nosso país como qualquer republiqueta subcolonial, mendigando esmolas", como se "nosso povo fosse incapaz de orientar-se sem tutelas estrangeiras" e estivesse "entregue a um bando de saqueadores comunistas". Lacerda responde com ironia: "A crise é séria demais para que os responsáveis se deem ao luxo de polêmicas e guerrinhas de notas oficiais. Tratem os ministros militares de manter o país dentro da lei até 1965 – se puderem. E se até lá forem ministros".

Lacerda açula e instiga como tática de uma campanha maior, planejada e preparada por experientes estrategistas como antecipada batalha que leve à guerra, antes de a guerra começar. O governador da Guanabara é apenas a cabeça visível de algo encoberto e mais amplo, em que a oposição se apresenta como vítima e acusa Jango de preparar um golpe para manter-se no poder. Quem está por trás? O general Cordeiro de Farias, que sabe de guerras e conhece táticas e estratégias, pois conspira desde tenente? Ou quem mais?

O confronto torna-se aberto, direto e claro. No dia seguinte, à noite de 2 de outubro de 1963, o presidente fala do Palácio das

Laranjeiras, no Rio, por uma cadeia de rádio e televisão. Não ataca Lacerda nem o cita pelo nome:

> [...] foram ao extremo de levar ao exterior os seus propósitos impatrióticos de sabotagem aos esforços de recuperação nacional. Sei dos objetivos e conheço a finalidade dessa campanha [...] visando impedir as reformas que eliminem os pontos de estrangulamento do nosso desenvolvimento econômico e social.

Incisivo mas cauto, Jango busca encerrar o debate, antes de que se torne crise. Entretanto, 48 horas depois – sob pressão do ministro da Guerra, general Jair Dantas Ribeiro – tem uma reação inesperada e envia mensagem ao Congresso pedindo a decretação do estado de sítio por trinta dias. Duas "exposições de motivos" – uma dos três ministros militares, outra do ministro da Justiça, Abelardo Jurema – justificam o pedido.

"É indispensável e urgente recorrer-se ao estado de sítio", afirmam os ministros militares, em forma peremptória, com base numa descrição do momento nacional:

> Ninguém desconhece a grave conjuntura econômico-social. A inflação, a radicalização das posições políticas, o campo militar ameaçado em seus próprios alicerces, a questão social agravando-se a cada dia; as greves se sucedem e servem de pretexto para a conspiração política; grupos inconformados pregam a violência e a subversão da ordem; governadores de Estado se rebelam contra a legalidade democrática, tentando destruir a ordem jurídica; polícias militares tradicionalmente ordeiras praticam atos de indisciplina. Isto configura uma situação excepcional que torna indispensável e urgente recorrer ao estado de sítio.

Similar é o arrazoado do ministro da Justiça, que cita, ademais, "a sublevação de graduados e soldados da Aeronáutica e da Marinha na própria capital da República" e a greve dos bancários, "assinalada no início e em sua longa duração pela incompreensão e intransigência das partes".

– 21 –

A maioria governista no Congresso se assusta quase tanto quanto a oposição e os lacerdistas. Jango parece atirar para todos os lados. O general Jair não esconde que o governo federal deve intervir no Estado da Guanabara e destituir o governador Lacerda para terminar com a agitação golpista e isso é a base do pedido do estado de sítio – os generais e oficiais nacionalistas só pensam nisso. Boa parte dos trabalhistas e da esquerda parlamentar também, mas não foram consultados e se assustam. A começar por Brizola, o deputado mais votado do país e principal referência da esquerda não comunista. Em Pernambuco, Miguel Arraes se atemoriza mais ainda: é o único governador marcadamente de esquerda, num estado cheio de conflitos sociais, e tem medo de ser um dos alvos, junto com Lacerda. O de Sergipe, Seixas Dória (da esquerda da UDN), se inquieta também.

Uma batida no cravo, outra na ferradura! O indeciso Jango gira como um pêndulo e as especulações se alastram.

E se, para aparentar imparcialidade e compensar a intervenção na Guanabara, as sanções incluírem Pernambuco e Miguel Arraes? A maioria da bancada trabalhista na Câmara dos Deputados se opõe ao estado de sítio, e seu líder, Bocayuva Cunha, passa a ser um dos articuladores da rejeição, junto a Pedro Aleixo, líder da oposição da UDN, homem de raciocínio rápido e palavra fácil. Contra, também, estão os comunistas (na ilegalidade como partido, mas influentes nos sindicatos e na intelectualidade), e Luiz Carlos Prestes adverte sobre o risco de "uma perigosa guinada para a direita, contra o movimento operário". Toda a grande imprensa critica o pedido – *O Estado de S. Paulo*, O *Globo*, *Correio da Manhã* e *Jornal do Brasil*, que veem Jango como porta para "o totalitarismo comunista", até *Última Hora*, que vislumbra nas reformas de base o "caminho da libertação social e nacional".

Na maioria governamental, o conservador PSD também se esquiva, mesmo se opondo a Lacerda. Só os chamados "fisiológicos" (de olho nas pequenas vantagens da época) apoiam a medida.

Ao perceber que será derrotado, Jango dá volta atrás e diz ao Congresso que, "para manter as instituições republicanas, já não se precisa do remédio extraordinário e transitório" do estado de sítio. Os ministros militares (como que se desculpando) abrem mão da medida, "já que se crê que possa vir a ser arma contra o povo de que somos parte e por cuja paz somos responsáveis". O ministro da Justiça inventa uma saída caricata e diz que "só o encaminhamento da medida excepcional já produziu efeitos extraordinários"...

Os norte-americanos acompanham tudo de perto. Como se não bastasse a embaixada, o general Andrew O'Meara, do Comando Sul do Exército dos EUA (sediado no Canal do Panamá), chega ao Rio para acompanhar o desdobramento da situação, ou da crise. Tudo é aberto, tão sem segredos que o jornal *O Estado de S. Paulo* de 6 de outubro de 1962 antecipa a notícia da viagem, numa informação vinda dos EUA.

– 22 –

Jango e a cúpula militar são derrotados por uma rara e inusitada união entre parlamento, imprensa e governadores de direita e esquerda. Num desses paradoxos casuais da política, também os conspiradores se somam a essa união e integram a mesma causa. O episódio, no entanto, responde por si só a uma pergunta: se o general Jair, o brigadeiro Anísio Botelho e o almirante Sílvio Motta fossem os "totalitários" pintados pela maioria dos colunistas políticos do Rio e São Paulo, não teriam fechado o Congresso, que os contrariou e repeliu o que pretendiam? Ou são democratas ou são uns totalitários frouxos, pois não esboçaram qualquer reação contra a imprensa que, afinal, os havia derrotado.

O coronel Vernon Walters é quem mais se debruça sobre a interrogação – o essencial é saber exatamente o que são os ministros militares! Há cerca de um ano ele assumiu o cargo de adido militar na Embaixada dos Estados Unidos (ainda no Rio naqueles anos) e acompanha tudo, mais minucioso do que os próprios diplomatas em serviço permanente em Brasília, atentos sempre a todos os detalhes. A controvérsia sobre a tentativa de prisão do governador Lacerda, por exemplo, chega primeiro ao Pentágono, nos EUA (numa informação que ele enviou), e só depois à imprensa do Rio, onde tudo ocorreu. O que foi isso? No dia seguinte ao pedido do estado de sítio, uma patrulha de oficiais paraquedistas "tenta prender" o governador Lacerda durante manobras perto do Hospital Miguel Couto. Ou, pelo menos, tenta exibir-se e mostrar a Lacerda que pode prendê-lo a qualquer momento. Um dos oficiais (ligado ao governador) delata tudo e a operação não se consuma, mas o caldeirão se aquece mais ainda. A ordem veio do coronel Abelardo Mafra, chefe do Estado-Maior dos paraquedistas, que a recebeu do comandante, general Alfredo Pinheiro, que, por sua vez, a recebeu... de quem?

Na pirâmide militar, tudo vem de cima. A rígida hierarquia só é quebrada nas rebeliões ou motins. As suspeitas diretas caem sobre o ministro Jair, que finge não saber das "manobras", um fiasco militar e escândalo político que viram um antecipado presente de Natal para os conspiradores. Além dos sargentos de Brasília, agora há outro dado concreto. Não só um pretexto a mais nessa conjura, que, até então, se nutria de rumores, ilações e invenções, mais do que de fatos.

– 23 –

As longas mensagens que o embaixador Lincoln Gordon envia a Washington por telex informam à Casa Branca, ao Departamento de Estado, ao Pentágono e à CIA que a crise política caminha para uma etapa "essencialmente militar". Os generais com que "Arma" tem intimidade lhe dizem que "os comunistas estão ocupando postos militares chave", em especial na Aeronáutica e no Exército, numa indicação de que "Goulart prepara um golpe de Estado". A partir disso, os generais próximos a "Arma" creem que "devem agir rápido", antes de que Goulart e Brizola se antecipem. Mas "Arma" crê que ainda há muito por fazer. Falta organizar detalhes, garantir posições na opinião pública, "trabalhar" as reações do povo, inculcar-lhe a ideia de que irá perder tudo o que acumulou na vida – a propriedade privada, a guarda e educação dos filhos, a crença em Jesus Cristo e em Deus, a liberdade de pensar e agir. Tudo, tudo! Até os liquidificadores e automóveis que, a partir de 1959-1960, começam a incorporar-se ao patrimônio doméstico dos brasileiros.

– Deve-se criar a sensação do medo. Há que criar o medo! – deve ser o que "Arma" mais repete.

"Arma" – essas quatro letras (sem aspas) aparecem desde setembro de 1962 nos relatórios que o embaixador envia por telex diariamente a Washington e significam "*Army Attaché*", adido militar, que outro não é senão o coronel Walters. Se não vestisse uniforme ou não usasse traje e gravata em roupas civis, esse homenzarrão de quase 2 metros passaria por um camponês das regiões alemãs de Santa Catarina ou do Rio Grande do Sul. Fala português com leve sotaque estrangeiro e só se distingue de um brasileiro "colono-alemão" por ser fluente e pelo linguajar refinado. Não se aperta no vocabulário, mas, pelas dúvidas, leva sempre no bolso um minidicionário inglês-português, daqueles em papel-bíblia, que cabem na palma da mão. Sabem disso, no entanto, só os muito íntimos, como o general José Pinheiro Ulhoa Cintra. Ambos se veem todas as semanas, às vezes todos os dias.

– 24 –

Basta criar a sensação de medo. Só isso! E o resto virá por si próprio, morro abaixo, como numa avalanche. Walters sabe bem disso. Antes de chegar ao Brasil em 1962, foi adido militar dos Estados Unidos em Roma e o que fez, mesmo, foi incutir nos militares italianos a ideia do medo – do medo ao comunismo. Os comunistas são fortes e organizados na Itália e podem, até, vencer as eleições nestes anos 1960 ou seguintes, mas não encontrarão ninguém do lado deles nas Forças Armadas. E não poderão governar, pois a Itália permanecerá na OTAN, a Organização do

Tratado do Atlântico Norte, que depende de Washington. Foi trabalho de "Arma". Todos em Washington – republicanos ou democratas – sabem disso.

"Arma" é minucioso. Revisa cada um dos "perfis" dos generais, almirantes e brigadeiros que o pessoal da CIA na embaixada redige para enviar a Washington. No do general Argemiro de Assis Brasil, chefe da Casa Militar da Presidência, acrescentou "comunista confesso", com base no que lhe disseram os amigos brasileiros dos quais se fez íntimo durante a Segunda Guerra, de 1944 a 1945, na Itália. Não sabia quase nada do general Olympio Mourão Filho e não mexeu no apanhado que o mostra como "um oportunista e confuso", com posição incerta, que "não merece fé nem confiança".

Por sorte, tudo isso é secreto e só vai ser revelado vinte ou trinta anos depois, quando abrirem os arquivos e "liberarem" esses papéis, pouco a pouco. Alguém já pensou o que diria Mourão em seu "diário" se soubesse o que a CIA pensa dele? Em Juiz de Fora, Mourão sente-se sozinho. Já voltou a se encontrar várias vezes com o governador Magalhães Pinto e com o general Guedes em Belo Horizonte, mas nenhum deles se define: "O Magalhães, que corteja o Jango a cada momento e que conspira comigo, tem um pé em cada campo", escreve Mourão desolado. Não sabe que nem a CIA confia nele. Ou não lhe dá importância. E, mesmo sem saber disso, o tom do seu "diário" é patético:

> O general Guedes é um grave problema. Não sei como vou me 'virar' com uma dupla como esta – Guedes e Magalhães. O tempo mostrará. Mas o tempo é curto, joga contra mim, porque de hoje até o dia 9 de maio de 1964, quando cairei na compulsória, há um prazo fatal de menos de oito meses.

O aventureiro Mourão é, também, um melancólico do futuro, frustrado na carreira militar por antever que não atingirá o posto máximo do generalato e que será "reformado" – passará a ser um traste velho na casa, daqueles que se jogam no porão e servem, apenas, para juntar teias de aranha. Mas não é adivinho e, assim, nem imagina quem lhe criará empecilhos e problemas no momento em que "botar a tropa na rua" e virar "ditador do Brasil", como lhe vaticinaram naquele almoço com o marechal Denys...

Sim, pois está decidido: "Boto a tropa na rua, nem que tenha que me livrar daqueles dois!", escreve no "diário", repetindo em voz alta, como para comprometer-se consigo mesmo:

— Boto a tropa na rua!

Capítulo III
Washington no jogo

– 1 –

De onde surgiu o golpe de Estado de 1964? Dos conluios e conspirações da Escola Superior de Guerra? Do IPÊS do coronel Golbery? Dos planos e despistes do general Mourão? Da cabeça do embaixador dos Estados Unidos? Da indecisão de Jango ou da intemperança de Brizola? E do que mais, além disso tudo? Ou, também e mais do que tudo, da instabilidade ou do medo?

O medo! "Há que criar a sensação de medo!", repete o coronel Vernon Walters, desde que chegou ao Brasil no final de agosto de 1962. Antes dele, porém, o coronel Golbery já pensava assim, só não o disse porque nunca foi de escancarar suas ideias. Organizou o IPÊS para criar o medo à ameaça comunista, ainda em 1961, um ano antes de Walters aqui aportar. Também Lincoln Gordon pensa assim desde o governo Jânio Quadros, quando andava pelo Brasil como pesquisador da Universidade de Harvard, antes ainda de apresentar credenciais de embaixador dos Estados Unidos ao presidente João Goulart, no início do novo governo. Cria-se o medo como os compassos de uma sinfonia, aos poucos. O embaixador sabe disso, pois toca violoncelo e conhece as partituras.

Criamos o medo à figura alheia para nos libertarmos do próprio medo que sentimos ou que inventamos, como paranoia ou como realidade. E, naqueles anos da Guerra Fria, isso parecia arraigado em cada norte-americano. Só a paranoia do medo, por exemplo, explica que a 1º de setembro de 1961, em plena Campanha da Legalidade e ainda antes da posse de Jango, a embaixada norte-americana (pelo telex 625) sugeria à Casa Branca que, "na atual situação do Brasil, não reitere a tradicional política a favor dos governos constitucionais", pois isso "representaria um apoio a Goulart e suas claras simpatias pelo comunismo". (Ou seja: a embaixada apoiava o golpe para impedir a posse do vice-presidente). Também pelo medo paranoico, no dia imediato à posse de Jango, a embaixada "alertava" a Washington, pelo telex 713, que "Goulart tem um passado associado aos comunistas" e sugeria rever os créditos concedidos ao Brasil.

– 2 –

Que fato concreto gerava o medo e a necessidade de criá-lo como sensação?

Ao assumir como presidente e escolher o moderado Tancredo Neves como primeiro-ministro num governo de coalizão (em que a antigetulista UDN tinha dois ministérios), João Goulart sequer esboçou qualquer atitude hostil aos Estados Unidos. Ao contrário, abriu o Brasil ao programa da Aliança para o Progresso, criação do próprio Kennedy. O ministro da Fazenda, o banqueiro Walter Moreira Salles, fora embaixador em Washington, com livre trânsito em Wall Street. As desconfianças norte-americanas, no entanto, se ampliaram em função da política externa independente iniciada ainda por Jânio Quadros, a qual significava o repúdio a qualquer intervenção armada em Cuba. O direito à "livre autodeterminação dos povos" (fossem eles quem fossem) nos transformava em suspeitos tácitos.

Em janeiro de 1962, o Brasil votou contra a expulsão de Cuba da Organização dos Estados Americanos (OEA). Na volta da reunião (realizada em Punta del Este), o presidente de Cuba, Osvaldo Dorticós, reuniu-se com Jango no aeroporto de Florianópolis e previu: a CIA pressionaria Kennedy e os EUA pressionariam toda a América Latina a romper relações com Cuba, para isolá-la.

– Temos e teremos, sempre, excelentes relações com os EUA, mas quem decide os caminhos do Brasil é o governo brasileiro. Fique certo disso! – respondeu-lhe Jango.

Meses depois, a 3 de abril de 1962, João Goulart chegou a Washington, na primeira visita presidencial ao exterior. Kennedy o recebeu à escadinha do avião, com honras militares e sorrisos. Mas já no helicóptero, a caminho da hospedaria da Casa Branca, lhe indagou ansioso se a projetada reforma agrária do Brasil era "comunizante".

– Minha ideia é que Kennedy tinha boa vontade com meu governo, mas era pressionado e levado a agir de outra forma – disse-me Jango treze anos depois, em 1975, na intimidade do exílio comum em Buenos Aires.

É difícil saber de onde partiu a paranoia do medo e quem influenciou quem. A embaixada (sob efeitos da Guerra Fria) inoculou a direita militar brasileira? Ou a direita militar (e civil) transmitiu à embaixada seu medo doentio, recalcado desde o frustrado golpe de 1961?

Os fatos e documentos comprovam agora, meio século depois, que o preconceito e a desconfiança geraram o conluio do medo com o temor, tanto dos EUA para cá, quanto daqui para lá. É o que, em álgebra, chama-se de "correspondência biunívoca" – os elementos da incógnita X são os mesmos da incógnita Y. E assim, talvez pensando em altas matemáticas, o embaixador Lincoln Gordon fez a conspiração tomar rumos concretos num encontro com o presidente John Kennedy em 1962.

– 3 –

O ponto de partida (ou de confluência do medo) para o golpe planejado e organizado como previsão de guerra começou como uma sinfonia em pleno Salão Oval da Casa Branca. Ali a base de tudo ficou já plenamente acertada – desde o financiamento em dinheiro até a conspiração militar em si mesma.

Final de julho de 1962, no auge do regime parlamentarista, o primeiro-ministro Francisco Brochado da Rocha (que tinha substituído Tancredo Neves) nem sequer completara ainda o novo ministério, quando Gordon vai a Washington, decidido a sugerir que os Estados Unidos patrocinem "uma ação militar" para dar "um rumo eficiente e novo" ao Brasil. Reúne-se com Richard Goodwin (de Boston, como Kennedy), subsecretário de Estado para Assuntos Interamericanos, e com McGeorge Bundy, assessor presidencial de Segurança Nacional, e lhes apresenta um quadro tétrico do Brasil. Ambos são moderados – "*liberals*", da esquerda do Partido Democrata, não odiosos "falcões" que queiram aquecer a Guerra Fria –, mas se estarrecem com o relato do embaixador sobre "a pregação de Brizola contra os Estados Unidos" e "as tendências comunistas de Goulart".

No dia seguinte, 30 de julho de 1962, Gordon é recebido pelo presidente John Kennedy, no Salão Oval da Casa Branca. Presentes, também, Goodwin e Bundy, que intervêm rapidamente na conversa. Nessa mesma manhã, a Casa Branca havia inaugurado o serviço de gravação permanente das audiências ou telefonemas presidenciais e tudo ficou registrado. A conversação permaneceu como "confidencial" e "*top secret*" durante trinta anos. Liberada ao público a partir de 1992 em forma progressiva, as partes mais comprometedoras ainda permanecem ocultas, interrompidas por um chiado forte e intermitente na gravação disponível, copiada da original.

Mesmo sem essas partes, entretanto, tudo o que a partir dali se encadeia (e se desencadeia) aparece nítido como numa radiografia das entranhas.

– 4 –

Iniciada às 10h55 e concluída às 12h55, a conversa se desenvolve como numa escala musical, tênue e moderada ao início, logo "*allegro ma non troppo*", até o final apoteótico, resumo de tudo. Kennedy está atento e Gordon começa falando de João Goulart, a quem chama de "homem muito franco" e explica:

– Em termos pessoais, estamos muito bem, ele e eu, e isso é bom. Ele é um homem franco. Conversei com ele sobre seu partido e disse que não sabia como explicar ao presidente dos EUA, e a todos, como é que o novo ministro de Relações Exteriores diz que a Aliança para o Progresso é algo maravilhoso, quando a estratégia política do partido é comandada por seu cunhado, um sujeito jovem da extrema esquerda do trabalhismo, e por San Thiago Dantas, que se bandeou para a extrema esquerda, naquela posição marcadamente antiamericana e contra a Aliança para o Progresso, que o senhor conhece.

Kennedy o interrompe:

– Eles se declaram antiamericanos ou de uma forma indireta?

O embaixador aumenta o tom:

– As falas de Brizola são um horror, uma atrás da outra na televisão, muito dinheiro por trás. No início, atacava só as empresas americanas, mas agora se voltou contra o governo dos EUA, dizendo que *you, mister President*, faz o jogo dessas empresas. Até aqui, eu não fui atacado pessoalmente, mas espero que isso aconteça um dia desses: '*Os EUA estão sugando o país, as empresas americanas estão esvaziando o país*'. Nós somos os responsáveis pelo atraso do desenvolvimento brasileiro. Eles viraram uma colônia dos EUA e nós somos responsáveis pela mortalidade infantil e por todos os males na face da Terra. Tudo em tom altamente irracional e muito emocional. Em resposta, Goulart diz que a esquerda representa só 30% do Partido Trabalhista e afirma: '*Eu simpatizo realmente com os 70% restantes, mais moderados, e essa é minha posição pessoal. No entanto, estou entre as duas correntes, pois os conservadores estão todos contra mim e eu necessito da esquerda como tropa de choque contra a maioria parlamentar*'. É essa a posição de Goulart, até a eleição, pelo menos. Não sei, porém, o que ele fará se obtiver mais poderes e ele quer ter mais poderes, em forma desesperada. Na conversa de uma hora e meia, ele parecia um disco de vitrola, indo e voltando vinte vezes para afirmar que o parlamentarismo não é bom.

– Penso que isso é verdade, não? E que ele nada tem a fazer com o partido... – atalha Kennedy.

– Mas ele tem uma influência enorme! – responde Gordon.

– 5 –

Daí em diante, por longos minutos, o embaixador fala sobre o novo governo, sem mencionar o primeiro-ministro e se fixando em Walter Moreira Salles, da Fazenda. Lembra que, além das verbas da Aliança para o Progresso, "nós não conseguimos nenhum crédito para eles (o Brasil), exceto com uns poucos banqueiros e economistas". Dos 328 milhões de dólares liberados nos últimos 12 meses, "restam 90 milhões do pacote negociado aqui".

– Duzentos milhões, então, simplesmente desapareceram? – indaga Kennedy.

– Exatamente! A ajuda para o balanço de pagamentos e para o orçamento foi como água pelo ralo... – diz Gordon, que passa a elogiar o governador Aluízio Alves, "grande sujeito, lá do Rio Grande do Norte, jovem e cheio de energia". Explica que, lá, os comunistas são fracos, mas no resto do país "assumiram muita coisa na esquerda e ocupam alguns postos-chave e organizam..."

Kennedy o interrompe e pergunta:

– Goulart os protege?

– Ele os ampara no governo e também nos sindicatos de forma disfarçada mas fortemente – responde o embaixador.

Goodwin, que conhece alguns matizes da América Latina, explica ao presidente que, em muitas áreas importantes, os comunistas "estão aliados aos nacionalistas, que não são comunistas propriamente ditos, mas têm objetivos comuns".

– Li algo sobre isso no *Post*, nesta manhã... – recorda o presidente.

Gordon ameniza a conversa, pede que Kennedy, "nem que seja nos jardins", dê a mão a setenta estudantes brasileiros, "de várias tendências, alguns pró-americanos, outros quase comunistas, nacionalistas e antiamericanos", que visitam os EUA a convite do State Department.

– Tudo bem [...], mas me diga: qual é a reclamação contra os negócios americanos? Alguma reclamação é legítima? – indaga Kennedy.

— Não, nenhuma reclamação é significativa. Eles formaram o mito de que a remessa de lucros esvazia a economia brasileira. Isso é um mito! – diz Gordon.

— Quanto é que nós tiramos de lá, por ano? – quer saber Kennedy.

— Oficialmente, nós tiramos uns 40 milhões de dólares e há ainda os lucros enviados sob disfarce, outros 20 milhões, no máximo. Mas esses 60 milhões não são só nossos, e sim do total dos estrangeiros. Disso, temos uns 60%, não muito mais – explica o embaixador.

Kennedy suspira, num lamento:

— Temos lá todos esses investimentos e créditos e ainda compramos o café deles....

– 6 –

Desde a juventude, Gordon toca violoncelo. Sabe que os toques leves se alternam com os fortes e que a musicalidade surge disso. E conversa também assim. Queixa-se da reação provocada pelo relatório que enviou ao Congresso brasileiro na discussão do projeto de lei sobre as remessas de lucros das empresas estrangeiras, quando o chamaram de "instrumento dos *trusts* e reacionário", e, atarantado com a queixa maior que ia fazer, desgovernou-se:

— Há um senador do Rio Grande do Sul, Brizola, que... – ia prosseguir, mas Kennedy o interrompe e pergunta:

— Qual é o cargo do Brizola agora? Senador?

— Ele ainda é governador, até janeiro. Agora é candidato a deputado pela Guanabara...

A menção faz com que Kennedy diga que não se opõe a que o Brasil "compre" as empresas norte-americanas nacionalizadas por Brizola.

— Mas eles não têm feito nada para comprar as companhias. A American and Foreign Power fez uma nova proposta, em discussão. Goulart diz que tem um compromisso pessoal com o senhor, *Mr. President*, e que vai se esforçar para isso. Mas só criaram uma comissão para negociar [...].

– Os moderados estão sem estímulos? – indaga Kennedy.
– Oh, não! Eles não estão a ponto de desistir, mas estão insatisfeitos. [...] Um sujeito como Aluízio Alves quer organizar um centro forte, ligeiramente de centro-esquerda, e creio que nós temos que dar todo apoio a isso. Todo apoio – frisa Gordon.[21]

Todo apoio! O que significa isso? Dinheiro ou o quê? Os seis minutos seguintes da gravação permanecem "confidenciais" – contêm algo "*top secret*" que o público não pode conhecer. Em seguida, o embaixador aparece retomando a conversação e, visivelmente, fala de dinheiro, com vistas às eleições parlamentares de outubro de 1962:

– [...] isto se tornou importante. Não podemos mais nos dar ao luxo de ser complacentes, creio que temos de fazer mais, e fazer mais com menos preocupação com possíveis desgastes ou controle. Os rapazes têm a filosofia do General Accounting Office, de saber se o dinheiro é gasto corretamente. Isso é bom, mas só temos dois meses pela frente... – diz Gordon em alusão às eleições. Toma fôlego e continua:

– Temos lá essa organização denominada IPÊS, gente idônea, que necessita de ajuda financeira. Eles têm feito muito, mas precisam de apoio e estou certo de que devemos ajudá-los. Claro, não podemos exigir que nos prestem contas minuciosas das retiradas (de dinheiro) nem como cada retirada será gasta, em detalhes. Eu só creio que não podemos correr riscos!

A voz de Goodwin, uma espécie de superego de Kennedy em assuntos interamericanos, completa a ideia do embaixador:

– Eu estou de acordo, substancialmente! A próxima eleição será o grande momento, comparável às eleições de 1948 na Itália.[22]

– Sim, eu sei, mas... quanto é que temos de colocar nisso? – pergunta Kennedy e Gordon responde pressuroso:

---

21. Aluízio Alves era governador do Rio Grande do Norte e apoiou o golpe de 1964. Conhecido como notório corrupto, em fins de 1968 teve os direitos políticos suspensos pela própria ditadura que ajudou a criar.
22. Em 1948, os comunistas eram a maior força eleitoral da Itália, mas – após longa campanha política financiada pela CIA – acabaram derrotados pela Democracia Cristã.

– Ah! Aí é algo de uns poucos milhões de dólares, uns... –
e a gravação disponível ao público é interrompida por quase dez
segundos, até que reaparece a voz de Kennedy:

– Mas isso é muito dinheiro! Todos sabem que, aqui, na
campanha presidencial, se gasta cerca de 12 milhões [de dólares] e
um gasto de 8 milhões de dólares seria uma quantia imensa posta
numa eleição.

– Correto! – diz Gordon, aceitando o raciocínio.

– Entendo a necessidade e as dificuldades, mas... – acrescenta
o presidente e logo faz uma pausa.

O embaixador aproveita a deixa e frisa:

– Mas o cenário político lá é incrível de tão complicado!

– Bem, isso vai sendo gasto agora, não é? Como é que se vai
em frente com isso? – indaga o presidente.

Outros 42 segundos aparecem censurados na gravação acessível ao público. O que encobrem esses longos segundos? Os milhões de dólares que o IBAD (que fazia o trabalho sujo para o IPÊS) recebeu para financiar candidatos a deputado e a governador na eleição de 1962? Ou o que, até hoje mantido em segredo?

– 7 –

O dinheiro para o IPÊS do coronel Golbery já está garantido,
mas a surpresa maior ainda está por vir. Na fita gravada, Kennedy
retoma a conversação e, num suspiro, exclama:

– Bem, parece que agora eu não posso fazer nada com Goulart ali. Não há nada que...

– Bem, acho que pode! – interrompe Gordon, acrescentando:

– E este é o ponto importante da estratégia, de modo geral.
Há algo sobre o que eu quero alertar, é a possibilidade de uma ação
militar. Isso é uma possível grande cartada!

Kennedy parece assustar-se ao ouvir "ação militar" e lembra que os EUA vêm criticando o golpe no Peru (que pouco antes depusera o presidente Prado), mas Gordon e Goodwin, em uníssono, afirmam que o caso do Brasil é diferente.

– Sim, é totalmente diferente – concorda o presidente e prossegue:
– Não podemos ser exatamente iguais. Os militares fizeram um excelente trabalho um ano atrás. Tudo depende das circunstâncias de uma ação militar – completa.

(*Naquele julho de 1962, o que significava a frase de Kennedy – "os militares fizeram um excelente trabalho um ano atrás" –, senão uma alusão à tentativa de golpe militar no Brasil, em agosto de 1961, para impedir que Jango assumisse a Presidência?*)

O subsecretário de Estado, Goodwin, procura atenuar o impacto da ideia de "ação militar":
– Isto é um assunto muito difícil e temos que nos proteger com muito cuidado. Não acho que se queira estimular um golpe de Estado [...] mas resolver em breve o caso da ITT – diz, referindo-se a outra empresa nacionalizada por Brizola no Rio Grande do Sul.

– 8 –

O embaixador vai adiante e aborda diretamente a situação de João Goulart:
– O ponto principal é, ao mesmo tempo, organizar tanto as forças políticas quanto as forças militares para reduzir o seu poder ou, num caso extremo, afastá-lo, se necessário. Isso vai depender de uma ação aberta da parte dele, que está fazendo um jogo muito bem preparado, está fuçando num lado e noutro.
– Ele mudou muitos comandantes militares? – indaga Kennedy já inquieto.

O embaixador responde com a maior naturalidade:
– Sim, ele mudou um bom número e ameaça mudar outros mais. O limite dessas mudanças vai depender, em parte, da resistência dos militares. Acho que uma das coisas importantes que temos a fazer é fortalecer a coluna vertebral dos militares. Para falar claro, dar a entender discretamente que não somos necessariamente contrários a nenhum tipo de ação militar, ou algo semelhante, se ficar evidente que o alvo dessa ação militar for...

— Contra a esquerda! — completa o próprio Kennedy e o embaixador retoma a frase:
— Ele está entregando aquele maldito país para...
— Os comunistas! — outra vez Kennedy completa a ideia.
— *Exactly*, exatamente. E há um monte de provas de que Goulart, querendo ou não, está fazendo isso — acentua o embaixador para, em seguida, trazer à luz um de seus informantes de confiança: nada menos do que Juscelino Kubitschek. Textualmente, diz Gordon:
— Algumas semanas atrás, após a rejeição de Dantas como primeiro-ministro, ele [Jango] tinha um plano específico, que contou a Kubitschek e que Kubitschek me revelou em primeira mão. Um plano para nomear um ministério só dele, sem ouvir o primeiro-ministro. E, se o Congresso não o aprovasse, o próximo Congresso a ser eleito em outubro o aprovaria, além de convocar um plebiscito para retornar ao presidencialismo. Kubitschek levou a ideia a trinta altos oficiais-generais, os quais disseram, unânimes, que isso seria inconstitucional e que se oporiam a Goulart se ele tentasse.[...] Então, Kubitschek voltou a Goulart e lhe contou tudo e Goulart desistiu.

Pequena pausa, para respirar, e Gordon continua:
— Veja que coisa, *mister President*! Ele [Jango] está pensando ativamente em um tipo de golpe branco, como dizem lá. E se até os militares estão temerosos... Se eles notarem que não recebem nenhum apoio de nenhum lugar, de dentro ou de fora, especialmente de fora, o que significa "nós", no caso de eles agirem, então...
— *Yes, yes*! — concorda Kennedy, e o embaixador conta que, um dia antes de viajar a Washington, esteve com Goulart, com o novo primeiro-ministro, o ministro do Exterior e o da Fazenda. Outra vez, porém, novo trecho "*top secret*" de longos segundos aparece sob censura, interrompido e apagado na fita por um chiado.

– 9 –

Que nomes e que segredos existiriam ali? Aparentemente, Gordon falava dos militares brasileiros, pois esse é o tema na parte seguinte, não censurada. O embaixador continua com a palavra:

– Vejo que os militares têm muita simpatia por nós, são muito anticomunistas e desconfiam muito de Goulart. E se surpreenderam com a nossa posição no caso do Peru [de crítica ao golpe militar]. Bem, posso dizer a eles que são as circunstâncias políticas e acho que é importante deixar claro isso aos amigos, àqueles que realmente sabemos que são nossos amigos.

Kennedy intervém e, para facilitar a ideia do embaixador, explica que vai "voltar atrás" e, "nesta semana ainda", reconhecer o novo governo militar do Peru. O subsecretário de Estado sugere adiar a próxima reunião da Organização dos Estados Americanos (OEA) para evitar que tome posição contra o golpe no Peru, "pois isso desencorajaria os militares". E até porque – completa o subsecretário – "podemos pretender que eles [no Brasil] façam algo até o fim do ano".

Pressuroso, o embaixador acrescenta:

– Nós temos aquela frente militar, cuja função, entendo eu, antes de tudo é controlar Goulart.

– Que tipo de ligação nós temos com os militares? – pergunta Kennedy.

E o embaixador responde, num tom aberto, como de júbilo ou alegria:

– É uma relação muito boa. Os militares estão desunidos e isso complica um pouco. Alguns poucos são abertamente de esquerda, incluindo alguns em altos postos, como o comandante do I Exército, com sede do Rio de Janeiro, um sujeito muito perigoso. Goulart brincou com a ideia de fazê-lo ministro da Guerra, mas desistiu ao ver que havia muita resistência...[23]

Kennedy o interrompe e indaga:

---

23. Refere-se ao general Osvino Ferreira Alves, que em janeiro de 1964 passa à reserva, ao chegar à idade-limite.

— E se Goulart tivesse poderes? Por exemplo, nessas brigas com o Congresso, e usasse qualquer pretexto para ir adiante, acha que ele agiria se tivesse esses poderes? Ou isso e só uma tática?

— Creio que... tenho minhas dúvidas de que ele [Goulart] seja comunista, até nem acredito. Creio que, provavelmente, ele iria querer ser como Perón, algo assim, um...

— Um ditador pessoal! – exclama o próprio Kennedy.

— *Yes*, um ditador pessoal e populista – completa o embaixador.

— *Yes, yes!* – aquiesce Kennedy.

– 10 –

Em qualquer dos casos, "um perigo" é sempre "um perigo" e o jovem subsecretário Goodwin – conselheiro do presidente e o "intelectual" da Casa Branca – entra de chofre após o "sim, sim" de Kennedy:

— Eu não, eu penso diferente. Ele [Goulart] pode não ter um objetivo, mas Dantas e Brizola têm um objetivo, que não é peronista. Pode ser até nasserista ou titoísta.[24] E a presença e a dominação intelectual deles [de Dantas e Brizola] poderiam sensibilizá-lo, porque hoje, na cena mundial, não se pode ser um Perón, mas tem de se ir além, e é isso o que eles querem.

— *Yes*, sim! – concorda o presidente.

O embaixador assente também e afirma:

— Eles querem isso mesmo! Goulart não dá importância à política externa, em verdade ele só se interessa em...

— Vaidade... – completa o presidente.

O subsecretário toma a palavra e diz que "todos sabemos" que Goulart "é homem de grande vaidade e ânsia de poder" e "há 80% de possibilidades de que gire para a esquerda como aqueles dois sujeitos", San Thiago Dantas e Brizola. O embaixador dis-

---

24. Jozip Broz Tito, da Iugoslávia (que desafiara Stalin mas continuava comunista) e Gamal Abdel Nasser, do Egito, encabeçavam o Movimento dos Países Não Alinhados, distantes dos EUA e da União Soviética.

corda e, por longos segundos, ambos debatem sobre "esses dois", e o embaixador afirma até que "há muita probabilidade de que eles tentem derrubar Goulart".

— Dantas? — pergunta o presidente, surpreso de que San Thiago Dantas e Brizola agora tramem a derrubada de Jango. O embaixador tenta esclarecer, se desdiz, até que o presidente, confundido por tudo o que ouve, retoma a palavra e pergunta:

— Bem, agora, o que devemos fazer? Creio que o problema é saber o quanto podemos fazer contra Goulart e quanto podemos tentar.

— Creio que nós temos que tentar! — frisa o embaixador.

E Kennedy indaga sem rodeios:

— O que temos de fazer para chegar aos militares?

– 11 –

A pergunta do presidente é uma antecipada resposta a tudo o que o embaixador diz e sugere. E Goodwin dá a ideia geral:

— Temos que fortalecer nossa relação com os militares e deixar isso bem evidente para eles — opina, sugerindo que McNamara (secretário de Defesa, e que manda no Pentágono) mude "o pessoal que está lá", no Brasil.

A tática de abordar o presidente já foi preparada de antemão — Goodwin e Gordon já estão acertados — e o embaixador entra direto no assunto principal que o levou a Washington:

— Bem, nós precisamos mesmo é de um novo adido militar. O Exército é a mais importante das três Forças e este [o adido militar] é o homem-chave na relação.

— E nosso homem lá, é bom? — indaga Kennedy.

— Nosso homem atual... é boa pessoa, mas é muito burro. Eu até falei sobre isso com o general... [o nome aparece apagado, sob censura, na fita] — responde o embaixador.

— Acho que não temos muitas pessoas que saibam falar português, não é assim? — outra vez indaga Kennedy.

— Bem, temos alguns espalhados por aí, não muitos, mas o McNamara sabe... — explica o embaixador, ambos trocando conjecturas sobre a importância de um novo adido militar, até que a fita, outra vez, aparece censurada por alguns segundos. Outro segredo está aí, talvez sobre os militares "espalhados por aí e que falam português", e não pode ser revelado! A conversação reaparece na fita e o presidente indaga, com base nas próximas eleições no Brasil:

– Bem, mas adianta alguma coisa mudar uma pessoa lá? Em três meses ela poderá estabelecer essas ligações? Em apenas três meses?

– Ah! Sim, sim! – responde o embaixador confiante, e o presidente volta a indagar:

– Existe alguém que tenha estado lá antes, que tenha boas relações e possa ser enviado de volta?

– Que tal esse cara do Eisenhower? – pergunta o subsecretário Goodwin, em alusão ao assistente militar do anterior presidente norte-americano.

– Dick? Dick Walters? – interroga-se o embaixador, acrescentando que Dick é o atual adido em Roma.

– E ele sabe falar português, alguma coisa pelo menos? – pergunta Kennedy.

E, como se um fosse o eco do outro, Goodwin e Gordon exclamam quase em uníssono:

– Ele fala português fluentemente!

O subsecretário de Estado frisa, ademais, que Dick "é excelente, tem um grande faro político" e foi, inclusive, o intérprete de Eisenhower na visita ao Brasil.

– Ah, ele seria maravilhoso! – diz o embaixador num suspiro de contentamento.

E o próprio Kennedy faz uma pergunta que já é uma resposta. Ou uma decisão:

– Então, o que vamos fazer? Quem vamos escolher? Temos que enviar para lá alguém capaz de estabelecer ligações muito rapidamente. E tem de falar português!

O subsecretário Goodwin sugere encaminhar o assunto a Ros Gilpatrick, o segundo homem no Pentágono, que resolve os assuntos políticos. (McNamara, o secretário de Defesa, fica com as coisas grandes – mísseis, satélites e armamentos). O presidente concorda, em tom feliz, e já dá as ordens:

– Muito bem, ótimo, mas isso tem de ser feito ainda hoje!

O próprio John Fitzgerald Kennedy manda que "ainda hoje", nesse 30 de julho de 1962, se comece a organizar a conspiração no Brasil com vistas a uma intervenção militar. A outra, a secreta, não aquela que Mourão propala aos quatro pontos cardeais. A outra e definitiva, sem a qual tudo poderia se frustrar. Até os passos de Mourão.

– 12 –

Era quase hora do almoço, mas o embaixador ainda tinha "dois pequenos problemas" a tratar:

– *Mister President*, tenho aqui uma carta que lhe escreveu Kubitschek e...

– Ele apoia Goulart? – indaga o presidente, como numa defesa antecipada.

– Não, não! – esclarece o embaixador.

– Ele está preocupado? – volta a indagar Kennedy.

– Bem, ele apoia Goulart quanto ao retorno dos poderes presidenciais, mas está muito preocupado e gostaria de ajudar a tornar a Aliança para o Progresso mais flexível, não só um programa técnico, mas que tenha ênfase política. Acho que devemos estimulá-lo e aproveitá-lo... – continua o embaixador.

Em seguida, define o que Juscelino Kubitschek sugere (ou quer) e também ele, embaixador, deseja: colocar na OEA um latino-americano como coordenador-geral da Aliança para o Progresso, e o homem seria Kubitschek!

Pouco antes, o embaixador havia revelado que Juscelino Kubitschek era um de seus informantes sobre a relação de Jango com os militares. Agora, o apadrinhava e sugeria, até, criar um posto especial para ele na OEA. O intercâmbio de favores recém começava.

A hora do almoço se aproxima, o presidente tem outros assuntos a resolver e, rapidamente, já à saída, o embaixador toca no derradeiro tema.

— Meu programa no Nordeste do Brasil precisa de um novo diretor. O que nós tentamos fracassou. Mas achei o homem qualificado, é Warren Wiggins e trabalha com Sarge Shriver.
— E fala português? – indaga o presidente.
— Não, mas fala espanhol e em pouco tempo se adapta.

O presidente aceita e manda providenciar. Sarge Shriver, criador do Peace Corps ("Corpos da Paz"), é um dos "homens do presidente", além de marido de Eunice Kennedy, prima do próprio John Kennedy.

– 13 –

Dias depois, Wiggins desembarca em Recife para coordenar os quase dois mil "*muchachos*" do Peace Corps que circulam pelo Nordeste em missões da Aliança para o Progresso, como bons samaritanos ou espiões, para ajudar ou bisbilhotar.

É o homem talhado para levar à população nordestina tudo aquilo que o embaixador pretende. Assim, vai evitar que os próprios amigos brasileiros venham lhe reclamar (e com razão) do que fazem alguns norte-americanos em nome da Aliança para o Progresso. No Rio Grande do Norte, por exemplo, num vilarejo miserável chamado Angicos, dólares norte-americanos financiaram um novo programa de alfabetização de adultos de um tal professor Paulo Freire, algo que parecia positivo mas que "tem perigosas características comunistas". O método é apresentado como "revolucionário" e em verdade o é: em quarenta horas de aula, um analfabeto escreve e lê. O próprio embaixador chegou a ver isso como positivo, até que o governador Aluízio Alves soube das reclamações e lhe abriu os olhos: o método do tal professor Paulo Freire "é uma criação dos comunistas para politizar os analfabetos". Junto a uma palavra, lhes ensinam uma ideia, "sempre uma ideia comunista, falando de trabalho ou reivindicando terra, com o pretexto de dar consciência da realidade", como advertiu o próprio governador.

O diretor do programa da Aliança para o Progresso nada via de anormal nisso, achava que ter consciência era bom e nada tinha de perigoso ou de comunista, até que o governador deu a pista ao embaixador:

– O que eles querem é alfabetizar essa gente às pressas, para que votem nos comunistas e afins – explicou.

O embaixador está preocupado, pois o perigo se expande. (No Brasil desses tempos, analfabeto não tem direito a voto). Em Natal, capital do Estado, o prefeito Djalma Maranhão, um gordo de esquerda, vai executar o mesmo plano de alfabetização, mas por conta própria. Talvez com ajuda do governo federal, mas não terá um centavo sequer da Aliança para o Progresso.

Kennedy confia no embaixador e não foi preciso explicar-lhe nada disso. Tudo se resolveu em forma direta e rápida.

Inesquecível e vitorioso final de manhã para Lincoln Gordon na Casa Branca. Tudo o que esquematizou acabou resolvido – dólares para o IPÊS; Dick Walters para os militares; Wiggins para os analfabetos do Nordeste; Kubitschek talvez a caminho.

Tudo se encaixa nos planos maiores.

A data ficará registrada para sempre, como testemunho de tudo o que fez. Tal qual as fitas da conversação desse inesquecível 30 de julho de 1962 que, em verdade, abriu o caminho definitivo ao golpe no Brasil. Sem essa manhã, nada teria chegado aonde chegou![25]

---

25. Cópias da fita da conversação original estão no acervo do National Security Archives (NARA), The George Washington University, Washington D.C., de onde extraímos o texto aqui publicado. Em 2012-2013, o filme-documentário *O dia que durou 21 anos*, de Camilo Tavares, reproduziu (em áudio) os trechos essenciais do diálogo de Kennedy e Gordon.

Capítulo IV
O SENHOR EMBAIXADOR

– 1 –

Após a conversa no Salão Oval, tudo aquilo com que o embaixador sonhava e pensava multiplicou-se Brasil afora. Cresceram as organizações autodenominadas "democráticas", principalmente de mulheres, destinadas a varrer o comunismo como se varre a casa – todas as manhãs. O IPÊS e o IBAD ampliaram sua atividade ou ação e financiaram diretamente a campanha de candidatos na eleição de outubro de 1962. O coronel Walters chegara ao Rio, recebido pelo general José Ulhoa Cintra e outros doze generais da ativa, numa festa de uniformes em pleno aeroporto internacional.

Afinal, de que se queixava o embaixador? O que fazia ou tentava fazer o governo brasileiro contra os Estados Unidos ou contra as empresas norte-americanas, para que Gordon tivesse sido tão drástico naquela conversa na Casa Branca? Para correr tanto risco, propondo até "uma ação militar" no maior país da América Latina, isso só podia soar como represália a atitudes hostis do Brasil. Quais atitudes hostis?

O governo João Goulart-Tancredo Neves não teve qualquer gesto agressivo ou sequer ríspido com relação aos Estados Unidos. O mesmo ocorreu com os outros dois governos do parlamentarismo (Brochado da Rocha e Hermes Lima) ou nos catorze meses finais de presidencialismo pleno. Ao contrário, o governo buscou sanar as divergências que já encontrou. O reatamento de relações com a União Soviética fora decisão de Jânio Quadros, que Jango e Tancredo apenas implantaram, dando curso à "política externa independente". E aí estão as raízes das desconfianças: o Brasil já não pedia licença quanto aos caminhos a escolher. A setenta milhas da costa norte-americana, a Revolução Cubana desafiava naqueles dias o poder do vizinho poderoso. Até então, Cuba fora uma espécie de pátio traseiro de Miami, onde se despejavam os dejetos. Bem ou mal, com tato ou desaforadamente, os cubanos tinham rompido essa situação e os Estados Unidos tomaram isso como afronta. A intermitente pressão dos EUA que se seguiu constitui um dos pontos para entender a irritação progressiva com que Washington passou a olhar o Brasil. O olho mágico com que os EUA viam a América Latina enxergava primeiro Cuba e, só depois, todo o resto, incluídos nós, no Brasil.

– 2 –

O próprio Kennedy lhe perguntara se havia "alguma reclamação legítima" contra os interesses americanos e a resposta de Gordon fora direta:

– Não, nenhuma significativa!

Nem na época nem hoje, na perspectiva de meio século depois, é possível descobrir qualquer gesto agressivo do Brasil com relação aos EUA naqueles anos. Houve atritos e divergências, sim, mas se devem, apenas, às decisões de defender a soberania brasileira, fazendo avançar nosso desenvolvimento em busca de um caminho autônomo na produção e na tecnologia. E nas decisões políticas. A nacionalização de duas empresas norte-americanas no Sul (ponto de partida para a fúria do embaixador) apenas buscara dinamizar dois setores fundamentais – eletricidade e telefonia – que se haviam transformado em obsoletos por culpa direta dos concessionários norte-americanos. A própria lei de remessa de lucros das empresas estrangeiras, aprovada em setembro de 1962 (contra a qual o embaixador se bateu como fera ferida), não fora iniciativa do governo, mas de Celso Brant, deputado do PSD de Minas, ligado a Juscelino e amigo do general Mourão. Os diferentes matizes de esquerda que reuniam os nacionalistas no Congresso, em Brasília, apoiaram em massa a iniciativa. A repercussão nos EUA levou a cadeia de televisão CBS a enviar uma equipe ao Brasil para pesquisar até onde o dedo de Moscou estava por trás de tudo. As reportagens da TV, porém, acabaram por justificar a medida a partir de uma entrevista em que o líder trabalhista na Câmara dos Deputados, Bocayuva Cunha, explicou em impecável inglês:

– Os lucros das empresas estrangeiras chegam a 100% ou, até, a 200% sobre o capital investido! Isso é a cobiça absurda, que vamos disciplinar. Não há nada de comunismo nisso![26]

Para não atiçar a ira de Washington, Jango não sancionou a nova lei, deixando que fosse promulgada automaticamente pelo Senado, 24 dias depois de aprovada pelo Congresso. Em seguida, o embaixador martelou tanto que, durante um ano e quatro meses, conseguiu evitar o decreto que a regulamentou para poder vigorar de fato.

Só em 24 de janeiro de 1964, Jango assina o decreto regulamentando a lei de remessa de lucros, que (mesmo aprovada em setembro de 1962) até então fora mero enunciado de intenções, sem possibilidade de aplicação prática. No Palácio Rio Negro, em Petrópolis (onde se refugiara das chuvas de Brasília e do calor tórrido do Rio), a cerimônia é simples, sem alarde, para não atiçar o embaixador Gordon.

– 3 –

A regulamentação da lei de remessa de lucros torna-se o passo concreto para coroar aqueles tempos de descobertas que caracterizaram os anos 1960 na vida dos brasileiros. A construção de Brasília tinha endividado o Tesouro Nacional, devorado as reservas de divisas e desencadeado a inflação galopante, mas – a par desses males – havia criado, na população inteira, a visão de que era possível fazer e construir. Desde então, passamos a nos considerar capazes – faltava apenas encontrar o caminho. Se podíamos gastar

---

26. Extraída do filme-documentário *O dia que durou 21 anos*, de Camilo Tavares, que reproduziu a entrevista de 1962.

bilhões para construir uma nova cidade, podíamos edificar uma nova sociedade! Começava a esvair-se a síndrome da derrota, do "nada dá certo", que nos marcara em julho de 1950 na derrota no campeonato mundial de futebol, no Maracanã, em plena capital da República e que, desde então, se transformara numa espécie de apocalipse nacional. Nada dava certo, nem no futebol...

Em 1954, o suicídio de Getúlio Vargas, além da tragédia humana em si, trouxe um dado novo para entender o país: a Carta-Testamento criticava abertamente a espoliação e a voracidade do capitalismo internacional, fazendo com que os setores médios da população percebessem que aquela linguagem não era invenção dos "pérfidos comunistas", como se pensava e se dizia.

Desde então, a palavra "imperialismo" se incorpora ao vocabulário quotidiano e aparece nos jornais, rádios e TV sem conotação ideológica, apenas como constatação histórica.

– 4 –

Nos sete meses de Jânio Quadros, tivéramos um presidente monárquico, quase absolutista, que mandava e fazia o que queria e os demais cumpriam o que mandasse. No período João Goulart, ao contrário, o poder desconcentrou-se. Para alguns, tratava-se de indiferença ou desinteresse por parte do presidente, ou até "moleza" e "preguiça". Havia até muito disso, é verdade, mas era, também, a característica do seu estilo aberto, que não opunha resistência às ideias novas nem limitava as iniciativas de quem estivesse a seu lado. E que as aceitava e, por aceitar, era visto como indolente. (Os três diferentes primeiros-ministros foram, também, receptivos e abertos). O período Jango foi dinâmico por isso. O novo surgiu em todas as áreas, quase em geração espontânea, com uma ideia aqui, ali ou acolá, sem que o presidente tivesse a iniciativa delas, nem que pensasse em grandes projetos. Deixava que fizessem e, até, aplaudia que o fizessem, sem que a ideia partisse dele ou de algo programado pelo governo. Houve o Plano Trienal, elaborado por Celso Furtado como ministro do Planejamento, mas que a velha estrutura burocrática da época não permitiu que avançasse muito além dos projetos e das intenções.

A liberdade de iniciativa assustava, porém, a timorata sociedade brasileira de então, cheia de preconceitos e desconfianças. Na área cultural e educativa, o ISEB, Instituto Superior de Estudos Brasileiros, criado ainda nos tempos de Juscelino Kubitschek, provoca uma verdadeira revolução: redescobre o Brasil e leva a pensar com olhos nacionais sobre a situação do país. Nosso modelo de nação passa a ser a própria nação, com suas desigualdades, carências, problemas, pujanças e possibilidades. A partir de 1962, o CPC, Centro Popular de Cultura, nascido na UNE e mantido pelo Ministério de Educação, é o dínamo da música, da pintura, do teatro e do cinema novo, da pesquisa histórica e científica. A "História nova", contando nossas mazelas, realidades e possibilidades, começa a substituir nas escolas os velhos relatos ufanistas em que só apareciam "heróis". Perde-se o medo de criar nas artes e de pesquisar nas ciências.

A começar por Leite Lopes, Marcello Damy, César Lattes e Mário Schenberg, a pesquisa na física nuclear reúne velhos e novos cientistas em São Paulo ou no Rio e se ouvem estranhas ideias novas, falando de radioisótopos a serem aplicados na área médica, algo que soa a delírio ou fantasia. Na nova capital da República, a Universidade de Brasília desponta em 1962 como moderno centro de pesquisa em todas as áreas. Busca ser ponte entre o novo e a velha tradição de um país culturalmente diversificado, cheio de ilhas isoladas, que passam a comunicar-se entre si. Os conservadores se assustam e, com eles, o embaixador dos Estados Unidos. Seus relatórios a Washington veem nesses atos "o perigo de infiltração ou influência comunista". Ou – pior ainda que os comunistas – dos nacionalistas, catalogados como opositores "ainda mais duros" aos Estados Unidos.

– 5 –

Em maio de 1963, o governo regulamenta lei que pune o abuso econômico e os cartéis e instala o Conselho Administrativo de Defesa Econômica (CADE). Os laboratórios estrangeiros ficam na mira em função das importações superfaturadas de matérias-primas. A norte-americana Sydney Ross Company (que fabricava o popularíssimo Melhoral e dominava o setor farmacêutico), por exemplo, importava cloroquina a US$ 1.500 o quilo, quando – pouco antes – a Bayer tinha trazido o mesmo insumo da Alemanha a preços entre US$ 65 e US$ 80[27] o quilo. Pouco depois, o novo ministro da Saúde, Wilson Fadul, cria o GEIFAR, Grupo Executivo da Indústria Farmacêutica, destinado a incentivar a produção nacional de medicamentos. Em seguida, Lincoln Gordon se queixa da medida ao ministro de Relações Exteriores do Brasil e lhe envia o protesto que os laboratórios estrangeiros tinham encaminhado à embaixada. E pede a atenção do governo "às legítimas ponderações" ali contidas.

Em junho de 1963, Carvalho Pinto assume o Ministério da Fazenda e o embaixador dos Estados Unidos se tranquiliza. Seus relatórios via telex a Washington frisam que o novo ministro deixou o governo de São Paulo há poucos meses e é um conservador sem qualquer ligação com os comunistas e que, portanto, "são promissoras" as perspectivas das relações financeiras e econômicas com os Estados Unidos. Lincoln Gordon se anima e se acalma.

– 6 –

O novo ministro da Fazenda é, realmente, um conservador, mas se defronta com um fantasma inesperado – os juros e os vencimentos da dívida externa, contraída praticamente toda no governo Juscelino – e, a partir disso, o embaixador começa a mudar a ideia que dele tem. O chefe de gabinete do ministro, Hélio Bicudo, jovem promotor de Justiça paulista, encabeça o grupo de trabalho que descobre uma "situação devastadora" nas contas externas do país. Na reunião ministerial de 4 de julho de 1963, Carvalho Pinto

---

27. Levantamento da Carteira de Comércio Exterior do Banco do Brasil de 1961 a 1963, in L.A. Moniz Bandeira, *O governo João Goulart:* As lutas sociais no Brasil. São Paulo: Unesp, 2010, p. 234.

faz uma exposição sucinta e objetiva sobre "a devastação" (como dizia Bicudo) que a dívida externa pode provocar.

A dívida ascende a pouco mais de US$ 3 bilhões. Praticamente não crescera desde a posse de Jango, mas os juros anuais a pagar vão a mais de US$ 155 milhões, uns 15% de toda a receita cambial do país. Mais de metade do capital da dívida, vinda da era Juscelino, vence no triênio 1963-1964-1965, ou seja, em pleno governo Goulart. A isso, acrescentem-se os chamados "encargos do endividamento", que somam mais de US$ 1,8 bilhão e representam, por si só, mais de 43% da receita de todas as exportações do Brasil, que devem chegar, no máximo, a US$ 4,2 bilhões.

O relatório sugere uma "drástica política" para conter a fuga de divisas através da aplicação da lei de remessa de lucros, que ainda não fora regulamentada e permanecia inerte. Só assim, poder-se-ia amainar o déficit nas transações de mercadorias e serviços, que deveria superar US$ 2 bilhões. Por outro lado, os novos créditos dos EUA tinham se resumido, em 1962, a apenas US$ 74 milhões, numa situação que parecia complicar-se daí em diante, devido às novas restrições. Nesse 1963, mesmo negociando pessoalmente em Washington, o então ministro San Thiago Dantas obtivera US$ 84 milhões, boa parte dos quais destinados à compra do acervo da ITT, nacionalizada no Rio Grande do Sul. Os EUA nos emprestavam dólares para pagarmos as próprias empresas norte-americanas.

Os créditos eram mera prestidigitação contábil – saíam daqui para lá, antes de chegarem de lá!

– 7 –

O GT, grupo de trabalho, constituído a mando do conservador Carvalho Pinto depara-se, então, com a situação das grandes empresas estrangeiras. Na grande maioria norte-americanas, todas contabilizam cifras milionárias como se fossem "investimentos" no Brasil, quando – em verdade – trata-se de dinheiro auferido em lucros descomunais, que chegam a 200% e, às vezes, mais até. Na visita aos Estados Unidos, um ano e meio antes, o próprio João Goulart tinha criticado a voracidade dessas empresas, "que não devem auferir lucros excessivos", como disse em entrevista coletiva à imprensa, em Nova York. (Na época, ainda não se usava a expressão "empresas multinacionais", que entra no vocabulário corrente anos depois.)

Em suma: agora, a fraude está à mostra. E se faz para mascarar os "investimentos de capital estrangeiro", que, em verdade, são apenas reaplicações ou reinvestimento de parte dos exorbitantes lucros aqui obtidos. E tudo revelado pelo ministro em que o embaixador confiava...

Se até um conservador como Carvalho Pinto diz, agora, as mesmas coisas que os destemperados nacionalistas de Brizola, o que pode esperar o embaixador Lincoln Gordon?

(*Anos depois, em 1971, aqui já em plena ditadura, a Comissão de Relações Exteriores do Senado dos EUA comprovou que os investimentos diretos no Brasil, de 1961 a 1962, chegaram a apenas US$ 21 milhões, enquanto os lucros remetidos pelas empresas norte-americanas alcançaram US$ 59 milhões, dando-lhes um saldo positivo de US$ 38 milhões naqueles dois anos, como lembra L.A. Moniz Bandeira*).[28]

– 8 –

Já no primeiro governo parlamentarista, o embaixador fizera suas arremetidas e desconfiara dos "conservadores" no governo. O primeiro-ministro Tancredo Neves era "um catolicão", como lhe diziam, mas de que adiantava isso? Ele só se incumbia da área política, e o chefe da Casa Civil, Hermes Lima, manejava a administração. O embaixador talvez não soubesse, mas o jurista e socialista Hermes Lima é que tinha mandado "devolver ao remetente" o telegrama que ele, Gordon, enviara ao

---

28. *US Senate, Subcommitee of the Comitee on Foreign Relations, First Session, May 4, 5 and 11, 1971, Washington*, citado por L.A. Moniz Bandeira in "O Governo João Goulart", Ed. Unesp, 2010.

presidente do Brasil em protesto pelo cancelamento da concessão de exploração de minérios à Hanna Mining Corporation no Vale do Paraopeba, em Minas.

(*Na conversa do embaixador com Kennedy, na Casa Branca, João Goulart aparecera como "um orgulhoso", mas, se o embaixador soubesse quem, de fato, tinha devolvido o telegrama, talvez se queixasse das "más companhias" de Jango. Naquela época de comunicações ainda lentas, "devolver um telegrama" equivalia a revidar uma bofetada com bofetada idêntica*).

O processo de anulação das concessões da Hanna Mining fora iniciado no governo Jânio Quadros por um "conservador", o então ministro das Minas e Energia, João Agripino, da Paraíba e da UDN, o partido que o embaixador tinha como "amigo dos Estados Unidos" e, portanto, confiável. Na era do trio Jango--Tancredo-Hermes Lima, o novo ministro, Gabriel Passos (de Minas Gerais e também da UDN, na qual o embaixador confiava), anulou a concessão por infringir o Código de Minas e ser ilegal.

O presidente da subsidiária da *Hanna Mining Co.* no Brasil era o ex-ministro da Fazenda de Juscelino Kubitschek, Lucas Lopes: "Este sim, um conservador confiável!" – deve ter raciocinado o embaixador.

– 9 –

Quando a Instrução 242 da Superintendência da Moeda e do Crédito proibiu o registro de financiamento para importar máquinas e equipamentos que a indústria nacional pudesse produzir, o embaixador abriu ainda mais o olho. O Brasil era o maior mercado dos EUA nessa área e, há muito, tinha superado a Argentina e o México. Mas a preocupação maior veio depois, em 1963. As cachimbadas do perfumado tabaco de Lincoln Gordon (que se acentuavam nos momentos de tensão) tomaram conta do seu gabinete quando se soube que um grupo de engenheiros da Rússia Soviética viria ao Brasil, a convite de Jango, para opinar sobre a futura e gigantesca barragem-usina de Sete Quedas, na foz do Iguaçu, a ser construída em parceria com o Paraguai.[29]

O projeto poderia, até, incluir a Argentina e seria "a grande realização" do governo. O engenheiro Marcondes Ferraz, um conservador ligado politicamente à UDN, dirigia o grupo de trabalho e julgou "oportuno" ouvir os soviéticos. Ou, até, que participassem da obra e da implantação da usina. Afinal, pouco antes eles haviam construído a maior hidrelétrica do planeta, em Assuã, no bíblico rio Nilo, no Egito, e conheciam minúcias técnicas mais do que ninguém. ("A água e a eletricidade não têm cor nem ideologia política", deve ter raciocinado o conservador Marcondes Ferraz). Quando o presidente João Goulart, em pessoa, recebeu os especialistas soviéticos, o embaixador dos EUA entrou em pânico. Os telex-relatórios enviados a Washington passam a advertir da necessidade de "evitar" que a União Soviética participe do empreendimento em qualquer grau ou medida.

Mais do que tudo, o embaixador dos EUA no Brasil sugere exercer pressão direta sobre o general Alfredo Stroessner, ditador do Paraguai, que tem o condomínio da parte essencial do rio. A participação da Rússia Soviética no planejamento ou na execução da obra e, até mesmo, só no financiamento das turbinas, diz o embaixador, abriria as portas à propaganda do comunismo. E, assim, Stroessner (que se manteve no poder durante trinta anos utilizando-se do anticomunismo como poção mágica) vetou a participação soviética. Nem a íntima amizade pessoal que o unia a João Goulart pôde convencê-lo a dizer "sim".

Os especialistas russos estudaram o rio Paraná e se deliciaram com a beleza das Sete Quedas, mas voltaram a Moscou sem jamais poder retornar. (A hidrelétrica de Itaipu só começou a funcionar quase vinte anos depois e, mesmo assim, sem estar plenamente concluída.)

---

29. Anos depois, a ditadura militar construiu a hidrelétrica de Itaipu, com pequenas modificações sobre a ideia original.

PRIMEIRA PARTE

– 10 –

No clima da Guerra Fria, em que as duas superpotências disputavam a hegemonia mundial, a atitude do embaixador Gordon era até explicável e compreensível, mesmo sendo inadmissível. Afinal, a então poderosa União Soviética não admitiria que os EUA construíssem hidrelétricas na Tchecoslováquia, Polônia, Alemanha Oriental ou qualquer outro país da sua órbita de influência ou domínio...

Como explicar, no entanto, que em 29 de maio de 1962 (dois meses antes do encontro no Salão Oval) o embaixador e a CIA tenham enviado alarmantes relatórios a Washington quando Jango assinou a lei criando a Comissão Nacional de Energia Nuclear? Parecia, até, que o Brasil começaria a desenvolver a bomba atômica na manhã seguinte e que deixava de ser "um país amigo" para tornar-se suspeitosa potência nuclear. A lei, votada abertamente pelo Congresso, em Brasília, estabelecia o monopólio estatal na pesquisa, lavra e comércio de materiais nucleares físseis ou férteis, das substâncias radiativas e seus subprodutos, além dos radioisótopos artificiais. Só isso. Os relatórios-telex da CIA mencionam os nomes de boa parte dos físicos brasileiros, sem classificá-los politicamente, mas como a indicar que são comunistas potenciais, pois entre eles está Mário Schenberg, declaradamente membro do ilegal Partido Comunista Brasileiro.

Aparentemente, os alcaguetes nacionais estavam também nas universidades ou centros científicos e alardeavam o "perigo comunista" para prestar serviços à Embaixada dos EUA e à CIA. E é assim que os mais relevantes nomes da física brasileira estão nos relatórios enviados a Washington. Não importava que Marcello Damy dos Santos tivesse desenvolvido sonares ultrassônicos para detectar submarinos nazistas no Atlântico em 1942, durante a Segunda Guerra Mundial, e que os norte-americanos os utilizassem – seu nome estava lá. Sem qualificativos, é verdade, mas como se fosse alguém a investigar. A seu lado, José Leite Lopes (um dos pioneiros do Centro Brasileiro de Pesquisas Físicas) ou César Lattes, nome internacional, um dos descobridores da partícula Méson Pi, que representou uma revolução na ciência na década de 1950. Ou outros como Oscar Sala, José Goldenberg (que trabalhara no programa nuclear francês e voltara ao Brasil), ou Roberto Salmeron e Jaime Tiomno, que foram para a Universidade de Brasília. Todos, e outros mais, eram colegas do paulista e comunista Schenberg, e isso bastava para a CIA interessar-se por eles.

– 11 –

A estrutura civil-militar criada pelo coronel Golbery junto com empresários e banqueiros para conspirar à sombra está à solta no espaço desde os primeiros tempos do governo de Jango. Está em formação, mas sem rumo. (O embaixador sabe disso e os conspiradores sabem que o embaixador sabe. Um informa ao outro, e cada qual alimenta o outro, como num sistema de vasos comunicantes – ou de esgotos – que não tenha onde desembocar.)

A partir daquele 30 de julho de 1962 na Casa Branca, porém, os atos conspiratórios se definem concretamente e se consolidam como uma gestação em busca de um parto feliz. O presidente da maior potência militar do planeta, que tem foguetes balísticos, mísseis, bombas atômicas, aviões supersônicos, submarinos nucleares, navios e um inimaginável arsenal, aceita a sugestão de seu embaixador no Brasil de instigar os setores de direita do Exército e das Forças Armadas brasileiras (e organizá-los) para derrubar um governo que lhes parece um "peronismo" que "levará ao comunismo".

Daí em diante, a sugestão deixa de ser uma simples ideia e, pouco a pouco, se transforma em planejamento minucioso. A conspiração articula-se ao longo de uma ponte imensa – uma das cabeceiras em Washington, outra no eixo Rio de Janeiro-São Paulo, de onde alcança vários pontos do país.

Essa aliança conspiratória de desejos binacionais tem fontes e vertentes civis, mas prepara as armas para uma "solução militar", programada passo a passo. Como num teorema matemático, em que o enunciado prévio reaparece como resultado final.

Capítulo V
Walters na Praça

– 1 –

O aeroporto internacional do Galeão, no Rio, parecia um quartel em festa naquela manhã de meados de outubro de 1962. O jato da Pan American Airways chegou pontualmente. O passaporte diplomático dispensou revista de bagagem e, em poucos minutos, aquele homenzarrão de quase 2 metros de altura apareceu no saguão saudado pelas palmas de nada menos do que treze generais do Exército brasileiro, lá reunidos para dar-lhe as boas-vindas. O coronel Vernon Walters não esperava tanto e estava ainda meio atordoado. Não entendera direito por que, de Washington, o próprio secretário de Defesa mandara que saísse da Itália às pressas, lá deixando o posto de adido militar dos EUA para assumir função idêntica no Brasil. Não pôde, sequer, desocupar o apartamento de Roma e deixou que a mãe cuidasse disso.[30] Ela morou sempre com o filho e sabe melhor do que ele dessas coisas de tirar móveis e empacotar bijuterias. Neste 1962, Vernon Anthony Walters tem 45 anos, é um solteirão, "mas casado com a M.M." – "Missão Militar" –, como ele próprio sói dizer em fluente português, arrancando risos.

Conhece bem o Exército brasileiro e o Brasil. De 1943 a 1945 foi o oficial de enlace entre o V Exército norte-americano e a Força Expedicionária Brasileira (FEB) na campanha da Itália, durante

---

30. Walters conta a desocupação do apartamento romano em suas memórias, *Missões silenciosas* (*Silent Missions*), Biblioteca do Exército Editora, RJ, 1986, de onde extraí as demais citações dele próprio que aqui aparecem ao longo deste livro.

a Segunda Guerra Mundial. Tinha reuniões diárias com seu par no lado brasileiro, o ainda major Humberto Castello Branco, com quem se corresponde desde então. A amizade nascida na guerra ampliou-se mais tarde, quando Walters (também major) foi assistente do adido militar na Embaixada dos EUA, no Rio de Janeiro, de 1945 a 1948. Agora, ele é coronel e seus melhores amigos brasileiros da guerra na Itália são generais e foram esperá-lo no aeroporto. Nesse dia, ele anotou em seu diário pessoal e, anos depois, passou para o livro *Missões silenciosas*:

> Ao chegar ao Rio, fui, para minha surpresa, recebido por treze oficiais-generais brasileiros que tinham servido comigo na Itália. É claro que, na guerra, eles não tinham posto tão elevado. O encontro no aeroporto revestiu-se daquele calor típico da hospitalidade brasileira. Os presentes representavam todo o espectro político, desde José Ulhoa Cintra, à direita, até Luís Cunha Mello, à esquerda. Fiquei, naturalmente, muito grato.

O coronel Walters estava como o embaixador Gordon havia imaginado: havia chegado ao que era quase a sua própria casa. Ou seu quartel.

– 2 –

Tudo se fez rápido. Pouco mais de dois meses separavam a reunião no Salão Oval (naquele 30 de julho de 1962) da manhã da chegada de Walters ao Rio, mas o embaixador já começava a sentir-se em plena operação de guerra. Dias antes, as eleições parlamentares de 3 de outubro tinham marcado a ofensiva para eleger uma ampla "bancada democrática", comprometida com a luta contra o comunismo em todas as áreas. Tudo ficara nas mãos do IBAD e do deputado João Mendes, fundador e dirigente da Aliança Democrática Popular. O financiamento das campanhas dos candidatos fez-se através deles sem problemas: os dólares chegaram pelo Royal Bank of Canada e não mais pelo Bank of America, como no início, para evitar suspeitas. A valorização do dólar frente ao cruzeiro (a moeda brasileira de então) facilitou a folgança da campanha. Mais de duzentos candidatos ao Senado, Câmara Federal e Assembleias estaduais receberam ajuda financeira, além de quatro ou cinco candidatos a governador nos onze estados que escolheram novo governo.[31]

O aberto tom anticomunista da propaganda eleitoral, porém, pouco pesou nos resultados. Não evitou que a esquerda nacionalista aumentasse sua bancada no Parlamento nem que Brizola fosse o deputado mais votado do país (no Rio de Janeiro), mas acabou por facilitar o acesso aos quartéis. Desde a Segunda Guerra Mundial, a referência militar do Brasil eram os Estados Unidos. Até 1939, com instrutores franceses, os cadetes estudavam história e literatura junto com cálculo algébrico e balística. O Exército da Guerra Fria tinha formação norte-americana, pragmática e superficial, mas voltada ao país que enfrentava a Rússia comunista.

O embaixador Gordon sutilmente (talvez sem o perceber) chegara ao lugar onde as amizades do novo adido militar podiam abrir portas.

Sim, pois Walters não era apenas um poliglota que falava português fluentemente (e outros quatro idiomas) e tinha amigos entre altos militares de direita e de esquerda no Brasil. Mais do que isso, aprendera a manejar aquelas lentas e intrincadas operações para infiltrar-se entre o inimigo e, depois, submetê--lo. Durante cinco anos, de 1951 a 1956 – em momentos quentes da Guerra Fria – fora subchefe do Comando Supremo das Forças Aliadas na Europa. Ali, além de enfrentar a Rússia Soviética, aprendeu a dirimir conflitos com britânicos e franceses, aliados dos EUA. Depois, foi assistente militar do presidente Dwight Eisenhower e, ali na Casa Branca, talvez tenha aprendido que "a guerra é a continuação da política por outros meios", como dizia Carl Von Clausewitz. Ao lado de Eisenhower (que era general,

---

31. Conclusões da Comissão Parlamentar de Inquérito da Câmara dos Deputados sobre as atividades do IBAD, Brasília, 1963.

além de presidente), Walters viu como a astúcia abate mais inimigos do que um canhão[32].

Agora, o embaixador tinha a seu lado, na área militar, um homem à altura daquilo que o presidente Kennedy esperava dele: desbaratar os comunistas onde fosse, até mesmo antes de aparecerem! Ou de se saber se eram, mesmo, comunistas.

– 3 –

Com o recebimento no aeroporto do Galeão, ali mesmo Walters havia começado a missão que o trazia ao Brasil. O embaixador preparara tudo. Tinha mandado telefonar ao general José Ulhoa Cintra, amigo de Walters ainda dos tempos na Itália (quando era capitão), e a partir dele a rede se formou. Nem todos moravam no Rio. Alguns vieram de longe, obtiveram rápida licença para deixar o quartel e o embaixador lhes conseguiu as passagens nos aviões da Cruzeiro do Sul.[33] Treze generais no aeroporto significam treze comandantes de unidades do Exército, treze quartéis que o novo adido militar dos EUA irá visitar já de chegada, para agradecer o recebimento. Tudo informal, para conversar com os oficiais, medir suas opiniões e olhar de longe a soldadesca.

O general Ulhoa Cintra é homem minucioso e destemido e organizou a chegada do novo adido como algo triunfal. Já no aeroporto transmitiu a Walters "o abraço caloroso" do general Castello Branco, que só não veio ao Rio porque nem sequer por um dia pode deixar o comando do IV Exército, em Recife, onde os comunistas estão tão acesos que acabam de eleger o novo governador estadual. (Sim, em Pernambuco, Miguel Arraes teve o apoio aberto

---

32. Em *Von Kriege*, "Da Guerra", obra clássica do século XIX, Clausewitz adverte que, num conflito, é necessário ter exata compreensão dos objetivos e dos meios disponíveis, calculando-se com precisão as capacidades e oportunidades. O uso da força, frisa, deve estar sempre submetida aos objetivos.

33. O diretor-presidente da Cruzeiro do Sul, José Bento Ribeiro Dantas, ligado ao IPÊS, colocou a empresa aérea a serviço da conspiração, concedendo passagens aos conspiradores durante dois anos.

do Partido Comunista, que é ilegal e nem sede tem, mas atua nas eleições colando candidatos nas frestas de outros partidos).

Até onde a recepção calorosa terá pesado, dias depois, na decisão de Walters de escolher Ulhoa Cintra como "contato permanente" entre a embaixada e o general Castello Branco?

Com um apelido bizarro – *Juca Burro*, com que ele próprio se apresenta –, Ulhoa Cintra é um anticomunista aberto, constante e tão atuante que até os amigos o qualificam de fanático. Enteado do marechal Eurico Dutra (ex-ministro da Guerra e ex-presidente da República), que o criou desde pequeno, ao casar-se com sua mãe viúva, é figura intocável no Exército. Em 1961, se opôs à posse do vice-presidente João Goulart – no Paraná, minou pontes e ocupou estradas tentando impedir o avanço das tropas legalistas do Sul. Por fim, quando até os ministros militares acataram a posse, ele seguiu colocando minas e conclamando seus oficiais a "resolver o gravíssimo problema da revolução comunista no Exército". Não foi punido por nada disso.[34]

Tem fama de "briguento", talvez pela capacidade de suportar como um asno o peso das tarefas que lhe dão, o que explica o cognome "Juca Burro", com o qual é conhecido na tropa e por todos. E, já no aeroporto, ele começa a desempenhar-se como "contato de fato" do novo adido militar dos Estados Unidos. Dali em diante, Ulhoa Cintra será o que "faz tudo", como aqueles burros com antolhos, do tempo dos bandeirantes, que puxavam a tropilha pelos desfiladeiros e chegavam a qualquer lugar.

– 4 –

Mas o que vem fazer Vernon Walters no Brasil? Em *Missões Silenciosas*, seu livro de memórias, após descrever o recebimento triunfal no aeroporto, ele próprio narra, à página 339:

Na manhã seguinte, apresentei-me ao embaixador em seu gabinete:
– Sr. Embaixador, aqui estou eu. O que deseja de mim?

---

34. Detalhes do episódio em meu livro *1961: O golpe derrotado*, L&PM Editores, Porto Alegre, 2012, p. 200 e 230.

Ele me indicou uma cadeira e disse o quanto estava satisfeito por me ver novamente, depois de tantos anos. A seguir, descreveu-me a situação política no Brasil, que se deteriorava dia a dia, não só do ponto de vista dos progressos comunistas, mas também quanto ao esfriamento das relações com os Estados Unidos, e concluiu:
– De você, quero três coisas: primeiro, desejo saber qual a posição das Forças Armadas; segundo, se tenho possibilidades, através de você, de exercer qualquer influência nesse terreno; terceiro, e principalmente, não quero ser surpreendido".

O que significava, para o embaixador, saber se tinha possibilidades de exercer alguma influência na posição das Forças Armadas? A descrição literal do livro de Walters, mesmo sintética, é clara e dispensa interpretações. Ele fora escolhido naquela reunião na Casa Branca porque o embaixador necessitava de um adido militar que não fosse "burro" como o que estava no cargo, que impedia que "chegassem aos militares" como o embaixador queria chegar.
– O que devemos fazer para chegar aos militares? – tinha perguntado Kennedy, então.
A resposta do embaixador, mesmo indireta e entrecortada por considerações, fora precisa:
– No Brasil, os militares estão divididos e o fundamental é fortalecer as relações e dar segurança aos que admiram os Estados Unidos, para que saibam que nós haveremos de apoiá-los.
E apoiá-los em quê, se não numa ação militar? E uma "ação militar" é o quê, se não um golpe de Estado?
O apoio de uma potência estrangeira a um grupo militar de outro país pode até não significar necessariamente o envio de navios com tropas de desembarque ou bombardeio aéreo. Pode até significar apenas "apoio político", mas significará sempre apoiar uma ação militar em um país alheio. Portanto, será sempre uma intromissão. E, no caso de uma superpotência, como os EUA, "apoio político" não significa palavras nem um discurso a esmo na Casa Branca ou na ONU e na OEA, mas uma forma de intimidação. Mesmo que a esquadra naval não se mova em direção ao Atlântico Sul ou que não haja planos de um eventual desembarque

de tropas, o simples "apoio político" de uma superpotência será, sempre, uma intimidação – uma invasão ou uma guerra sob o disfarce de política.

Ou uma das tantas variantes daquilo que Von Clausewitz sustenta – "a guerra é a continuação da política".

– 5 –

Nesse outubro de 1962, o embaixador Gordon pensa em visitar Recife para inspecionar os programas da Aliança para o Progresso no Nordeste e levar junto o recém-chegado coronel Walters para que reveja seu velho amigo, general Castello Branco, comandante do IV Exército, lá sediado. O encontro é fundamental para tudo aquilo que expôs a Kennedy na Casa Branca. Há anos, os relatórios dos adidos militares e da CIA coincidem na avaliação desse general austero, inteligente e baixinho, um cearense "cabeça-chata", como dizem carinhosamente os brasileiros. É um fiel defensor dos princípios que guiam a geopolítica dos Estados Unidos no mundo. Há anos, o próprio embaixador o aponta também elogiosamente nos relatos que envia a Washington sobre a situação militar no Brasil.

Na conversa no Salão Oval, quando o embaixador pediu dinheiro para o IPÊS, "aquela organização que temos lá" (e "lá" era o Brasil), referia-se indiretamente também ao general Castello. O comandante do IPÊS, Golbery do Couto e Silva, é a figura mais próxima a ele e só deixou o serviço ativo do Exército com a concordância do general, seu mais íntimo amigo.

Nem sempre, porém, os planos e as vontades se executam nas datas previstas. Nessa segunda quinzena de outubro, o mundo está "à beira da guerra nuclear", dizem os jornais, e tudo se concentra nisso.

– 6 –

Outubro de 1962 foi o mês de maior tensão e ansiedade na história do século XX. Nem o início da Grande Guerra de 1914-1918, nem a invasão da Polônia pela Alemanha, que em 1939 originou a Segunda Guerra Mundial, nem a matança atômica em Hiroshima em 1945, nada disso produziu tanta angústia quanto aqueles dias em que o conflito nuclear parecia despencar como um apocalipse na ogiva dos mísseis.

Aviões espiões dos Estados Unidos detectam rampas de foguetes soviéticos ao norte de Cuba. Sob o temor de nova invasão (como a de abril de 1961), os cubanos tentam proteger-se mostrando que também dispõem de poder ofensivo. Mas isso é um desafio ou uma temeridade, e os EUA o tomam como ameaça de agressão iminente. Os norte-americanos têm bases de mísseis na Turquia, junto à fronteira soviética, mas isso já é realidade há tanto tempo que é encarado como "natural", sem protestos.

Antes de que os EUA revelem publicamente o que agora descobriram, e dois dias antes de que tudo se transforme em escândalo mundial, o embaixador Gordon e o novo adido militar levam ao presidente João Goulart uma carta pessoal de Kennedy sugerindo que "militares do Brasil conversem com os dos Estados Unidos sobre a possibilidade de uma ação militar contra Cuba". E, mais do que tudo, levam também fotografias dos foguetes soviéticos localizados na ilha. São mais de uma dezena de fotos aéreas, em vários ângulos. No Palácio das Laranjeiras, no Rio, o encontro é longo e minucioso. Gordon e Walters argumentam, falam sobre "a ameaça de Cuba" e mostram as fotos das rampas e dos mísseis, que invariavelmente apontam para os EUA:

– Por que vocês não arrebentam tudo o que há nessa ilha? – pergunta Jango ao embaixador.

O próprio Walters conta o episódio em *Missões silenciosas*:

> O embaixador me apresentou e a seguir descreveu a crise cubana e mostrou as fotos dos mísseis soviéticos instalados em Cuba. Goulart as examinou com muito interesse e eu chamei-lhe a atenção para a proximidade de dois tanques de combustível, que só são reunidos quando vão ser utilizados. O presidente olhou para o embaixador e perguntou:

– Por que os senhores não arrebentam tudo o que há nessa ilha?

Gordon replicou que isso causaria a morte de milhões de inocentes, coisa que absolutamente não faríamos.

– Mas – insistiu Goulart – o que significariam essas perdas, em face de uma única vida norte-americana?

Walters não vai adiante no relato, mas é evidente que ele e o embaixador se desnorteiam com a reação de Jango, inesperada até mesmo se o presidente do Brasil fosse um direitista fanático e inimigo do governo cubano. É evidente que nenhum dos dois sabe se Jango ironiza ou fala sério. E, na incerteza, talvez tenham achado melhor desconversar. "Arrebentar tudo", como dizia Jango, não significaria lançar algumas bombas incendiárias, como aviões dos EUA haviam feito várias vezes em canaviais ou usinas de açúcar em Cuba. "Arrebentar tudo" devia significar lançar uma bomba atômica, similar àquelas com que os EUA arrasaram Hiroshima e Nagasaki, no Japão, em agosto de 1945. Ou mais potente até.

Por que Jango diria isso? Além de homem pacífico, seu governo (junto com os do México e da Argentina) se opõe a todo tipo de intervenção dos Estados Unidos em Cuba e, assim, como explicar aquele "arrebentar tudo", que soava a ira ou irritação?

– 7 –

Os dois visitantes norte-americanos não sabiam (e nunca ficaram sabendo) que, dias antes, Jango recebera um relatório pessoal do coronel Nicolau José de Seixas, chefe do Serviço de Repressão ao Contrabando, com evidências e provas que implicavam o governo de Cuba na organização e financiamento de focos de guerrilha em diferentes pontos do Brasil. Jango se irritou ao conhecer os detalhes da documentação, ainda recente e fresca na memória quando o embaixador e Walters o visitaram. O "arrebentar tudo" deve ter saído espontaneamente, como algo natural dito "na ponta da língua", como aquelas ideias que pronunciamos sem elaborar racionalmente e que, por isso, não controlamos.

Tudo se tornava ainda mais sério devido à irônica casualidade que levou ao descobrimento de como Fidel Castro financiava e preparava uma operação armada contra um governo que apoiava o direito de Cuba à autodeterminação e repelia toda ingerência externa à sua soberania. O chefe do Serviço de Repressão ao Contrabando (que, além de militar, era bacharel em Direito) suspeitou das "caixas e caixotes de geladeiras" que chegavam a Dianópolis, no recôndito interior de Goiás onde não havia energia elétrica, e intuiu que seriam armas contrabandeadas pelos atrasados latifundiários da região, que se mobilizavam contra os planos de reforma agrária. Decidido e audaz, o tenente Seixas fora um dos heróis brasileiros na Segunda Guerra Mundial, condecorado por atos de bravura na Itália, e (agora coronel) repetiu o que sabia fazer melhor do que ninguém: armou seus melhores homens e, na madrugada, invadiu a fazenda aonde chegavam as "geladeiras". Surpreendidos, os ocupantes (rapazes e moças) abandonaram tudo, fugiram pelo mato sem resistência e Seixas deparou-se com uma surpresa estonteante: aquilo era um campo de treinamento militar das Ligas Camponesas, implantado por Clodomir Moraes a mando de Francisco Julião. Na varredura da área, Seixas encontrou armas, bandeiras cubanas, retratos de Fidel e Julião, manuais de combate e planos de implantação de outros "focos de guerrilha", com minuciosas descrições dos fundos financeiros vindos de Cuba. E até um arrazoado escrito em que dois integrantes das Ligas (Carlos Paixão Araújo e Tarzan de Castro) acusavam o chefe Clodomir Moraes de desvio de fundos e estupro.

Entregou tudo diretamente ao presidente da República, em Brasília, ao final de setembro, uns quinze dias antes da visita do embaixador e do adido militar dos EUA ao Palácio das Laranjeiras.

– 8 –

No dia 1º de dezembro de 1962, o embaixador e o adido militar são surpreendidos no Rio de Janeiro por um informe do escritório da

PRIMEIRA PARTE

CIA no Peru: entre os destroços de um jato Boeing 707, da Varig, que caiu junto ao aeroporto de Lima a 27 de novembro de 1962, matando todos os passageiros, há uma pasta de couro com ampla e minuciosa documentação, em idioma português, que implica Cuba na implantação de focos de guerrilha no Brasil. A pasta, chamuscada pelo fogo mas intacta, pertencia – conclui a CIA – a um dos passageiros mortos no acidente, Raúl Cepero Bonilla, presidente do Banco Nacional de Cuba e ex-ministro cubano do Comércio, embarcado no voo em São Paulo.

A crise dos mísseis soviéticos em Cuba já fora resolvida (os russos desarmaram as rampas e levaram tudo de volta, sob promessa de que os EUA retirariam seu armamento nuclear da Turquia) e, aí, a pasta salva dos destroços do Boeing surgiu como novo escândalo. Os documentos da "guerrilha brasileira" ecoaram pelas três Américas, numa divulgação que a CIA ampliou ainda mais. Naquele momento da Guerra Fria, era comum que ambos os lados inventassem mentiras como "verdades documentadas" – a CIA, por uma parte, a KGB russa, por outra –, mas a documentação da pasta era autêntica.

Tão autêntica e tão verdadeiramente comprometedora que a CIA, Walters e o embaixador devem ter-se julgado pequenos e envergonhados por não terem sabido antes de nada daquilo. E mais envergonhados, ainda, por desconhecerem como os documentos foram dar nas mãos do presidente do Banco de Cuba, que tomara o voo da Varig no Brasil com destino ao México, para de lá seguir a Havana. Ao tentar o pouso de escala na capital peruana, o avião caiu.

Só em fins de 1999, quando publiquei meu livro *Memórias do Esquecimento*, a verdade apareceu nos detalhes de tudo o que ali narrei e que o próprio coronel Seixas me havia contado. (Com o golpe de Estado de 1964, ele foi expulso das Forças Armadas e um dos motivos invocados foi o de ter entregado a documentação que encontrou ao presidente da República, e não ao Serviço Secreto do Exército). Jango não era de prestar atenção a minúcias e preferia confiar no que lhe diziam os assessores do que se informar pessoalmente, mas Seixas (que o conhecia do Sul) insistiu e ele leu a documentação. Irritado, chamou o embaixador Joaquín Hernández Armas e se queixou "com amargura" de Cuba. Deixou seu estilo conciliador e insinuou que aquilo era "uma traição". O embaixador cubano alarmou-se e (passada a crise dos mísseis) Fidel enviou Raúl Cepero Bonilla ao Brasil, sob pretexto de uma reunião da FAO (da ONU) no Rio de Janeiro, para "dar explicações e desculpar-se" diretamente com o presidente. O coronel Seixas, em traje civil, assistiu ao encontro em que o enviado cubano pouco falou, limitando-se quase só a repetir que *"este absurdo equívoco jamás se repetirá"*. Ao final, Jango lhe entregou a documentação apreendida para demonstrar, num gesto típico do seu estilo, que dava o episódio por encerrado.[35]

– 9 –

O acidente com o Boeing 707 da Varig, em Lima, tinha dado ao embaixador e ao adido militar a munição que lhes faltava para tentar convencer a opinião pública dos Estados Unidos de que o Brasil podia tornar-se "uma nova Cuba". Ou, mais do que isso, de que podia tornar-se "uma nova China", como dizia Walters, comparando as dimensões e potencialidades dos três países. (Naqueles anos, os EUA viam a China como o "inimigo maior e mais temível", país vigiado dia e noite com aviões espiões e com o qual não tinham relações diplomáticas nem comerciais). Em Washington, tanto o presidente como o Departamento de Estado ou o Pentágono já estão convencidos de que "o Brasil é um perigo", mas o embaixador sabe que é preciso chegar à opinião pública dos EUA. Agora, talvez pela primeira vez em sua existência, a CIA não precisa recorrer a invencionices nem às intrigas e aos subterfúgios a

---

35. Expulso do Exército após o golpe (e já bacharel em Direito), Seixas foi meu aluno na Universidade de Brasília no início de 1965, sendo também expulso por pressão do gabinete do Ministro da Guerra. Em *Memórias do Esquecimento*, conto sobre quando esteve preso comigo no Rio, em 1969. Anos depois, prestou novo vestibular na UnB, cursou Medicina e se diplomou como médico. Personagem fascinante, morreu em 1998 em São Paulo, onde clinicava.

que está habituada: agora, a CIA tem à disposição um material concreto sobre o qual martelar, mesmo que muitos achem que foi inventado e que aquilo é fantasia.

Sim, pois uma pasta salva do incêndio de um avião que caiu pode parecer mentira, ou soar a feitiçaria se verdade for. No entanto, em verdade e de verdade, a pasta chamuscada mas intacta em seu interior revelava que aquelas coisas que a CIA inventava acabaram por existir mesmo. Ou seja, mostrava que vale fantasiar, pois funciona: a fantasia acabava criando realidades...

A imprensa dos EUA apresentava Francisco Julião como "um novo Fidel Castro" e o brasileiro franzino acabou se convencendo disso e quis imitar o atlético guerrilheiro cubano. Desde 1960, os jornais, as revistas e a TV norte-americanos enviavam repórteres, comentaristas, fotógrafos e cinegrafistas ao Nordeste do Brasil e abriam amplos espaços para mostrar o "barril de pólvora". E nele, mais do que todos, o deputado Julião surgia (ou se apresentava) como o homem que ia acender o estopim e provocar a grande explosão. "Reforma agrária na lei ou na marra", bradava em nome das Ligas Camponesas, num lema que se espalhou pelo país. Ao mesmo tempo, chamava de "falsos e enganosos" os planos da reforma pretendida pelo governo, "na lei", com o que só restava a outra opção – "na marra", com violência e pela força. A partir de 1961, cresceu nos EUA o noticiário sensacionalista sobre o Nordeste brasileiro, com aquele homem magrela e de rosto tranquilo à cabeça. As revistas semanais *Time* e *Newsweek*, lidas nas universidades e por toda a classe média (e que circulavam pelo mundo), publicavam suas declarações, invariavelmente tonitruantes e ameaçadoras, mas também explicáveis (ou admissíveis, até) em função da miséria da região. Uma das revistas chegou a lhe dedicar a capa e o "artigo da capa", só reservado a grandes nomes da política e da economia ou a astros de Hollywood e do *music hall*.

Nem Leonel Brizola, que, como governador, tinha nacionalizado duas grandes empresas norte-americanas no Sul (depositando em juízo 1 cruzeiro como "indenização simbólica"), obtivera tanto espaço nos meios de difusão dos EUA, sequer para ser criticado. Eram dois temperamentos diferentes. Julião, de aparência humilde e voz mansa, estava sempre pronto a se exibir – falar, ser filmado e fotografado, talvez por escondida vaidade, ou deslumbrado com as luzes da publicidade que desconhecera ao longo da vida de "advogado dos pobres". Ao contrário, o impetuoso Brizola, cioso de si mesmo ou do que fazia (às vezes arrogante, até), com a autoridade e o poder de governador estadual e com as responsabilidades que isso lhe impunha, preferia não se mostrar lá fora, ele que tanto se mostrava aqui dentro, no Brasil.

O estilo da CIA, por um lado, e o sensacionalismo da imprensa nos EUA, por outro, terão vislumbrado isso e se aproveitado?

– 10 –

A formação de guerrilhas de esquerda contra um governo democrático num país também democrático para combater um governo que, pela primeira vez na História, tinha ministros de esquerda parecia inverossímil. E, assim, no Brasil pouco se acreditou nas verdades contidas na pasta salva do avião sinistrado. Contradição: valiam mais os fantasmas que a CIA inventava sobre a esquerda do que as provocações reais surgidas num setor da própria esquerda...

Mas o medo começou a chegar aos quartéis. E isso era suficiente para tudo aquilo que o embaixador tinha exposto no Salão Oval da Casa Branca e que o coronel Walters começava a encadear ou tecer desde o momento em que pisou no Brasil. Tudo isso dá pretexto a Lacerda, no Rio de Janeiro, e, depois, a Adhemar de Barros, em São Paulo, ou a todo um vasto setor conservador e de direita por vários cantos do país, para pensar e arquitetar, também, algum jeito de guerrear.

Desde a posse de Jango, em 1961, o IPÊS preparava não só os quartéis mas também os conservadores-civis de direita para a guerra. Para aquilo que os livros do coronel Golbery do Couto e Silva definiam como "a guerra total, indivisível e permanente" entre o bem e o mal, entre o Ocidente capitalista e o Oriente comunista. E facilmente surgiram corpos armados, que faziam treinamento de tiro e combate e se atribuíam nomes pomposos – *Grupo de Ação Patriótica, Vigilantes do Brasil, Patrulhas da Democracia*, ou dezenas de outros mais. Todos se espelhavam no CCC, o *Comando de Caça aos Comunistas*, que abertamente fazia arruaças, destroçava sedes de sindicatos de trabalhadores ou centros estudantis, interrompia reuniões e comícios da esquerda, invadia espetáculos musicais e sessões de teatro, destruía cenários, espancava ou sequestrava atores, músicos e cantores. O núcleo mais ativo do CCC estava em São Paulo e agia sob velada proteção do governador Adhemar de Barros. No Rio, pichava paredes e muros com palavras de ordem, pois a própria polícia estadual se encarregava de "varrer o comunismo", espancando ou prendendo estudantes, intelectuais, artistas e dirigentes operários. Em Minas Gerais, um funcionário do Consulado dos EUA, Dan Mitrione, dava "assistência e treinamento" à polícia militar do estado.

O primeiro caso público de tortura por motivos políticos, nesses anos, surgiu no Rio de Janeiro: em 1962, a jovem comunista Eva Lacy Camargo Martins é seviciada com choques elétricos pela polícia do governador Carlos Lacerda, na tenebrosa Invernada da Olaria.

– 11 –

A dinheirama do IPÊS é generosa. Aqueles milhões de dólares que o embaixador pediu a Kennedy na reunião no Salão Oval se multiplicam no Brasil em função do desvalorizado cruzeiro. Com pouco mais de 1 dólar pode-se até almoçar e, assim, tudo é fácil e tudo o IPÊS e o IBAD patrocinam. Ou compram. Os grupos armados pouco se mostram (são clandestinos ou reservados), mas dezenas ou centenas de "grupos abertos" aparecem às claras – na maioria, constituídos por mulheres invocando "a proteção da família" e "a fé cristã" para "combater o comunismo", sempre ostentosamente, gastando em propaganda e espaços em rádios e jornais. A sigla CAMDE, da *Campanha da Mulher Democrática*, encabeça outras menores – *Cruzadas pela Democracia*, ou *Mulheres pela Democracia*. Variam as denominações, não a ação nem a pregação, nascidas sempre das ideias do padre James Peyton:

– Este homem foi a CIA que trouxe ao Brasil, não a Igreja. Mas a Igreja norte-americana foi conivente e cúmplice – disse-me dom Hélder Câmara anos depois.

Para os que moram em Brasília, como eu, essa engrenagem é desconhecida ou invisível. A nova capital é um tambor sem ressonância, uma ostra numa ilhota em meio a um oceano. Em termos pessoais, só no final de 1968 (bem depois do golpe) fui conhecer a dimensão agressiva da atrasada ultradireita: em visita a Porto Alegre, vi como um desconhecido CCC gaúcho destruíra um teatro e espancara os assistentes e os atores do musical *Roda viva*, de Chico Buarque de Holanda. Alvo principal da fúria, o porto-alegrense Paulo César Pereio, já então ator de nome nacional, esteve sequestrado, junto com duas atrizes.

– 12 –

O medo entra no jogo político e começa a acompanhar o debate, ou, até, a substituir as ideias e a discussão em si. O medo é uma estratégia de dominação militar, uma forma de ganhar a guerra antes da batalha inicial.

– Como é fácil trabalhar com "Arma". Como era difícil antes, com aquele adido militar burro – deve ter raciocinado Gordon, lembrando-se da reunião na Casa Branca.

Sim, pois Walters sabe trabalhar com o medo. Sabe encaminhá-lo para encorajar os temerosos e indecisos. A Inquisição fez isso há quinhentos anos e, pela violência e pelo medo, triunfou. Varreu a cosmogonia indígena e garantiu "uma América Latina cristã". Foi desalmada e brutal, principalmente no México, Colômbia, Peru e Bolívia (sem falar da Europa, ou de Portugal e Espanha), mas obteve a vitória. Destruiu para construir outra coisa em cima dos restos destroçados. Foi menos profunda e menos terrível no Brasil? Sim, mas não importa! Propagou a violência e o medo aqui também, e até o padre Antônio Vieira teve de responder a um tribunal. E nem sequer com sua bela oratória (que encantava o papa, além dos fiéis) conseguiu salvar-se da prisão.

O medo funciona – deve ter raciocinado o embaixador. O medo é capaz de elevar o absurdo à condição de benemerência. Ou de simular que frei Torquemada foi um santo justiceiro na Inquisição, e não um acusador paranoico que condenava à fogueira e à tortura. Mas isso faz quinhentos anos, quando não havia jornais, rádios, televisão nem cinema. Nem automóvel e avião como nesses anos 1960, quando tudo é veloz, e até o dinheiro muda de mão rapidamente, comprando o que antes não se comprava, porque não se vendia.

Na campanha eleitoral de 1962, o dinheiro mudou de mãos velozmente. A Embaixada dos EUA no Brasil destinou, pelo menos, 5 milhões de dólares para financiar candidatos confiáveis. Esta é a cifra que o próprio embaixador Gordon admitiu, anos depois, ao frisar que "a CIA é que escolheu os beneficiários e distribuiu as quantias", numa tentativa de eximir-se de responsabilidades.[36] Em termos atuais, mais de meio séculos depois, isso significa de vinte a trinta vezes o valor nominal como poder de compra interna no Brasil, levando-se em conta a desvalorização da moeda norte-americana e a valorização da brasileira em relação àquela data. Ou seja: iriam de 100 a 150 milhões de dólares atuais as despesas de financiamento dos "candidatos confiáveis".

E na preparação e articulação do golpe, quanto gastou a embaixada? A quanto ascendeu o financiamento destinado "àquela organização que temos lá, o IPÊS", como o embaixador dissera a Kennedy no encontro na Casa Branca?

---

36. A cifra foi revelada por Lincoln Gordon em 2002, em entrevista ao jornalista Geneton Moraes Neto, da TV Globo, e teria sido distribuída diretamente pela CIA no Brasil, segundo ele disse.

– 13 –

Propagar o medo não basta. Quem o propaga deve armar-se, até para mostrar que pode dar as ordens que conduzem ao medo. E armar-se além das ideias, com "armas mesmo" para ações concretas, não só para a "guerra psicológica", ou "psicossocial", de que tanto fala o coronel Golbery. E é assim que o Serviço Federal de Informações e Contrainformações (SFICI), dependente do Conselho de Segurança Nacional e vinculado à Casa Militar da Presidência da República, descobre pouco a pouco uma extensa rede de armas que entram no país como "contrabando formiga" para, logo, juntar-se num verdadeiro arsenal em São Paulo e, mais do que tudo, no Rio de Janeiro. O destino evidente: grupos civis de ultradireita. Em setembro de 1963, duas apreensões de armas. Primeiro, na estação rodoviária do Rio, o Exército descobre 44 fuzis automáticos vindos de São Paulo. O ministro da Guerra instaura um inquérito, mas o general Idálio Sardenberg, que o presidiu, abafa o resultado das investigações, já que "o caso envolvia generais da reserva".[37] Dias depois, o Exército descobre outros trinta fuzis automáticos escondidos no Educandário Nossa Senhora de Fátima, em Niterói. Segundo o SFICI, um dos responsáveis seria o almirante Sílvio Heck, ligado a Lacerda e que, quando ministro da Marinha em 1961, vetara a posse do vice-presidente João Goulart. Houve ainda outros descobrimentos esparsos pelo interior do Estado do Rio de Janeiro e em Goiás.

No Rio de Janeiro, no final de outubro (após a frustrada decretação do estado de sítio), o Exército descobre modernas metralhadoras, granadas e munição numa chácara em Jacarepaguá, perto do sítio de Capim Melado, propriedade de João Goulart onde, às vezes, ele descansava em fins de semana. A chácara pertence a um português, Alberto Pereira da Silva (amigo do governador Carlos Lacerda), que se nega a explicar como obteve dez metralhadoras Thompson, 72 caixas de cartuchos, dez granadas de dispersão e um rádio transmissor Motorola com o símbolo da Aliança para

---

37. Conforme L.A. Moniz Bandeira, em *O governo João Goulart*, Editora Unesp, 2010, p. 254.

o Progresso e a inscrição "*Donated by the people of USA*". Até os jornais que se opõem a Jango suspeitam que as armas se destinam a um atentado contra o presidente da República. Um inquérito do Exército, chefiado pelo general Paulo Torres, conclui que o depósito "era um dos pontos de apoio do movimento armado contra eventuais ações do governo federal em função do estado de sítio", mas não aponta responsáveis. (Meses depois, a 1º de abril de 1964, o general Torres somou-se ao golpe no Rio).

Em termos tático-militares, essas poucas armas descobertas não tinham em si maior valor, nem decidiriam contenda alguma, mas mostravam a existência de um movimento clandestino de tipo paramilitar e terrorista, até. O objetivo óbvio: participar de algo maior, vinculado a um golpe de Estado.

No entanto, a direita conservadora é que denuncia a existência de "um arsenal" com que a esquerda nacionalista "irá deflagrar a guerra revolucionária" para implantar o comunismo. Em dois bombásticos e bem concatenados discursos na Câmara Federal, o deputado Bilac Pinto, da UDN de Minas Gerais, acusou os sindicatos ligados ao Comando Geral de Trabalhadores (CGT) e ao Pacto de Unidade e Ação (PUA) de receberem "enormes quantidades de armas do estrangeiro" para, junto com os camponeses, deflagrar a "guerra revolucionária" e assaltar o poder. Tudo, dizia ele, "com a conivência do presidente da República e do governo federal". Pela primeira vez ouve-se no Parlamento a expressão "guerra revolucionária", não usual à época.

(Uns 40 dias após o golpe de Estado, em maio de 1964, num longo programa de entrevista ao vivo, na TV Brasília, perguntei a Bilac Pinto "onde estavam as armas" da guerra revolucionária que ele denunciara, e por que o novo poder não as mostrava em público, mas ele não soube responder. Insisti, e ele, inteligentemente, afirmou apenas:

– Aparecerão. Espere! Vão aparecer!

A pergunta embaraçou o condutor do programa, o poeta maranhense Volney Milhomem, que percebeu o que eu não havia entendido: estávamos no começo de uma ditadura e indagações desse tipo eram perigosas. As armas nunca apareceram!)

— 14 —

Outras armas tinham aparecido antes, porém. Não em poder dos sindicatos, mas dos generais que preparavam o golpe de Estado e é o próprio coronel Vernon Walters quem conta em seu livro de memórias. À página 346, relata o que chama de sua "noite mais longa", ou mais aflita, que passou na casa de um dos generais conspiradores, no Rio, rodeado de armas por todos os lados:

> Outro oficial general que eu conhecera na Itália estava muito preocupado, temendo que seu país fosse dominado pelos comunistas e se tornasse outra Cuba. Passei com ele minha 'noite mais longa'. Ele telefonara, dizendo que precisava falar comigo. Fui à sua casa, estacionei meu carro um pouco longe e fui recebido por sua esposa, dizendo que seu marido ainda não chegara. As horas passaram e eu, cansado de esperar, decidi ir embora, mas ela insistiu, argumentando que o assunto era muito importante, de modo que continuei esperando.
> Por fim, o general chegou com seu ajudante de ordens e foi logo dizendo:
> — Está tudo acertado. Resolvemos começar na próxima semana.
> Nesse momento, o telefone tocou. Era um amigo, informando que a casa seria revistada pela polícia [sic] dentro de poucos minutos. Havia lá um verdadeiro arsenal, com metralhadoras portáteis, fuzis, granadas de mão e munição. Comecei a imaginar as manchetes dos jornais do dia seguinte. Eu atendera o convite apenas para manter-me informado, jamais para tomar parte em qualquer conspiração. Todavia, se eu fosse preso no apartamento, quem iria acreditar nisso? O pior era que eu não podia fugir, sob pena de passar por covarde. Expus o problema para ele:
> — Farei o que o senhor achar conveniente. Se quiser, eu fico; se preferir, vou-me embora.
> Não era o que eu desejava ouvir, mas ele disse:
> — Preciso que você fique.
> Obedeci e fiquei pensando o que dizer, se fosse preso. Passaram-se os minutos, depois as horas e nada aconteceu. A notícia era falsa. Afinal, às três da madrugada, ele permitiu que eu me retirasse, depois de um tempo que me pareceu uma eternidade. Este querido amigo morreu logo depois da revolução e, no testamento, me deixou

um bastão de marfim e ouro. Soube então o quanto ele ficara agradecido por eu não o ter abandonado naquela que foi *a noite mais longa*.

– 15 –

Tudo está dito pelo próprio Walters. Tanta intimidade assim com um dos generais da conspiração, a ponto de arriscar-se "a ser preso" com ele em plena madrugada rodeado de um arsenal, significa uma participação profunda – ou absoluta, até – do adido militar na própria conspiração. Ninguém que queira apenas "se informar" aceita tanto risco. É claro que Walters não seria preso, pois iria identificar-se e sua imunidade de diplomata livrá-lo-ia dessa humilhação ali mesmo, no ato. A "polícia" que ele menciona só poderia ser a PE, Polícia do Exército, a pedido do SFICI, que há tempos suspeitava da existência de conspiradores. E inclusive do adido militar.

(Em 1980, mais de 16 anos depois do golpe e 12 meses após a anistia aos perseguidos, quando as iras se aplacavam em plena "abertura política", o general Argemiro de Assis Brasil contou-me que o SFICI desconfiava do adido militar dos EUA já no início de 1963:

– Ele ia a quartéis e frequentava a casa dos generais e coronéis que nos combatiam, em longas reuniões. Com o nosso grupo, comigo e com outros dos tempos na Itália, os encontros eram rápidos e protocolares, só para marcar presença – disse-me Assis Brasil, de chinelos gastos e camisa puída, na modesta casinha de madeira em que morava numa empoeirada rua de Canoas, perto de Porto Alegre, desde que em 1964 fora excluído do Exército e sobrevivia dando aulas de matemática.

O SFICI dependia dele, como chefe da Casa Militar da Presidência, e desconfiava, até, que Walters contrabandeasse armamento de precisão através dos intocáveis caixotes que chegavam para a embaixada como "material diplomático", sem controle da alfândega.

– Não podíamos fazer nada. Eles estavam protegidos pela imunidade diplomática! – acrescentou.)

No início de 1963, antes ainda de que Assis Brasil chegasse à chefia da Casa Militar, seu antecessor, general Albino Silva, com base nos informes do SFICI, sugeriu que o adido militar fosse declarado "persona non grata", pois era evidente que atiçava algum tipo de conspiração. Jango consultou Roberto Campos sobre a repercussão da medida, e o embaixador do Brasil em Washington (naqueles dias de licença no Rio) sugeriu que nada fosse feito e que ele próprio iria entender-se com Walters.

Roberto Campos menciona isso em seu livro *Lanterna na popa* e o próprio coronel Walters se refere ao episódio à página 341 de *Missões silenciosas*. Queixa-se de que o semanário comunista *Novos Rumos* o acusava de conspirar, iniciando uma campanha que o obrigou "a ter muita cautela para não prejudicar aqueles amigos com quem conversava mais frequentemente", e assinala:

> Certa vez, Roberto Campos, um economista brilhante que era então embaixador nos Estados Unidos, me puxou para um canto e perguntou:
> – Walters, que história é essa de que você anda conspirando? O presidente já me perguntou, pessoalmente, se você não deve ser mandado embora.
> – Senhor embaixador – repliquei –, dou-lhe minha palavra de honra, como oficial do Exército dos Estados Unidos, que não há a mínima verdade em tudo isso. Conheço os brasileiros muito bem e sei como eles reagiriam se um estrangeiro tentasse interferir em seus problemas internos. Ademais, uma atitude como essa seria de todo contrária às instruções que recebi. O que faço é procurar manter-me informado da situação e do que pode acontecer, precisamente como o senhor, ou qualquer outro representante brasileiro faz no país junto ao qual está acreditado.
> Ele me agradeceu, afirmou que confiava em mim e que transmitiria essa convicção ao presidente Goulart.
> Sempre que eu encontrava Goulart em qualquer cerimônia oficial, ele se mostrava muito cortês e me elogiava por meus conhecimentos de português.

A palavra de honra como oficial do Exército dos EUA valia muito menos do que a missão verdadeira de Walters no Brasil.

No entanto, se ele houvesse dito a verdade e, num rasgo de honestidade, admitisse que "sim", que conspirava porque "esse homem é um comunista", é provável que nada mudasse nos conselhos do embaixador brasileiro em Washington. Também Roberto Campos discordava de João Goulart e o tinha como suspeita figura "próxima aos comunistas". Na embaixada em Washington, às vezes opinava mais como se representasse os Estados Unidos do que o próprio Brasil. Na época, no Rio, o principal articulista do jornal *Última Hora*, Otávio Malta, o chamava de *Bob Fields*, traduzindo seu nome para o inglês, numa alegoria do estilo com que agia como embaixador...

– 16 –

Ainda em 1962, o embaixador Gordon visitou Recife e levou junto o adido militar, para um reencontro pessoal com o então comandante do IV Exército, general Castello Branco. Os dois não se viam pessoalmente desde 1948 (quando Walters deixara o Rio de Janeiro), mas seguiam íntimos através da correspondência. As cartas recíprocas não se interromperam sequer quando Walters esteve na subchefia do Estado-Maior das Forças Aliadas na Europa, no período aceso da crise com a União Soviética pelo controle de Berlim, encravada em plena Alemanha Oriental comunista.

No encontro de Recife, acertam um nome para atuar como enlace entre ambos – o general José Ulhoa Cintra, o *Juca Burro*, que organizara a recepção a Walters no aeroporto. Nas mensagens por telex de "Arma" a Washington (disponíveis para consulta), o nome do "enlace" aparece coberto por uma tarja, mas a menção de que se trata de amizade mútua dos tempos da Segunda Guerra Mundial identifica que é Ulhoa Cintra.

"Nesse período" – escreve Walters à página 345 de suas memórias – "estive poucas vezes com o oficial que fora meu mais íntimo amigo na Itália, o general Castello Branco, então comandante do IV Exército em Recife. Ele viera ao Rio uma ou duas vezes e almoçamos ou jantamos juntos, acompanhados de sua esposa. Ela era muito amiga de minha mãe e ambas gostavam de conversar em francês."

Em setembro de 1963, o general Castello Branco é removido do comando do IV Exército em Recife para a chefia do Estado-Maior do Exército, no Rio, posto de hierarquia superior mas sem controle da tropa nem tanques. É a forma com que o general Jair, ministro da Guerra, busca anulá-lo. A transferência de Castello, no entanto, facilita o contato entre os conspiradores e, assim, ajuda a própria conspiração. Agora, os articuladores principais estão próximos entre si e Walters está ali, no prédio de mármore branco da Embaixada dos EUA na Avenida Presidente Wilson, no Rio, à disposição, até mesmo fora do horário de expediente.

Narra Walters à página 342 de *Missões silenciosas*:

> Tive todas as facilidades para visitar no Brasil numerosas unidades, pois o adido militar brasileiro goza, nos Estados Unidos, da mesma regalia. Quase sempre era recebido cordialmente, sendo raras as manifestações de frieza. Eu me mantinha geralmente em atitude formal, exceto quando estava a sós com velhos amigos que relatavam suas preocupações por verem o país tendendo para ser o que eles chamavam 'outra Cuba'. Eles se ressentiam do poder de Goulart para, em escala crescente, designar oficiais esquerdistas para postos-chave das Forças Armadas. Poucos acreditavam que Goulart fosse, realmente, comunista, mas temiam que, de tanto proteger os esquerdistas, acabasse dominado por eles [...] Muitos de meus amigos expressavam suas frustrações e, alguns, até mesmo desespero. Contudo, os melhores dentre eles jamais cessaram de confiar em que, algum dia, de algum modo, a tendência seria invertida.
>
> Após alguns meses, tornou-se claro para mim que, em sua frustração e em seu temor pelo futuro do país, numerosos oficiais começavam a imaginar alguma espécie de ação militar.

"Alguma espécie de ação militar" – não era exatamente isso que o embaixador tinha sugerido a Kennedy na reunião no Salão Oval? E não era para coordenar isso que Walters tinha vindo ao Brasil?

– 17 –

A proximidade com "o amigo mais íntimo dos tempos na Itália" parece animá-lo e, em novembro de 1963, Walters promove a vinda do general Maxwell D. Taylor, chefe do Estado-Maior Conjunto, que chega ao Rio com outros três generais (Lionel McGarr, John O'Daniel e Samuel Williams) para, oficialmente, inteirar-se das necessidades das Forças Armadas do Brasil com vistas à renovação do acordo de cooperação militar entre ambos os países. Em verdade, vem bisbilhotar a capacidade de nossas Forças Armadas e avaliá-las por dentro, para saber em profundidade como são, como agem e agirão no caso de uma insurreição interna, quartel por quartel. É isso que indica a agenda proposta pela missão, tal qual um informe do SFICI (integrado por oficiais das três Forças) adverte ao Conselho de Segurança Nacional.

– Eu tinha recém assumido quando recebi o informe e me lembro bem! – disse-me Argemiro de Assis Brasil, mais de dezesseis anos depois, em 1980, quando já perdera a patente de general e as funções de secretário executivo do Conselho de Segurança e chefe da Casa Militar da Presidência da República.

Walters se anima ao ter Castello Branco no Rio. E o embaixador se anima com o que está fazendo o adido militar e sugere que Washington suspenda a remessa ao Brasil de todos os recursos da Aliança para o Progresso que possam ajudar a financiar o déficit do nosso balanço de pagamentos. De agora em diante – propõe Gordon e Washington concorda – os acordos de financiamento serão firmados diretamente com governos estaduais e prefeitos municipais escolhidos a dedo pela embaixada como "islands of administrative sanity", ilhas de administração sãs, ou saudáveis para a política dos Estados Unidos. "*Só será recompensado quem conosco estiver identificado*", poderia rimar Gordon! Em primeiro lugar, os estados da Guanabara e São Paulo. Os governadores Carlos Lacerda e Adhemar de Barros já foram recebidos por Kennedy na Casa Branca e passam a ser os primeiros bem aquinhoados. Entram na lista Ildo Meneghetti, do Rio Grande do Sul, Ney Braga, do Paraná, Aluízio Alves, do Rio Grande do Norte. Fica de fora, por ora, Magalhães Pinto, que em público apoia e até adula João Goulart, mas se queixa do presidente nos encontros com Herbert Okun, cônsul dos EUA em Belo Horizonte.

O programa de ajuda da Aliança para o Progresso torna-se a alavanca civil da ação militar futura.

– 18 –

O ano de 1963 passa a revelar inesperadas ou escondidas novidades. Com base nas conclusões de uma comissão parlamentar de inquérito enviadas à Justiça, um decreto presidencial suspende o funcionamento do IBAD e da ADEP por três meses: a indecisão de Jango fora vencida pelas evidências. O IPÊS, porém, continua intocável, resistindo como árvore centenária. Segue como verdadeiro e frondoso ipê, tal qual o delegado de polícia (e futuro romancista) Rubem Fonseca o imaginara ao colocar o circunflexo na sigla, para que fosse IPÊS e não IPES.

Ainda em agosto, Roberto Campos renuncia à Embaixada do Brasil em Washington. Anos depois, em seu livro de memórias, *A lanterna na popa*, ele próprio vai explicar: "Pedi exoneração em agosto de 1963, sentindo que, totalmente incapaz de influenciar o meu próprio governo, cessara minha utilidade como Embaixador"[38]. Tinha razão Otávio Malta e, em seu artigo no jornal *Última Hora*, poderia ter escrito: "*His veritable name is Bob*

---

38. De Roberto Campos em *A lanterna na popa: memórias*. Rio de Janeiro: Topbooks, 1994, p. 538.

Fields, not Roberto Campos". Até quem não entendesse inglês compreenderia...

O general Osvino Ferreira Alves passa à reserva compulsória (por chegar à idade-limite) e deixa o estratégico comando do I Exército, com sede no Rio e jurisdição em Minas, Goiás e Espírito Santo. O chefe militar que, naquela reunião no Salão Oval, o embaixador Gordon tinha qualificado de "perigoso esquerdista" torna-se inofensivo "general de pijama". E a direita militar já não precisará desperdiçar tempo e inventar mexericos para chamá-lo de homossexual (ou de "puto fardado", depreciativamente) por continuar solteiro aos 66 anos.

– 19 –

O ano se esvai e, a 19 de dezembro de 1963, Carvalho Pinto renuncia ao ministério da Fazenda sob o fogo cruzado de uma longa trama de intrigas, em que apontam contra ele diferentes setores que lutam entre si. À cabeça de tudo está o empresário Jorge Serpa, diretor da siderúrgica Mannesmann, de Minas Gerais, ligado ao governador Magalhães Pinto e, ao mesmo tempo, íntimo confidente de Jango e do embaixador Gordon. Sagaz e versátil, tem livre trânsito junto aos três e culpa as medidas anti-inflacionárias do ministro (negando financiamentos federais aos estados) pela súbita ruptura do governador mineiro com o governo federal. (*Um fato serve para marcar a intimidade de Serpa com o poder: numa das trocas de "notas reversais" entre os presidentes dos EUA e do Brasil, em torno da dívida externa, ele redigiu a minuta do texto de ambos em inglês. Da proposta de Kennedy à resposta de Jango e, logo, a contraproposta do presidente dos EUA*).

Serpa fora um dos "avalistas" da nomeação de Carvalho Pinto, mas rompeu com ele à mesma época em que o embaixador Gordon se decepcionou com o ministro da Fazenda. O embaixador já não podia continuar a considerá-lo "um confiável conservador" (como dissera nas mensagens a Washington), depois de o ministro propor a regulamentação urgente da lei de remessa de lucros. Em que penúria ficariam as empresas norte-americanas no Brasil sem aqueles 200% de lucros?

Em polo oposto, a Frente Parlamentar Nacionalista fustigava o ministro da Fazenda, na ilusão de forçar Jango a nomear Leonel Brizola em seu lugar. Conduzida por sindicatos, pela UNE e pela própria Frente, a campanha chegou a todo o país, com cartazes nos muros do Rio, São Paulo, Belo Horizonte, Porto Alegre e outras cidades, pedindo Brizola na Fazenda "para uma mudança radical".

No dia seguinte à renúncia de Carvalho Pinto (antes ainda de a imprensa saber quem seria o sucessor), o embaixador tranquiliza Washington: em mensagem por telex, informa que o novo ministro será um conservador, Ney Galvão, presidente do Banco do Brasil e gaúcho, como o presidente, e que a indicação foi de Serpa e do banqueiro Walter Moreira Salles!

Com a renúncia de Carvalho Pinto, se desfaz a única grande ponte que liga Jango ao empresariado nacional paulista. Perto do Natal, a saída é um tiro pela culatra, desses que chamuscam ou queimam a mão, ferindo apenas quem aperta o gatilho.

Antes disso, porém, dois tiros concretos, disparados com alta precisão, geram inquietação e espanto. E, a curto prazo, vão consolidar a conspiração e destruir todas as inibições e pruridos dos conspiradores.

Capítulo VI
Os tiros de novembro

– 1 –

Os disparos saem de todos os lados. E de ambos os lados, com diferentes armas, das legais às letais. Na direita, numa ofensiva programada, os conspiradores sabem onde querem chegar, têm um objetivo concreto – derrubar o presidente da República e arrasar todo o esquema que o levou ao poder em 1961. Estão organizados, agem nos subterrâneos. Na esquerda, os conspiradores disparam sonhos, abertamente sonham, num romântico namoro com a revolução das massas e a reforma social. Exibem-se muito e agem pouco.

Veja-se um exemplo: em 1963, o encarregado da Embaixada dos EUA em Brasília, Robert Dean, visitou a sede da Frente Parlamentar Nacionalista, uma ampla sala no 16º piso do edifício da Câmara dos Deputados, em Brasília. A Frente reunia o setor compacto da esquerda e tinha em Leonel Brizola seu principal referente político, sendo, portanto, "o inimigo mais temido" pelos norte-americanos. Na longa conversa com o deputado Neiva Moreira, secretário-geral e coordenador da Frente, o diplomata norte-americano não tirou os olhos de um imenso mapa do Brasil com alfinetes de diferentes cores fincados em diferentes pontos do país. Quanto mais interior, mais alfinetes de distintas cores.

– O *gringo* Dean levantava e baixava os olhos, atordoado para gravar tudo na memória e decifrar o que era aquilo – contou-me Neiva, na época, rindo, vitorioso por aquela demonstração de força ante o próprio inimigo.

Os alfinetes não significavam nada, mas continuaram lá, tal qual Neiva os tinha colocado às pressas, pouco antes de o diplomata chegar, para impressioná-lo e dar a ideia de que eram núcleos da Frente espalhados pelo país. Ou para "deixar louco o gringo Dean, que deve estar arrancando os miolos para decifrar o significado", como dizia Neiva.

Os alfinetes eram tiros de festim, ou rojões, mas o adversário não sabia!

Em meados de 1963, Brizola instituiu os Grupos de Onze, dedicados à pregação ideológica anti-imperialista e à propaganda antigolpista. A forma estrepitosa com que eram propagados pela Rádio Mayrink Veiga, do Rio para todo o país, no entanto, deu à direita o pretexto para apresentá-los como "grupos armados", algo que nunca foram.

– 2 –

Os dois lados disparam, propagandeando suas ideias. O país está imerso num amplo debate, que desemboca num grande estuário – no Congresso (ainda com grandes nomes) e nos meios de comunicação (ainda com grandes jornalistas). Para ampliar a "tensão psicossocial", o IPÊS do coronel Golbery sabe que, além dos quartéis, a propaganda deve chegar às frentes civis de massa, principalmente pela música. No entanto, tal qual Nelson Pereira dos Santos, Glauber Rocha, Leon Hirszman, Eduardo Coutinho e outros no cinema, ou como Augusto Boal ou os jovens do Arena e do Oficina paulistas no teatro, também na música popular os grandes nomes estão nos CPCs, os Centros Populares de Cultura da UNE, em que o poeta Ferreira Gullar é o teórico e coordenador. A vanguarda da campanha das reformas lá está: Carlos Lyra, Zé Keti, Chico Buarque de Holanda, Tom Jobim, Nara Leão e muitos mais – "todos eles", todos aqueles que o público aplaude e pede bis. Vinícius de Moraes recita em público seu "Operário em Construção" e mostra de que lado está.

PRIMEIRA PARTE

No lado oposto, a "tensão psicossocial" que o IPÊS cria pouco a pouco mostra-se país afora nos cinejornais, rápidos e didáticos filmes "de atualidades" alertando sobre "o perigo comunista". Neles, o francês Jean Manzon exibe seu talento de diretor e excelente fotógrafo, desenvolvendo roteiros de Rubem Fonseca, que comanda tudo e, às vezes, aproveita ideias de Rachel de Queiroz, já conhecida escritora, e da (então) noviça Nélida Piñon. Falta o setor musical, porém, e surge Juca Chaves, quase sozinho e isolado, mas com voz melodiosa de menestrel, numa canção pegadiça e simpática, que delicia a direita conspirativa: "*Dona Maria Thereza, / diga ao seu Jango Goulart / que tudo está uma tristeza / e que a vida está de matar...*".

Em todas as rádios do país, nas capitais ou no interior, sem exceção, a canção se repete dia a dia, em espaços pagos pelo IPÊS ou voluntariamente até, pois é alegre e atrai. Por onde haja frestas, dispara-se contra o presidente. Na televisão, o caminho é a galhofa – Chico Anysio interpreta o ingênuo e leniente "coronel Limoeiro", marido da astuta e contumaz namoradeira "Maria Tereza", cujo nome repete a cada instante, ao encontrá-la em suspeitosas travessuras amorosas. O quadro é tolo, mas arranca gargalhadas.

E mostra o que pretende criar: a atmosfera da dúvida e do constrangimento em torno do casal presidencial.[39]

– 3 –

Dispara-se sobre o casal há muito. De corpo esguio e rosto de anjo meigo de pintura da Renascença, Maria Thereza Fontella Goulart é jovem e bela e aos 17 anos casou-se com João Goulart. Aos 24 anos, com dois filhos pequenos, tornou-se primeira-dama numa sociedade em que a juventude, o belo e a beleza são objetos de desejo ou de desprezo, quase nunca de admiração. Não participa da política. Dedica-se aos filhos, que andam ao redor da sua saia todo o dia. Por eles, o casal não quis morar no suntuoso Palácio da Alvorada e permaneceu na Granja do Torto, residência

---

39. Do meu livro *O dia em que Getúlio matou Allende*. 7ª ed. Rio de Janeiro: Record, 2004.

do vice-presidente, mais simples e sem aquelas imensas paredes de vidro, sedutoras às traquinadas das crianças. Recatada, não se exibe como primeira-dama. Pessoalmente, porém, é espontânea e alegre, sorri, conversa, gosta de música e de dançar. É uma senhora com beleza e jeito de menina, o suficiente para desencadear bisbilhotices e fantasias. Se fosse feia, deselegante, obesa ou desajeitada, não despertaria nada do que desperta. Nem inveja. E apenas iriam rir-se dela, com piedade.

Ao ter 21 anos a menos do que o marido, o mais suave que se espalha sobre ela é chamá-la de fútil e avoada. E o mais duro são as detalhadas histórias de brigas e traições conjugais que, de tão minuciosas, só podem ser inventadas, pois não foram filmadas por câmeras ocultas nem tiveram testemunhas. A atmosfera da dúvida, porém, não exige a verdade – a dúvida em si já cria a "atmosfera".

Algumas vezes, e de boa-fé, ela dava pretextos: em meia dúzia de ocasiões, em 1963 desfilou pelo saguão do Hotel Nacional (então ponto de reunião elegante de Brasília), de braço dado com o costureiro Denner Pamplona de Abreu, sob exclamações e olhares escandalizados de homens e mulheres. Educado e gentil, Denner era conhecido como costureiro e homossexual, mas seu gesto fidalgo foi visto como "um escândalo" na tolice preconceituosa da cidade de apenas três anos e, agora, capital.

Também na cosmopolita São Paulo a primeira-dama foi encarada com desdém. Lá, num almoço que o casal presidencial ofereceu a trinta ou quarenta grandes empresários (boa parte, secretos integrantes do IPÊS), suas esposas "adoeceram" subitamente na data. Apenas dois levaram a mulher – o industrial José Ermírio de Moraes (senador e ex-ministro de Jango) e Wolfgang Sauer, diretor da Bosch, e, assim mesmo, por ordem expressa da empresa alemã, que buscava financiamentos do BNDE. Todos os demais se recusaram a expor suas mulheres à contaminação daquela jovem sobre quem se contavam histórias comparáveis a anedotas de bordel.

As extravagantes invencionices em torno da primeira-dama, que o IPÊS espalhava pelo país, circulavam como campanha programada e insidiosa, para destruir. Eram minuciosas, com absurdos detalhes de comportamento que até um psicanalista teria dificuldades em desvendar, mas passavam de boca em boca. Contavam de orgias domésticas, falavam de amantes em série ou da intimidade de perversões sexuais. E tudo sempre tão "naturalmente" que parecia, até, que um minúsculo satélite espião a vigiava pelas frestas, em todos os lugares, dia e noite, até nos sanitários do palácio, da casa ou dos restaurantes.

Poucos percebiam que tanto absurdo acumulado só podia ser invenção acumulada. Acreditando ou não, o mais fácil era transmitir adiante, numa sequência infinita, como aquelas "anedotas de português", em que todos sempre querem saber "a última", para propagar a novidade.

– 4 –

Em meados de 1963, o governo passa a mobilizar-se em função de uma novidade mais séria (e inesperada), levada a Brasília pelo prefeito de Natal, Djalma Maranhão: um revolucionário "sistema de alfabetização conscientizadora", provado no paupérrimo interior do Rio Grande do Norte, que, em apenas quarenta horas de aula, leva a ler e escrever. E a pensar, mais do que tudo. O desconhecido professor Paulo Freire expõe ao presidente e ao ministro da Educação, Paulo de Tarso Santos, as minúcias do trabalho que desenvolveu e o governo federal o adota de imediato como prioridade. Mais do que um método que ensina a ler, é todo um sistema que alfabetiza dando consciência ao alfabetizado – é a comunidade inteira que ensina e aprende. (Emerge ali a "pedagogia do oprimido", que, anos depois, fará de Paulo Freire o intelectual brasileiro mais respeitado do Ocidente). Cada grupo escolhe a "palavra-chave", que explica sua vida e preocupações e, a partir dela, aprende a ler, escrever e raciocinar. O velho método em que crianças ou adultos soletram sílabas que nada dizem (como "Ivo viu a uva") vai se aposentar.

– Isto muda o Brasil e muda também o mapa eleitoral! – exclamou o ministro Paulo de Tarso ao presidente. Num tempo em que os analfabetos não votavam, surgiriam milhões de novos eleitores conscientes da condição de cidadãos.

(Assisti em Brasília, no amplo apartamento de Paulo de Tarso, à demonstração que o desconhecido Paulo Freire fez ao presidente da República e a vinte ou trinta pessoas mais, quando repetiu a aula inicial em Angicos, no Rio Grande do Norte. Usou um projetor de diapositivos similar ao utilizado no vilarejo e sugeriu, inclusive, como importar milhares deles sem gastar divisas: trazê-los da Polônia através do "acordo do café", tal qual vinham de lá vodca ou tratores.)

A experiência-piloto no povoado de Angicos fora financiada com alguns poucos dólares da Aliança para o Progresso (para comprar projetores, quadro-negro, giz, cadernos e alimentar os professores voluntários), mas, desde o final de 1962, tudo mudara. O novo diretor da "Aliança" no Nordeste se negava a financiar qualquer projeto semelhante. Já eram os efeitos do que o embaixador Gordon dissera a Kennedy no Salão Oval da Casa Branca!

– 5 –

Milhares de pessoas se integram ao Movimento de Educação de Base e levam o sistema Paulo Freire a todo o país. A maioria, voluntários, incorporados pela UNE e as UEEs (uniões estaduais de estudantes), e a oposição se assusta. E, na crista do susto, o IPÊS, na área civil, e a Escola Superior de Guerra (ESG), no setor militar, se atemorizam ainda mais. Num tempo em que as opções políticas se definem pelo medo e pela paranoia do anticomunismo, a consciência de cidadania assusta. Povo alfabetizado, sim! Mas só um pouquinho, o suficiente para assinar o título eleitoral ou o recibo de salário e depois perguntar ao "coronel" o que fazer e em quem votar.

Em setembro de 1963, o Congresso debatia a desastrada proposta de Jango para implantar o 'estado de sítio', quando indago do senador Daniel Krieger se ele e seus amigos da ESG estão preocupados:

— Eu não! O estado de sítio não passa. Quem está muito preocupado é o Osvaldo, mas com o plano Paulo Freire!

"Osvaldo" era o marechal Osvaldo Cordeiro de Farias, mentor e estrategista-mor da ESG, uma espécie de cérebro militar sigiloso, acima dos chefes do Exército, Marinha e Aeronáutica. O plano de "alfabetização conscientizadora" assustava tanto quanto a reforma agrária. Ou até mais, pois era visto como demoníaca engenhoca para formar "comunistas" e ensiná-los a ler para transformá-los em eleitores.

Não importava que Paulo Freire fosse metodista, que Paulo de Tarso fosse católico de comunhão semanal e que Jango tivesse estado com o papa. Tudo aquilo, para a ESG e oposição, para o IPÊS e para alguns governadores, era tão só um conluio comunista, coisa de Moscou! Só faltava que alfabetizassem em russo!

– 6 –

A oposição redobrou os ataques. No último trimestre de 1963, buscou alvejar Brizola, mais até do que Jango. Desde outubro, o deputado mais votado do país se licenciara do Parlamento, "cansado do palavreado oco de Vossa Excelência para cá e Vossa Excelência para lá, desses punhos de renda que a nada conduzem", como explicou em discurso na Câmara Federal. E acrescentou que daria "um prazo para o Parlamento votar as reformas", antes de "usar outros meios". Com essa sibilina ameaça deixada no ar, se expunha ao tiroteio mais do que Jango.

Naquela tarde de fins de novembro de 1963, o baiano Aliomar Baleeiro, o mais ferino dos quatro grandes "cardeais" que comandavam a oposicionista UDN na Câmara dos Deputados, fazia um violento e bem ordenado discurso contra Brizola, contra João Goulart e o governo.[40] Quando começava a acusar o presidente de querer "perpetuar-se no poder", foi interrompido

---

40. Os "grandes cardeais" que compunham, na Câmara dos Deputados, a Banda de Música da UDN (que tocava sem parar) eram Adauto Cardoso, Aliomar Baleeiro, Bilac Pinto e Pedro Aleixo.

por um espavorido deputado que entrava no plenário quase em correria e lhe pedia "um aparte". Na época, os "grandes" só eram aparteados por outros "grandes", e Baleeiro nem sequer desviou o olhar em direção a Tenório Cavalcanti, que fora da UDN anos antes (quando andava de capa preta ocultando uma submetralhadora), mas agora apoiava o governo que a UDN combatia.

Tenório sempre fora um excêntrico e alguém do porte de Baleeiro jamais concederia um aparte a um extravagante. Mas ele continua a insistir. "É importante!", acrescenta, naquele solene "Vossa Excelência permite um aparte?". Por fim, Baleeiro faz um gesto com a mão, como quem diz "já que insiste, diga rápido", e a bomba cai em plenário:

– O presidente Kennedy acaba de ser assassinado na rua, em Dallas, no Texas!

Era 23 de novembro de 1963, meio da tarde em Brasília, ao redor das 11 horas no Texas. Baleeiro terminou o discurso ali mesmo. A bomba vinda de longe silenciou tudo.

– 7 –

A partir daí, passo a passo, tudo se acelera e começa a mudar. Nos EUA, naquele cruzamento de paranoia e realidade em busca da hegemonia no mundo, Kennedy era o brando, o cauto que pensava antes de agir, e que agia pensando nas consequências. Sem ele, o que será da cautela que ainda evitava bombardeios, intervenções militares e tiros?

Muitos outros tiros virão.

Capítulo VII
POST MORTEM

– 1 –

Já desde o início de 1963, muito antes ainda do trágico 23 de novembro, Walters e o general Ulhoa Cintra viam-se de dois em dois dias, em longos encontros. Às vezes, em reuniões mais amplas, com quatro ou cinco outros oficiais, trazidos pelo próprio *Juca Burro* de quartéis diferentes. Tudo era tão aberto que o SFICI sabia dos encontros, mesmo sem conhecer o que conversavam ou tramavam.[41] Daí surgiu a suspeita de que Walters "conspirava", levada por oficiais do SFICI a Jango e que o presidente transmitiu ao embaixador Roberto Campos indagando-lhe se o adido militar dos EUA devia "ser mandado embora". O ciclo devia se fechar aí (e tudo acabar, talvez), mas nosso próprio embaixador em Washington avisou o militar norte-americano de que o governo do Brasil suspeitava dele. De fato, ao lhe perguntar se conspirava, Roberto Campos o havia prevenido das desconfianças, como se o advertisse paternalmente:

– Mais cuidado, não te exponhas tanto!

E Walters passou a cuidar-se, mas com uma tática inteligente: como vítima de uma campanha para denegri-lo. Aproveitou-se de que o semanário *Novos Rumos*, do ilegal PCB, o acusava de "conspirar e instigar um golpe de Estado" e levou seus velhos amigos dos tempos da Itália (inclusive os esquerdistas) a lhe promoverem uma manifestação pública de desagravo. Num almoço

---

41. Relatórios do SFICI enviados em 1963 ao general Assis Brasil e que ele me referiu em 1980.

que reuniu generais e oficiais de distintas tendências, o marechal Mascarenhas de Moraes, que comandara a Força Expedicionária Brasileira (FEB) na Segunda Guerra Mundial, fez o discurso de saudação, cuja frase principal o próprio Walters transcreve em seu livro: "Há aqueles que gostariam de vê-lo afastado do país, mas o Exército dos que lutaram em Monte Castelo e em Montese não concorda com isso".

As duas maiores batalhas da FEB na Itália, em que morreram quinhentos brasileiros, serviam de escudo ao adido militar dos EUA. À página 345 de *Missões silenciosas*, ele escreve textualmente:

> Estas palavras, pronunciadas pelo mais respeitado herói brasileiro, produziram um efeito calmante na campanha. Disseram-me também que alguns de meus amigos esquerdistas haviam recomendado que cessasse a campanha contra mim. De qualquer forma, ao iniciar-se o ano de 1964, as coisas foram-se tornando mais fáceis. Por informações de muitos amigos, fiquei com a impressão de que alguns dos conspiradores começavam a entrar em contato uns com os outros, sob uma coordenação em escala nacional. Os correios passaram a viajar e os planos se tornaram mais específicos, com diretrizes e recomendações mais detalhadas.

Talvez Walters tenha se cuidado, mas não arrefeceu.

– 2 –

Ao iniciar-se 1964, "as coisas se tornaram mais fáceis", frisa ele próprio. Era, em parte, fruto daqueles encontros lá de novembro-dezembro de 1963 (ao redor do assassinato de Kennedy em Dallas), quando Ulhoa e "Arma" viram-se todos os dias. Foi uma "quinzena quente", em que se reuniram com coronéis e majores que lhe expuseram um plano para matar Jango e Brizola "e deixar de ter problemas". Naqueles dias posteriores à crise dos mísseis entre EUA e Cuba, a paranoia anticomunista tinha com que se alimentar na realidade do que ocorrera no Caribe e, também, no próprio crime de Dallas. (A CIA espalhava que o suposto atirador que teria disparado contra Kennedy fora casado com uma russa e vivera em Moscou, criando a ideia de que os soviéticos tinham preparado o crime).

Por tudo isso, no Brasil também seria fácil, diziam: uma bomba num comício ou inauguração de obra. Ou, melhor ainda – uma coisa limpa –, um atirador de elite, desses que acertam num mosquito em voo, não apenas na "mosca" dos exercícios de tiro! Walters assustou-se ao saber do plano (ou simples ideia) dos coronéis. Ele viera ao Brasil com uma missão específica, mas matar o presidente não estava nos planos... Católico de comunhão semanal, ele jamais se animaria a contar ao padre confessor que ajudou a matar. E logo a matar o presidente da República! Foi difícil, mas "Arma" conseguiu dissuadir esses malucos, ainda que "democratas e patriotas", dispostos a dar a vida para impedir o perigo do comunismo e evitar ver os russos chegando para instalar um "soviet" no Brasil.

("Isso iria contra a lei de Deus e dos homens e, mais do que tudo, transformaria Goulart num mártir", disse Walters em entrevista à TV, muitos anos depois, para frisar que tinha evitado um assassinato planejado por "um grupo radical", que não identificou.)

Às páginas 342 e 343 de *Missões silenciosas*, ele textualmente relata em suas memórias:

> Certa vez eu me encontrava na residência de um oficial brasileiro, conhecido como um homem violento e ativista. Quando conversávamos, ele foi chamado e saiu da sala. Ao voltar, disse-me:
> – Walters, há um sujeito lá fora que, por cinco mil dólares, se compromete a dar cabo de Goulart. O que você acha?
> Ressalvei que, como estrangeiro, não me cabia dar opinião, mas, como princípio, eu não acreditava nesse tipo de solução, primeiro, porque era contra a lei de deus; segundo, contra a lei dos homens; e terceiro, porque não resolvia o problema. Qualquer que seja o assassinado, é geralmente substituído por alguém ainda mais fanático.
> O amigo concordou, pesaroso, e abandonou a ideia que era fundamentalmente antibrasileira. Jamais um presidente do Brasil fora assassinado. Por maiores que sejam as divergências políticas, ninguém esquece que seu adversário é também um compatriota.

[...] Um assassinato horrorizaria os brasileiros e aquele oficial não ignorava isto.

O crime de Dallas teria animado os conspiradores mais afoitos e radicais? E os animava tanto e confiavam tanto nos EUA que até calculavam em dólar a quantia a pagar ao assassino?

– 3 –

O adido militar não refere datas, mas o tom do seu relato, principalmente com a menção expressa de que "jamais um presidente do Brasil foi assassinado", leva a pensar que tudo ocorreu após a morte de Kennedy. Outro indício: Walters lembra que "o assassinado é sempre substituído por alguém ainda mais fanático", detalhe que condiz exatamente com o que ocorreu nos EUA. O crime de Dallas levou ao poder o vice-presidente Lyndon B. Johnson, homem rude, quase primário, que não tinha os cuidados nem os pruridos (ou até a ética) de John F. Kennedy, menos ainda a *finesse* de um nascido em Boston e educado em Harvard.

O assassinato de Dallas reacende ocultos desequilíbrios mentais, ressentimentos materiais, iras ou ódios armazenados no inconsciente dos que foram educados e treinados para matar. De janeiro a março de 1964, diferentes informes do SFICI alertam o governo sobre "grupos radicais" nas Forças Armadas e nas polícias militares da Guanabara, São Paulo e Minas, que falam abertamente em atentados contra o presidente da República e contra Brizola. Treze anos depois, em 1977, em entrevista à imprensa, o general José Bragança Lopes revelou detalhes do plano para assassinar Jango e Brizola na visita que fariam a Belo Horizonte para participar do "comício pelas reformas", a 19 de fevereiro. Jango não compareceu e isso confundiu os planos. Mas tudo fora preparado: o coronel José Osvaldo Campos do Amaral, campeão de tiro, faria os disparos, acompanhado por integrantes do Clube Mineiro de Caçadores. À mesma época das revelações do general, o deputado mineiro Tancredo Neves, em entrevista ao historiador

L.A. Moniz Bandeira, contou que "tinha estranhado a insistência" do então governador Magalhães Pinto para que Brizola comparecesse ao comício.[42]

Desde 1963, o instrutor especial do alto comando da Polícia Militar de Minas Gerais era o norte-americano Daniel Mitrione, subordinado ao cônsul dos EUA em Belo Horizonte, Herbert Okun, e não ao governo mineiro. Suspeitava-se na época que "Dan", como o chamavam, integrasse a CIA. (Transferido para o Uruguai anos depois, Dan Mitrione foi identificado como instrutor de torturas e agente da CIA, sendo executado por guerrilheiros "Tupamaros" em 1972, em Montevidéu.)

– 4 –

Mas não são apenas armas, atentados e coisas semelhantes que guiam a campanha antigoverno que a Embaixada dos EUA coordena. Nem há medo apenas dos comunistas, mas também dos capitalistas. Dos chamados *capitalistas avançados* ou *capitalistas nacionais*, e a fúria da direita se concentra no maior deles – Mário Wallace Simonsen, que, depois de levar o café brasileiro (em grão) a todo o planeta e tornar-se multimilionário, agora enfrenta o conglomerado internacional da indústria alimentícia – American Foods, General Foods, Gramble, Nestlé. Com outros dois sócios, teve a ousadia de comprar a Panair do Brasil, tirando-a das mãos da poderosa Pan American World Airways, então a maior empresa aérea do mundo. Reverteu o hábito de as empresas nacionais se tornarem estrangeiras e fez uma empresa norte-americana tornar-se brasileira. Ligado ao governo e a João Goulart, abriu um jornal no Rio e, a partir de 1963, lá montou a Rede Excelsior de Televisão, com emissoras também em São Paulo, Porto Alegre, Belo Horizonte e Recife, com programação ampla e aberta em que as reformas de base estão na crista dos noticiários e entrevistas.

---

42. Entrevista do general Campos do Amaral à *Folha de S. Paulo*, 9 de janeiro de 1977, e menções de L.A. Moniz Bandeira em *O governo João Goulart*. São Paulo: Unesp, 2010, p. 329.

Mas no Congresso, em Brasília, a oposição montou uma CPI do Café para arrasar Simonsen. Desde que decidiu comercializar o café brasileiro já torrado e moído na Europa (e, logo, nos EUA), os gigantes da indústria alimentícia se sentem "ameaçados" por esse capitalista brasileiro que aparece alinhado com a esquerda. O deputado-relator da CPI, Herbert Levy, da UDN de São Paulo, se comunica com os "gigantes" pelo telex da Embaixada dos EUA em Brasília. (Num tempo ainda de comunicações precárias, o telex era o meio rápido e eficiente). Quando lhe indagam por que passa lá tantas horas, explica que vai visitar a sobrinha, casada com o diplomata Robert Dean, que chefia a representação dos EUA na capital.

– 5 –

Nada escapa ao incansável Gordon, que desde aquela reunião no Salão Oval tornou-se ainda mais ativo. Já no início de 1962 (alarmados com os movimentos de esquerda que o exemplo da revolução cubana criava na Venezuela, Colômbia e América Central), os EUA estabeleceram um *Special Group* destinado a combatê-los pela pressão econômico-social e pelas armas. À época das eleições daquele ano, o *Special Group* "brasileiro", encabeçado pelo banqueiro William Drapper e integrado por militares e civis, sob supervisão da CIA, veio ao Brasil e ouviu uma sugestão: o presidente da American Chamber of Commerce de São Paulo, John Richard, diretor da RCA, sugeriu levar o Brasil ao colapso econômico-financeiro, com o corte de todo tipo de ajuda, para abrir caminho à derrubada do governo João Goulart. (A acadêmica americana Ruth Leacock conta o episódio no livro *Requiem for Revolution – the United States and Brazil, 1961-1969*, numa correta avaliação do comportamento dominante em seu país em tempos de Guerra Fria).[43]

A Embaixada dos EUA está em todos os lugares do Brasil, não só nas diferentes capitais estaduais onde tem consulados.

---

43. Ruth Leacock, *Requiem for Revolution: the United States and Brazil, 1961-1969*. Ohio: Kent State University Press, 1990.

PRIMEIRA PARTE

– 6 –

Também na área militar Vernon Walters continua ativo – "a tensão não cessava de aumentar e as Forças Armadas pareciam divididas", comenta ele à página 344 do seu livro de memórias. Em seguida, porém, acrescenta: "A despeito das restrições de muitos oficiais em relação a Goulart, predominava uma profunda relutância no sentido de depô-lo, a menos que os valores fundamentais da nação estivessem ameaçados".

Será fundamental, portanto, criar a ideia ou sensação de que "os valores fundamentais estão ameaçados". E até porque o próprio Walters (ainda à página 344 de suas memórias) assinala que "durante esse período de 1962 a 1963, era evidente a guinada para a esquerda e a crescente influência dos comunistas e seus simpatizantes". As chamadas "ações de massa", que o IPÊS e o IBAD desenvolvem todos os dias em quase todos os lugares, talvez sejam suficientes para propagar, na área civil, a sensação da "ameaça aos valores fundamentais" – à liberdade, fundamentalmente. Mas, e os quartéis? E o adido militar se entrega totalmente à caserna. Encontra-se com "militares esquerdistas, direitistas e centristas", como relata mais adiante:

> Curiosamente, a despeito de eu ser um oficial do Exército, tive mais contatos com os extremistas da esquerda do que qualquer outro membro da embaixada. Meus conhecimentos de português contribuíram para isso. Havia muito tempo que eu conhecia muitos deles e mantinha relações de amizade [...] Além do general Argemiro Assis Brasil [...] mantive excelentes relações, em bases puramente pessoais, com muitos outros membros do dispositivo de Goulart, incluindo os generais Benjamim Galhardo, Napoleão Nobre, Euríclydes Zerbini e meu velho camarada da Itália, Luiz Cunha Mello. [...] Apesar disso, continuaram os boatos e a campanha da imprensa contra mim.

O funcionário mais importante da embaixada, aquele que o embaixador fizera o próprio presidente Kennedy trazer ao

Brasil, e que circulava com desenvoltura entre os generais "do dispositivo de Goulart", se esmera em salientar, no entanto, que teve poucas reuniões com Humberto Castello Branco. E que seu melhor e mais íntimo amigo "relutava em participar de movimentos revolucionários", como diz à página 345 do livro de memórias:

> Nesse período, estive poucas vezes com o oficial que fora meu mais íntimo amigo na Itália, o general Castello Branco, então comandante do IV Exército, em Recife. Ele viera ao Rio uma ou duas vezes e almoçamos ou jantamos juntos, acompanhados de sua esposa, muito amiga de minha mãe. [...] Castello Branco sempre se referia com orgulho ao profissionalismo das Forças Armadas brasileiras e de sua relutância em participar de movimentos revolucionários. Em nossos encontros, falávamos sobre o mundo, os EUA, Vietnã, Europa, União Soviética ou China. Raramente havia qualquer referência aos problemas internos do Brasil e ele, quando tocava nesse assunto, sempre o fazia com muita discrição. Houve muitos boatos, todos naturalmente falsos, de que eu o havia incentivado a assumir a liderança dos conspiradores para a derrubada de Goulart. Castello Branco era orgulhoso de seu país e, se eu lhe fizesse tal insinuação, ele a teria rejeitado com indignação. No meu caso, nossa amizade teria terminado. Eu estava ciente disso e jamais tentei influenciá-lo ou obter informações de sua parte. O valor que eu dava àquela amizade não permitia tal risco.

Ou seja, Walters e seu melhor amigo e mais íntimo camarada de armas apenas tiveram opiniões convergentes e sempre transmitidas por telepatia... Nunca falaram sobre o Brasil, um não influenciou o outro. À página 346 de suas memórias, ele acrescenta:

> Pouco depois, Castello Branco foi nomeado chefe do Estado-Maior do Exército e voltou para o Rio. Passei a vê-lo com frequência, mas sempre evitando, em nossas conversas, tocar nos problemas correntes do país. Ele tinha esperança de que os brasileiros podiam e deviam resolvê-los sozinhos. Não era um reacionário, mas um atento patriota com verdadeira consciência social, amargurado pelas injustiças que presenciara no Nordeste e convencido de que

todos, especialmente os ricos, deveriam fazer sacrifícios para que a nação pudesse sobreviver. [...] Dotado de inteligência brilhante [...] era um homem a quem Deus concedera invulgar retidão de caráter.

Walters agrega outras frases mais sobre o amigo e frisa:

Sua sagacidade era por vezes mordaz, não transigindo com a incompetência. [...] Nunca ouvi dele uma palavra injuriosa a respeito do presidente Goulart nem jamais me revelou qualquer plano que estivesse elaborando. As informações de que eu dispunha eram originárias de outros amigos.
Certa vez, um deles me disse:
– Castello Branco concordou afinal em ser nosso chefe e isso nos deu a todos a certeza de que o Brasil não está perdido.
O general [Castello] só me tocou no assunto depois da revolução.

(As trocas de mensagens por telex entre a Embaixada dos EUA, no Rio, e a Casa Branca, o Departamento de Estado e a CIA, em Washington, mostrarão, décadas após 1964, que Walters seguiu camuflando suas atividades no Brasil pelos tempos afora. Muitas delas se transcrevem na terceira parte deste livro.)

– 7 –

O assassinato de Kennedy levou o vice-presidente Lyndon Johnson à Casa Branca e, com ele, as garras dos "falcões" da Guerra Fria passaram a ter primazia em tudo nos EUA. E também noutros lugares. A partir de 1964, "as coisas tornam-se mais fáceis", escreveu Walters. Até a intimidade com Castello Branco. E é assim que, na noite de 13 de março, quando o Brasil inteiro acompanhava o "comício das reformas" e uma extensa maré humana enchia a Avenida Presidente Vargas, no Rio, o adido militar dos Estados Unidos estava na casa do chefe do Estado-Maior do Exército do Brasil, à frente do aparelho televisor, mudos os dois ao verem tudo aquilo. É o próprio Walters quem conta, à página 347 do seu livro:

Nessa época, eu frequentava a casa de Castello Branco e conversávamos a respeito da China, da URSS, dos Estados Unidos ou da Europa, raramente a respeito da situação brasileira. Na noite de 13 de março de 1964, eu me encontrava em sua residência, assistindo pela televisão ao comício que Goulart realizava em frente ao Ministério da Guerra. Por toda parte se viam os emblemas com a foice e o martelo. O tom dos discursos era inflamado. Castello Branco desligou a televisão e disse com ar grave:
— Este homem, quando terminar seu mandato, não vai passar o governo.
Tal comentário foi o mais direto que ele me fez relativamente à situação política.

Nem João Goulart ou Brizola e Arraes, nem algum dos oradores do comício – do estudante José Serra aos dirigentes sindicais Clodsmith Riani e Hércules Correa –, nenhum deles sequer insinuara a continuidade do mandato do presidente da República. Mas o comentário do chefe do Estado-Maior do Exército – "este homem, ao terminar o mandato, não vai passar o governo" – repetia o que o IPÊS propalava entre o empresariado, que era, também, o que o embaixador Gordon dizia nos informes a Washington. Não era o discurso de Jango que transmitia tal ideia, mas – sim – a própria ideia que a oposição espalhava sobre o "continuísmo" de Jango à frente do governo.

Mas, em 1964, as coisas passavam "a ser mais fáceis", como escreveu Walters. O embaixador Gordon fora tão ativo e pressionou tanto que logrou impedir que Jango assinasse o decreto de regulamentação da lei de remessa de lucros (das empresas estrangeiras) no final de dezembro de 1963, como previsto. Em minha coluna nos jornais *Última Hora*, eu antecipara que seria "o presente de Natal aos brasileiros", mas acabei desmentido pela pertinácia de Gordon. Três dias antes do 25 de dezembro, porém, ao acionar a chave que ligou a hidrelétrica de Paulo Afonso à cidade de Natal e a quase todo o Rio Grande do Norte, o presidente anunciou um "presentinho": vai nacionalizar os serviços de distribuição de eletricidade no país. As concessionárias estrangeiras já não produziam praticamente nada, apenas distribuíam a energia gerada pelo estado. No Rio, a poderosa Light anunciava novos racionamentos de eletricidade, sem importar-se em gerar energia.

O "presentinho" irritou o embaixador. Todo ato que contrariasse eventuais interesses de empresas norte-americanas o inquietava, aumentando as desconfianças com relação ao governo de Jango. E, assim, facilitava o caminho para terminar de convencer Washington de que a derrubada era a única saída.

– 8 –

A 3 de janeiro de 1964, o coronel Vernon Walters completou 47 anos e festejou a data com a mãe em casa primeiro e logo na embaixada. Noutros lugares do Brasil, também os comunistas fizeram festa: naquele mesmo dia, Luiz Carlos Prestes completava 66 anos.

A 24 de janeiro, finalmente apareceu o atrasado "presente de Natal". No austero Palácio Rio Negro, em Petrópolis, Jango assina o decreto regulamentando a lei de remessa de lucros, aprovada pelo Congresso em setembro de 1962. Sem a regulamentação, até então tinha sido lei inerte, apenas um punhado de letras num papel.

A partir daí, tudo para o embaixador e para a embaixada "tornou-se mais fácil", como descreverá Walters anos depois. Os planos de desestabilização do governo brasileiro ganham a hierarquia de "urgentes". Para o presidente Lyndon Johnson, passa a existir mais um motivo relevante e concreto para executar "a ação militar" que o embaixador propôs a seu antecessor na Casa Branca.

– 9 –

Em Washington, desde dezembro de 1963 está pronto o *Contingency Plan*, um documento secreto que organiza em minúcias todos os passos para um golpe militar no Brasil. A última versão foi aprovada, aparentemente, no início de novembro, ainda com Kennedy vivo. Ali estão todas as alternativas e conjecturas militares e diplomáticas a serem utilizadas e postas em prática pelos

EUA num eventual golpe de Estado, tanto de iniciativa do próprio presidente João Goulart para manter-se no poder, quanto para derrubá-lo. No caso da derrubada, o plano é ainda mais minucioso e prevê as linhas gerais de eventual participação (ou ajuda) militar dos Estados Unidos no golpe. Chega, inclusive, a prever a possibilidade de o governo comunista da distante União Soviética deslocar tropas militares em ajuda ao governo brasileiro. A hipótese é totalmente absurda em termos concretos, tanto por razões geopolíticas quanto geográficas ou militares. Obedece, no entanto, ao raciocínio usual nos planos de Estado-Maior militar de atender a todas as possibilidades, até as mais inesperadas ou extravagantes, tidas como impossíveis.

Por outro lado, preocupado com a repercussão na opinião pública dos EUA, o *Contingency Plan* organiza os passos a serem dados pelos golpistas (no Brasil) a fim de obterem fácil reconhecimento por parte do governo norte-americano, sem que o golpe soe como um golpe tradicional e antidemocrático. O primeiro: um Estado brasileiro deve declarar-se em rebelião militar e buscar reconhecimento internacional. O segundo: o novo presidente, a substituir João Goulart, deve ostentar alguma forma de legitimidade, sendo escolhido numa ordem de precedência compatível com a lei brasileira.

Em suma e em outras palavras: o golpe de força, contra o sistema constitucional democrático, deve ter cara de democrático, destinado a evitar a implantação de uma ditadura comunista!

– 10 –

Há muito, a conspiração que levará ao golpe tem conspiradores, está organizada, tem ramificações em pontos distintos e distantes do país. Agora, desde janeiro de 1964, já tem um "chefe" que aceitou a chefia e se prepara para exercê-la: o general Humberto Castello Branco, chefe do Estado-Maior do Exército. Mas isso não lhe basta para comandar, pois tem um obstáculo a resolver antes de tudo. Suas antigas desavenças com o general Amaury

Kruel, comandante do poderoso II Exército, com sede em São Paulo, podem levar a rebelião ao fracasso absoluto. Com o apoio ou neutralidade de Kruel, o golpe terá êxito assegurado. Com Kruel a favor de Jango, tudo se complica.

Ao longo de 1963, quando ministro da Guerra, Kruel foi atacado violentamente por Leonel Brizola, que sobre ele lançou a suspeita de "corrupto" no caso dos pagamentos à norte-americana American and Foreign Power. E isso pode ajudar a cooptá-lo, pois é conservador e anticomunista. Mas Kruel é, também, compadre de Jango e a ele ligado pessoalmente!

O problema maior, porém, é a rusga entre Kruel e Castello. Ainda capitães, desentenderam-se durante a Segunda Guerra Mundial, na Itália. Eram muito jovens e Castello admite que foi o culpado naquela tarde em que discutiram e, nervoso, disse algo que Kruel nunca perdoou:

– Você é um alemão! Saia daqui e vá lá para o lado inimigo!

Daí nasceu a inimizade. Kruel tomou a ofensa como se o qualificassem de "nazista" só por ser filho de imigrantes alemães.

– 11 –

Os conspiradores sabem que o comandante do II Exército, em São Paulo, tem que, no mínimo, ser neutro para que o golpe contra Jango triunfe. Kruel, porém, jamais será neutro frente a um movimento comandado por Castello, que há muito é seu "inimigo". Ou, como dizem no Exército: onde um estiver, o outro estará do lado contrário.

Mas Vernon Walters, o mais íntimo amigo de Castello, também é amigo de Kruel e aumenta a frequência das viagens a São Paulo ou o convida a recepções na embaixada e a almoços com o embaixador. Kruel é o único general brasileiro que conhece a Base Militar de Offutt, nos EUA, e o silo subterrâneo do míssil intercontinental, a mais poderosa arma do planeta. Na ocasião, em abril de 1962, acompanhava o presidente Goulart, é verdade, mas muita coisa mudou desde então.

E o adido militar dos EUA no Brasil lentamente promove a reconciliação entre os dois desafetos. Na primeira semana de janeiro de 1964, Walters informa em mensagem a Washington: um almoço íntimo na residência do general Costa e Silva selou a reconciliação entre Castello Branco e Amaury Kruel.

O caminho militar para o golpe está aberto, definitivamente.

Capítulo VIII
O comício e o começo

– 1 –

Dizer que o comício foi o começo é um belo jogo de palavras que, no entanto, oculta a realidade. O ano de 1964 já se iniciou agitado e, nele, março foi turbulento. A tempestade armou-se pouco a pouco, como as da meteorologia, com trovoadas audíveis e sinais invisíveis, e tão só desembocou nesse mês em que tudo foi rápido, numa celeridade imprevista, que ambos os lados sequer conseguiam controlar. Em quem avançava, um acontecimento desencadeava outro. Em quem (como defesa) recuava, cada acontecimento levava a outro recuo.

Em janeiro, o decreto regulamentando a lei de remessa de lucros foi o primeiro indício de que Jango queria mostrar que governava: a Casa Civil da Presidência desdenhou todas as sugestões do embaixador Gordon em torno do decreto e compôs um texto novo, que o presidente assinou. Nesses dias, a violência rural no Nordeste mostra o rosto no engenho de açúcar Mali, na Paraíba, onde dez trabalhadores são mortos ao reclamarem pagamento de salários. Em fevereiro, em Belo Horizonte, arruaças de rua com quebra-quebras, tiros e gás lacrimogêneo impedem que Leonel Brizola fale num comício da Frente de Mobilização Popular pelas reformas. A contrapartida, em 13 de março, é grandiosa: o "comício pelas reformas", na estação Central do Brasil, no Rio, mobiliza sindicatos e a esquerda pelo país inteiro. Dois dias depois, em 15 março, a mensagem do presidente da República ao Congresso deixa de ser mera formalidade no início dos trabalhos legislativos e passa a ser uma declaração de princípios ou um programa de governo a curto prazo:

> Permito-me encarecer, mais uma vez, ao Congresso Nacional, a necessidade imperiosa de atendermos aos anseios e reclamos da Nação pelas Reformas de Base. No cumprimento desta missão de paz, coloco diante dos nobres representantes do povo, para sua alta apreciação, o corpo de princípios que se me afiguram como caminho brasileiro do desenvolvimento pacífico e da maturidade da nossa democracia.

A leitura da mensagem, em sessão solene do Congresso, gerou protestos da direita parlamentar, que acusou o presidente da República de "tentar um golpe para permanecer no poder".

– 2 –

Redigida pelo chefe da Casa Civil, Darcy Ribeiro, a mensagem sugeria reformas na Constituição e anunciava o envio de projetos de lei ao Congresso para levar a cabo as reformas de base. Sugeria abolir o impedimento de reeleição para cargos do Executivo (presidente, governadores e prefeitos) e apontava como "imprescindível" reformar a Constituição para "condicionar o uso da propriedade da terra ao bem-estar social". Ademais, sugeria, ou pedia, em síntese: 1) permitir desapropriações de terras, para fins de reforma agrária, pagáveis em títulos da dívida pública; 2) suprimir a cátedra vitalícia e iniciar a reforma universitária; 3) dar direito de voto aos analfabetos e aos praças das Forças Armadas e de segurança pública; 4) abolir as proscrições ideológicas e permitir que todas as correntes se organizassem como partidos políticos, com o que abria caminho à legalização do Partido Comunista.

A mensagem de Jango era política e socialmente avançada, mas sem tato, totalmente inoportuna e inadequada para um governo cuja escassa maioria no Parlamento era, em parte, mantida por favores a políticos regionais. A sugestão de reeleição do presidente da República e governadores deu à oposição o pretexto que procurava há tempos: "Jango queria se manter no poder, reeleger-se".

– 3 –

No dia 19 de março em São Paulo, o padre norte-americano James Peyton organiza a *Marcha da Família com Deus pela Liberdade*, num desafio marcadamente de direita, que o governo paulista patrocina. No dia seguinte, o general Castello Branco, em "carta circular interna" como chefe do Estado-Maior do Exército, afirma que "os meios militares, nacionais e permanentes não estão instituídos para declarar solidariedade a este ou aquele poder [...] nem para defender programas de governo". O documento é visto como aberta posição contra Jango, mas se limita aos quartéis.

A 22 de março o embaixador Gordon retorna de Washington ao Rio e recomeça o envio de longas e frenéticas "mensagens secretas" aos EUA sobre "o crescente domínio do governo pelos comunistas" que só uma ação militar contra Goulart pode impedir. Nas mensagens, marca o ritmo da conspiração e define os seus passos. Com base em fatos reais distorcidos, aumentados ou interpretados maldosa e erroneamente, pede aos EUA providências concretas para ajudar na execução do golpe, a começar pelo envio de armas e petróleo aos conspiradores e da própria esquadra à costa do Brasil, pois "o país marcha rapidamente rumo ao comunismo".

No dia 26, em telex a Washington, diz que a circular de Castello como chefe do Estado-Maior do Exército "é anticomunista e, obviamente, contra Goulart" e significa que o general concordou em comandar a conspiração entre os militares, "jogando seu prestígio contra Goulart, num desafio direto". Informa, ainda, que o governador de São Paulo, Adhemar de Barros, "e chefes militares democratas se esforçam para obter a adesão de Kruel à oposição". E conclui que "todos esses acontecimentos são encorajadores e mostram uma liderança melhor e nova na organização do grupo militar". No dia anterior, 25 de março, Gordon tinha enviado aflita mensagem informando que os próximos atos de Goulart na área econômica são "nuvens sombrias pairando sobre os interesses dos EUA no Brasil".

A 27 de março, em extensas mensagens "ultrassecretas", confirma que Castello Branco "aceitou a liderança das forças que resistirão ao golpe de Goulart ou a uma tomada do poder pelos comunistas" e que "Cordeiro de Farias abriu mão formalmente da liderança militar". Esclarece, porém, que "os conspiradores não parecem prontos a entrar em ação agora", mesmo que "os passos do governo em direção à extrema esquerda estejam aumentando em velocidade", dentro do que ele chama de "a tática de Goulart de dar um passo atrás e dois para frente".

– 4 –

O segundo memorando pessoal de 27 de março, enviado a Richard Helms, diretor de Operações da CIA, é tão "ultrassecreto" e apavorante que Gordon anota ao início os únicos doze outros nomes que devem receber cópias e adverte: "Distribuição adicional, só com autorização dos já mencionados":

> Após voltar ao Rio em 22 de março, examinei a situação brasileira com o auxílio de importantes figuras civis e militares [...] Minha conclusão é que Goulart se acha definitivamente envolvido numa campanha para obter poderes ditatoriais, aceitando para isso a colaboração do Partido Comunista Brasileiro e de outros revolucionários da esquerda radical. Se tiver êxito, é provável que o Brasil fique sob controle comunista, mesmo que Goulart se volte contra seus defensores comunistas e adote o modelo peronista, que acho ser o do seu gosto pessoal.

Numa fantasiosa invencionice sobre a situação da liberdade de informação no Brasil, escreve que "o governo vem submetendo estações de rádio e televisão a uma censura parcial e fazendo ameaças pouco veladas à imprensa de oposição". Nem os jornais que combatiam o governo em todas as páginas (dos editoriais às notícias), como *O Estado de S. Paulo, Folha, O Globo, Jornal do*

Brasil e *Correio da Manhã*, do Rio, jamais tinham ousado inventar algo assim! Logo, Gordon faz um balanço numérico:

> Goulart e seus aliados comunistas representam uma pequena minoria – só de 15% a 20% do povo ou do Congresso – mas assumiram o controle de áreas estratégicas, como a Petrobras, os Correios e Telégrafos, ferrovias, portos, Marinha Mercante etc. [...] Nas Forças Armadas há certo número de oficiais da extrema esquerda que foram promovidos por Goulart, mas a grande maioria se compõe de anticomunistas, havendo ainda uma modesta minoria de direitistas há muito favoráveis a um golpe.

Lembra que avaliou com o secretário de Estado Dean Rusk, ainda em Washington, em 21 de março, "o poder das forças de resistência [a Goulart] e as circunstâncias de uma confrontação interna definitiva" que, devido à divisão interna nas Forças Armadas, desembocará em uma guerra civil e se agravará "pelas abundantes armas em poder dos civis nos dois lados". Aponta os governadores comprometidos com o movimento – Adhemar de Barros, de São Paulo, Ildo Meneghetti, do Rio Grande do Sul, Ney Braga, do Paraná, acrescentando: "E, para minha surpresa, Magalhães Pinto, de Minas Gerais".

A longa mensagem ultrassecreta de Gordon é, de fato, um plano concreto para a participação dos EUA numa ação militar para a derrubada do governo brasileiro, como consequência direta da aceitação do comando golpista por parte de Castello Branco: "Ao contrário dos muitos grupos golpistas anti-Goulart que nos procuraram nos últimos dois anos e meio, o movimento de Castello Branco tem amplo apoio e liderança competente", escreve, frisando que o apoio dos EUA "evitará um grande desastre que pode transformar o Brasil na China dos anos 1960".

A comparação do Brasil com a China, não com Cuba (como fazia Gordon até então), era ideia usual de Walters e é um indício de que o adido militar é o autor do plano e da mensagem enviados a Washington. E para não haver dúvida de que Castello Branco "é o homem", o embaixador recorda que "os secretários Rusk e

Mann podem notar que Alberto Byington está trabalhando com este grupo".

Surge, assim, um civil até aqui praticamente oculto nos preparativos do golpe, uma espécie de avalista dos conspiradores brasileiros junto ao governo dos EUA: filho de norte-americanos, o industrial Alberto Byington usou suas usinas termelétricas em distintos pontos de São Paulo para disfarçar falsas importações de óleo diesel destinado aos golpistas. Hoje é nome de avenida na capital paulista.

– 5 –

O item 12 da longa mensagem ultrassecreta fala do envio de armas para os conspiradores com tanta naturalidade que só pode significar que tudo fora previamente acertado pelo embaixador em Washington:

> Mesmo tendo a força que tem nas Forças Armadas, o grupo está preocupado com as armas e com possível sabotagem no abastecimento de petróleo. Na próxima semana, o general Cintra, braço direito de Castello Branco, informará ao adido militar sobre as armas necessárias. As necessidades incluem combustível marítimo, que Byington está buscando junto com gasolina de aviação e para veículos terrestres.

O item 13 do plano chama a atenção para "a absoluta incerteza" quanto à data do golpe, à espera "de um eventual incidente que funcione como gatilho", mas mesmo assim recomenda duas medidas urgentes: A) preparar uma entrega clandestina de armas fabricadas fora dos EUA ao grupo de Castello Branco em São Paulo; B) deixar disponíveis grandes quantidades de petróleo, a granel ou em tonéis, evitando identificar a procedência, "com entregas programadas para a eclosão efetiva das hostilidades".

Além da ação militar em si, o plano tem um toque de fantasia ou delírio: "A melhor forma de entrega das armas nos parece ser por submarinos sem identificação" acrescenta a mensagem, "a serem descarregadas à noite em pontos isolados do litoral do Estado de São Paulo, ao sul de Santos, provavelmente próximo a Iguape ou Cananeia".

O romanesco envio de armas por submarinos "sem identificação" só não foi levado adiante em Washington porque McGeorge Bundy, assessor de Segurança Nacional da Casa Branca, o considerou "excêntrico" e dispendioso. Exigiria um número enorme de submarinos ou intermináveis viagens, pois cada nave não poderia levar mais do que quarenta ou cinquenta armas longas. A ideia mostrava que Walters era um oficial de espionagem mais do que de combate, que cultivava segredos mais do que praticidade. O general Cintra e seus "amigos brasileiros" (que devem ter sugerido Iguape ou Cananeia) pareciam seguir a mesma linha rocambolesca.

– 6 –

"O abastecimento de armas e de petróleo aos conspiradores", diz o embaixador no item 14, textualmente, "pode ser suficiente para garantir a vitória às forças amigas sem qualquer participação logística ou militar aberta dos EUA". Mas, nesse caso, a vitória deverá ser "protegida politicamente" pelo pronto reconhecimento do novo governo "como governo legítimo por parte dos EUA".

No entanto, uma eventual "intervenção militar aberta" dos EUA no Brasil não deve ser descartada: "Devemos nos preparar, também sem demora, para a contingência de intervenção aberta, necessária num segundo momento, e também para a possibilidade de ação soviética para apoiar o lado com inclinações comunistas", adverte a mensagem, já apontando algumas indicações concretas.

"Para minimizar as possibilidades de uma guerra civil prolongada e garantir a adesão de muitos vira-casacas, poderia ser crucial demonstrar comprometimento e alguma demonstração de força com grande velocidade", assinala para, de imediato, entrar no assunto principal do "comprometimento": o deslocamento da esquadra naval dos EUA em apoio aos golpistas.

"Para isso e em consonância com as conversas de 21 de março em Washington", lembra a mensagem, "uma possibilidade é o deslocamento antecipado de uma força-tarefa naval para realizar manobras no Atlântico Sul, trazendo-a a até alguns dias de distância a navio de Santos". A simples leitura da mensagem mostra que o plano vai muito além de uma exibição de força por parte da esquadra, com manobras navais para intimidação, em que os jatos supersônicos do porta-aviões sobrevoariam a costa brasileira, observados a olho nu por quem estivesse em terra. Como se isso não bastasse, o plano prevê, até mesmo, o desembarque de fuzileiros navais dos EUA em território brasileiro, já esboçado no planejamento do Comando em Chefe para o Sul do Brasil, dependente do Comando em Chefe do Atlântico Sul, com sede na *US Zone* do Canal do Panamá:

> As fontes da operação logística devem estar de acordo com os requisitos especificados no plano do Comando em Chefe para o Sul do Brasil (*USSCITFP-Brazil*) revisado aqui em 9 de março. Porta-aviões exerceriam importante efeito psicológico. O contingente de fuzileiros poderia realizar tarefas logísticas de segurança, segundo o plano do Comando em chefe do Sul. Serão bem-vindos, o quanto antes, pareceres a esse respeito ou métodos alternativos para o cumprimento dos objetivos descritos acima.

Cada ponto das mensagens do embaixador revela detalhes novos da participação dos EUA no golpe de 1964, que os segredos de dezenas de anos protegeram e os próprios conspiradores brasileiros jamais souberam ou imaginaram. Apenas a cúpula dos "conspiradores castellistas" os conhecia, pelo menos em linhas gerais. E o governador de Minas (em quem Gordon só passou a confiar no final de março) deve ter sabido, apenas, que os EUA o apoiariam, mas sem minúcias.

Aparece, por exemplo, o *USSCITFP-Brazil*, ou Comando em Chefe Sul para o Brasil (em verdade uma "força-tarefa", como mostra a extensa sigla), subordinado ao *USSSOUTHCOM*, o poderoso Comando em Chefe Sul das Forças Conjuntas dos Estados Unidos.

Mais do que um grupo à espera de ordens, o Comando em Chefe para o Brasil já tinha pronto um plano de ação, que o adido militar Walters revisou em 9 de março, no Rio de Janeiro, como recorda a própria mensagem do embaixador. Assim, o planejamento deve ter sido elaborado pelo Pentágono, em Washington, no mês de fevereiro.

Tudo já estava em pleno andamento, portanto, muito antes do "comício das reformas", da sexta-feira 13 de março de 1964.

– 7 –

"Porta-aviões exerceriam importante efeito psicológico", lembra a mensagem, sem detalhes, como a significar que isso fora previamente acertado, sem necessidade de recomendar, muito menos de explicar. O "importante efeito psicológico" era, em si, a aceitação tácita do que já constava no planejamento vindo do Pentágono que – repito – Walters revisou "aqui", no Rio, a 9 de março, como diz a mensagem. Por outra parte, "o contingente de fuzileiros poderia realizar tarefas logísticas de segurança segundo o plano do Comando em Chefe do Sul", diz a mensagem, sem detalhes, já que os detalhes estavam no plano do comando em chefe, e não cabia discuti-los.

Essas "tarefas logísticas de segurança" só podiam destinar-se a resguardar a segurança dos golpistas e já havia um pretexto – os fuzileiros desembarcariam para proteger os "cidadãos norte-americanos" e ajudar em que fossem evacuados durante a "guerra civil" prevista para o Brasil. O embaixador destaca, porém: "Reconhecemos o problema gerado pela incerteza quanto à duração da necessidade da presença dessas forças na região".

O embaixador afirma que "a violência está prestes a se tornar epidêmica", com invasões de terras, confrontos de rua "entre rivais comunistas e democráticos" ou greves gerais. E que a situação se agravará pela ideia de Goulart de "realizar reformas básicas até 24 de agosto, 10º aniversário do suicídio de Vargas". Em tom aterrador, acrescenta: "Existe o perigo real de irrupção de guerra civil a qualquer momento. O único sinal convincente disso seria a eliminação de extremistas militares e civis da guarda palaciana".

(*Numa "guerra civil", a "eliminação" dos militares e civis da "guarda palaciana" pode significar outra coisa que a eliminação física dos próximos ao presidente?*)

Gordon informa que está "usando os recursos disponíveis para fortalecer as forças contra Goulart" e explica:

> Esses recursos incluem o apoio secreto a manifestações de rua, como a próxima grande, a 2 de abril aqui no Rio e outras; a passagem discreta de informações de que o governo dos EUA está profundamente preocupado e o estímulo aos sentimentos democráticos e anticomunistas no Congresso, nas Forças Armadas, nos grupos amigos de trabalhadores e estudantes, nas igrejas e nos negócios privados. Talvez venhamos a requerer modestos fundos suplementares para outros programas de ação secreta no futuro próximo.

Sugere ainda que o governo dos EUA declare publicamente sua preocupação "com os relatórios da deterioração econômica e da instabilidade política no Brasil" e, ao concluir, frisa:

> Esta mensagem não é uma reação alarmista ou assustada a qualquer episódio, mas reflete conclusões com base numa longa cadeia de ações e informações de inteligência que nos convencem de que há, no Brasil, um perigo real e imediato que pode levar essa imensa nação para o campo comunista.

Gordon desconhece ainda a data do golpe, mas pede pressa. Se o Brasil fosse um país de menor importância estratégica para os EUA, "poderíamos sugerir um maior período de espera vigilante e os brasileiros tratariam do problema". Mas, no entanto, afirma o embaixador:

> [...] o poder de Goulart é tão grande que nosso apoio manifesto, mesmo a um custo considerável, é essencial para manter a determinação da resistência brasileira. [...] Não se pode perder tempo com preparação para essa ação. A alternativa de arriscar um Brasil

comunista é inaceitável, implicando custos finais potencialmente muito maiores, tanto em dinheiro quanto em vidas.

O tom aterrorizador de Gordon está apenas começando. As mensagens seguintes levarão ainda mais pavor e insegurança a Washington.

– 8 –

Dois dias depois, a 29 de março, pleno domingo de Páscoa, outro longo telex ultrassecreto do embaixador: "Desde a mensagem que enviei na sexta-feira, os efeitos da crise na Marinha pioraram substancialmente a situação geral e encurtaram os fatores de tempo", adverte na frase inicial. Inventa que o novo ministro "foi indicado pelos comunistas" e traça um quadro alarmante da situação política:

> A pior característica do episódio é que os movimentos táticos do palácio foram dirigidos, hora a hora, por um grupo organizado composto principalmente por comunistas. Um grupo de esquerda que agora fala abertamente em 'limpar o Exército'. As forças de resistência [contra Goulart], tanto militar quanto civil, buscam se recuperar do inesperado revés e conversam intensamente sobre futuros cursos de ação.

Informa, no entanto, que ainda não pode precisar as ações a serem ordenadas em Washington:

> Não obtive qualquer contato direto com os conspiradores militares. Minha avaliação definitiva é que o 'Arma' deve continuar com os contatos de inteligência, para os quais é especialmente qualificado, mas que quaisquer contatos operacionais devem se tornar de responsabilidade de ...

O nome aparece sob censura na documentação liberada ao público nos EUA, mas tudo indica que se refira ao general Ulhoa Cintra, que serve de ponte entre Castello e o 'Arma', o adido militar.

Num tom de pavor crescente, diz que o anterior pedido de armas para os conspiradores pode multiplicar-se, pois seriam usadas "por unidades paramilitares trabalhando com grupos militares democráticos, ou por militares amigos contra militares hostis, se necessário". (Hoje, meio século depois, é fácil identificar as "unidades paramilitares" que pediam armas: os grupos de jovens do CCC, que treinavam tiro ao alvo nos clubes elegantes de São Paulo entre 1962 e 1963 e depois se espalharam pelo país).

O embaixador não pede apenas pressa, mas sugere que os EUA demonstrem força para que os revoltosos já comecem com vitórias e, com ironia, explica por que:

> Considerando a predileção dos brasileiros de se unir a causas vitoriosas, o sucesso inicial poderia ser chave e para este lado penderiam muitas forças indecisas e, portanto, chave para uma vitória rápida e com o mínimo de violência. O risco de que, no futuro, atribuam ao governo dos EUA a execução de uma operação secreta, nos parece menor se a operação for conduzida com habilidade, tendo em mente que muitas coisas que não fazemos nos são regularmente atribuídas.

O embaixador sabe que alguns assessores do presidente Johnson hesitam, temendo pelas consequências e pela repercussão negativa (na própria opinião pública interna) de uma ação militar dos EUA no Brasil. Por isso, frisa que "em situações de guerra civil" demonstrar força é determinante para a vitória inicial e dá um tom dramático e pungente aos seus pontos de vista:

> Compreendo bem o quão grave é uma decisão decorrente da contingência de nos comprometermos com uma intervenção militar declarada. Mas também devemos considerar seriamente a alternativa possível – que não estou prevendo, mas posso imaginar – do perigo real de derrota da resistência democrática e a comunização do Brasil. Não tínhamos a intenção de pensar em fazer operações navais secretas, e manobras abertas no Atlântico Sul poderiam ter uma influência saudável.

Com fantasias assim – "o Brasil nas mãos do inimigo comunista e a Rússia Soviética intervindo até, em ajuda ao governo" – quem poderia questionar as propostas de Lincoln Gordon em Washington?

Os termos finais da mensagem reiteram que o governo dos EUA deve dar "uma indicação clara de que não está indiferente ao perigo de uma revolução comunista no Brasil". Gordon quer uma declaração clara "mas expressa em termos que não possam ser abertamente refutados por Goulart como uma intervenção indevida". Informa que está cancelando a viagem programada a Alagoas e à Bahia e conclui, num tom de advertência e conselho: "Uma ação precoce obteria os resultados ideais!".

– 9 –

Sim, uma "ação precoce", antes do tempo, pois o escritório da embaixada em Brasília informa que "há consenso dos líderes contrários ao presidente no Congresso de que será impossível, agora, conseguir maioria absoluta para um *impeachment* de Goulart". Tudo está nas mãos dos conspiradores, agora sob o comando de Castello Branco, "um oficial competente, discreto, honesto e respeitado", como Gordon escreveu num informe a Washington.

De agora em diante, o embaixador está empenhado em ajudar a preparar a grande *Marcha da Família com Deus pela Liberdade*, dia 2 de abril, no Rio. Deve superar a de São Paulo e ser a catapulta do movimento contra Goulart na opinião pública carioca. Só então, os conspiradores devem começar a pensar em datas para deflagrar o movimento. Talvez maio. Ou já em fins de abril, talvez.

– 10 –

O conturbado mês de março está por esvair-se. Na manhã do dia 30, o país inteiro se surpreende ao saber que o governador de Minas mobilizou o Estado numa "operação de guerra", com apoio de forças do Exército em Belo Horizonte e de Juiz de Fora, sede das maiores unidades. Em Brasília, até a bancada parlamentar mineira desconhece aonde o governador quer chegar.

No edifício do Congresso, nem os telefonemas a Minas deciframento o que seja a rebelião. Mais do que os políticos, os poucos diplomatas estrangeiros da capital estão ansiosos, especialmente os norte-americanos. O escritório dos EUA em Brasília tem sempre, pelo menos, dois ativos diplomatas circulando pelo Congresso, além do próprio chefe da representação, Robert Dean. Neste 30 de março (e dias seguintes) todos andam por lá, afáveis e solícitos como sempre. Harry Weiner "cobre" a área política do governo e o jovem e simpático Robert Bentley, ou simplesmente *Bob*, a da oposição, e nesse dia estão ansiosos por saber como Jango reagirá.

Agora, cinquenta anos depois, os documentos sobre o golpe militar, liberados nos EUA, mostram a precisão com que trabalharam os diplomatas, cumprindo o que lhes pedia o embaixador ou o Departamento de Estado diretamente. Só informações concretas podiam guiar o governo dos EUA para ativar o *Contingency Plan* e saber se devia enviar a esquadra naval ao Brasil em apoio aos revoltosos, comandados por um general que não era aquele que o embaixador apontava como o chefe dos conspiradores. Se Jango não fosse resistir, por que deslocar a frota? Ao resistir (como previam todos), a luta deveria ser longa e os navios chegariam à costa do Brasil. Há muito, o deslocamento tinha, até, um nome-código – *Operação Brother Sam* – com tudo previsto. Do futuro comandante e tripulantes, dos navios, armas e porta-aviões aos barcos-tanque com petróleo para abastecer os rebeldes em terra. Ansioso por saber como deveria agir, na tarde de 30 de março o Departamento de Estado envia mensagem urgente à embaixada no Rio e Brasília e a todos os consulados em território brasileiro:

> Informem diretamente a Washington, e repitam para a embaixada, todos os passos e desenvolvimentos significativos em relação à resistência militar ou política ao regime de Goulart. Todos os postos devem manter-se em alerta para estes acontecimentos durante as 24 horas.

– 11 –

É exatamente por isso que, em mensagem catalogada como "secreta" e expedida do escritório da embaixada em Brasília às

Primeira parte

18h58 de 30 de março de 1964, Robert Dean responde diretamente ao Departamento de Estado, em Washington:

> Novos contatos com congressistas e jornalistas, inclusive Castello Branco, do *Jornal do Brasil*, Benedito Coutinho, de *O Cruzeiro*, e Flávio Tavares, da *Última Hora*, indicam que a "revolta" em Minas Gerais não foi além da formação do governo do Estado por Magalhães Pinto com partidos anteriormente da oposição e a divulgação de um manifesto proclamando a intenção de resistir a qualquer golpe. Portanto, a ação militar é encarada mais em tempo de condicional do que a princípio parecia ser o caso. Não obstante, todos os contatos daqui consideram crítica a situação. O Congresso continua reunido em meio a considerável tensão, mas ainda não houve menção no plenário dessas notícias. Dean (Cópias para Casa Branca, CIA, Estado-Maior Conjunto, Secretário de Defesa, Comando em Chefe Sul)

Antes dos próprios brasileiros, a Casa Branca e a CIA tinham sabido da rebelião de Minas e precisavam conhecer sua profundidade. Dez dias antes, o embaixador Gordon já deixara tudo preparado em Washington. Ao regressar ao Rio, voltara a insistir sobre o perigo. Agora, a Casa Branca, o Departamento de Estado, o Pentágono, a CIA precisavam saber com urgência e precisão se aquilo de Minas era só um ensaio ou era mesmo para valer, pois tinham de agir, se fosse para valer.

E agir dando ordens rápidas: movimentar a esquadra, como estava previsto, combinado e acertado, há muito. Pensar, até, num desembarque de tropas, se necessário.

Capítulo IX

A queda

– 1 –

O golpe em si, como golpe mesmo, se concretizou como uma sinfonia macabra, em quatro movimentos, ou quatro compassos, em que cada um conduz ao outro, até chegar ao final, síntese de todos. Primeiro movimento: Juiz de Fora. Segundo: Rio de Janeiro. Terceiro: Brasília. Quarto e final: Porto Alegre. Como conclusão de tudo, a apoteose em pleno oceano. À distância, lá longe, no estrangeiro, onde vão confluir todos os movimentos para surgir o "gran final", como nas óperas. E, aí, a síntese de tudo fará entender todos os movimentos.

Primeiro movimento: em Juiz de Fora, o general Mourão decidiu fazer o que planejava há muito e, nesse final de março, a crise na Marinha servia como fagulha que acende o estopim e detona tudo. Em maio passaria a ser "um general de pijama", reformado, sem farda nem tropa ou tanques, e não tinha nada a perder. Ele era o chefe militar de Minas e tinha decidido:

– Vou sair, botar a tropa na rua!

Lá em Belo Horizonte, o governador, chefe político, queria também e concordou. E o general Carlos Luiz Guedes, na capital estadual, deu a ideia sobre o momento adequado:

– Dia 30 de março saímos. Se começarmos depois, não dá certo, pois será lua minguante, quando tudo míngua – argumentou como advertência. (Guedes vai contar isso aos jornais pouco depois, para mostrar a força do horóscopo...).

E os dois generais "saíram", como diz o jargão militar. Em Belo Horizonte, o governador tinha constituído um "governo amplo", de nível nacional, em condições de ser reconhecido como "governo beligerante", uma possibilidade que seu novo "secretário do Exterior", Afonso Arinos, lhe antecipara. Só então, o embaixador Gordon convenceu-se, definitivamente, de que Magalhães Pinto tinha rompido com Jango. Washington não dava maior importância a Mourão nem a seus projetos, mas conhecia detalhes de outros planos, urdidos à sombra da Escola Superior de Guerra por Cordeiro de Farias e Castello Branco. E, assim, o embaixador se assustou. Acreditou na rebelião de Minas, mas não confiou nela.

E se acionasse o *Contingency Plan*, fazendo a esquadra dos EUA mobilizar-se pelo oceano, e aquilo fosse uma tola aventura, a ser esmagada facilmente?

– 2 –

Tampouco Castello Branco e Cordeiro confiavam "naquilo", naquela maluquice. E por não confiar (e por saber do *Contingency Plan*) tentaram fazer Mourão dar "meia-volta, volver", levando tropas e tanques outra vez ao quartel.

– Você é um cagão, Castello. Está bancando o covarde! – disse Mourão e desligou o telefone, quando o general que chefiava a "grande conspiração", a eclodir lá por fins de abril ou maio, o chamou aflito, quase em desespero. (Décadas depois, ao rememorar o episódio, Laurita Mourão me reproduziu até os trejeitos do pai com o cachimbo à mão ou à boca, suas inflexões de voz naquele instante que decidiu o "primeiro movimento" da sinfonia macabra.[44])

E Mourão foi descendo a serra aos poucos, com as tropas do general Guedes mais atrás e ainda mais lentas. Ninguém os impediu, nem sequer houve tentativas. Houve um susto, sim, um

---

44. Mais detalhes no capítulo I, número 24, deste livro. Gravei em 2010 o depoimento de Laurita Mourão para o filme *O dia que durou 21 anos*, de Camilo Tavares, que o reproduziu em parte.

enorme susto, mas só susto, quando na manhã chuvosa um aviãozinho a jato sobrevoou as tropas em voo rasante. Mas só isso e rápido, minutos ou frações.

Finalmente, pelas 22 ou 23 horas de 1º de abril, de capa de chuva sobre a farda de campanha, capacete de aço à cabeça e cachimbo à boca, Mourão chegou ao Rio. A "Operação Popeye" fora vitoriosa, sem um tiro. Só com um susto, mas sem tiros. O general vitorioso acampou com suas tropas, exaustas, no estádio do Maracanã e, logo, foi ao edifício-sede do Ministério da Guerra. Ouvira pelo rádio que Jango Goulart tinha "fugido do Rio", que a cidade estava nas mãos do governador Lacerda e que o general Costa e Silva tinha "ocupado" o edifício praticamente vazio do Ministério da Guerra e se autoproclamara "ministro". Fiel ao regulamento militar, o triunfante Mourão quis apresentar-se a um general de exército, de patente superior ao general de divisão que ele era. Mas os que estariam lá dormiam a sono solto àquela hora.

– Por fim, Costa e Silva saiu da cama. E Mourão entregou a Revolução a um general sonolento e de cuecas! – contou Laurita, a filha que tudo conheceu do pai.

E, numa exclamação, recordou:

– Era 1º de abril, o dia dos tolos!

– 3 –

Em seu livro de memórias, o próprio Mourão conta que Castello Branco (que dormia no Ministério, também) despertou-se do sono e passou por ele rápido, dizendo-lhe "boa noite" ainda mais rápido, como um desconhecido. E ao recordar-se de que, um ano antes, Costa e Silva tentara que Jango o nomeasse embaixador, Mourão soltou à imprensa, nos dias seguintes, a frase famosa:

– Sou uma vaca fardada!

E ainda sugeriu ao então senador Juscelino Kubitschek, mineiro de Diamantina como ele, que não votasse em Castello como presidente a ser escolhido pelo Congresso, e escreveu em seu 'diário': "Ele vai virar ditador!".

Tempos depois, Mourão passou à reserva. E foi nomeado para o cargo consolo de ministro do Tribunal Superior Militar.

– 4 –

O segundo movimento da sinfonia, no Rio, teve dois violinos e dois regentes de orquestra. Um dos regentes, Gordon, na embaixada dos Estados Unidos. Outro, Jango, no Palácio das Laranjeiras. E o primeiro violino do primeiro regente de orquestra (Gordon) foi também, em parte, o primeiro violino do segundo regente (Jango).

As mensagens enviadas a Washington pela embaixada dos EUA no Brasil mostram o ex-presidente Juscelino Kubitschek como um dos informantes principais de Gordon, por um lado, e de João Goulart, por outro, quase num "leva e traz" que começa, inclusive, a 29 de março de 1964. Nesse dia, Gordon informa a Washington que Juscelino visitou o general Jair Dantas Ribeiro, no hospital, e lhe disse que a crise na Marinha "o convenceu de que Goulart cedeu completamente aos esquerdistas e comunistas, sem volta atrás". Conta que Juscelino "implorou" para que permanecesse como ministro quando Jair (depois de ouvi-lo) disse que também "não está gostando do rumo das coisas", pois "Goulart parece pronto a apelar para uma ação ilegal".

Dias antes, na convenção do Partido Social Democrático (PSD) naquele turbulento março, Juscelino fora proclamado candidato a presidente da República na eleição marcada para 1965, e isso lhe dava uma autoridade acima da condição de senador por Goiás. JK não participou da articulação civil do golpe nem o apoiou publicamente, mas soube antecipadamente da sua eclosão. Seu *alter ego* político, José Maria Alkmin, foi 'ministro' da Fazenda do secretariado de 'grandes nomes' que o governador de Minas formou para funcionar como 'governo rebelde' e obter reconhecimento internacional. Alkmin e JK não tinham segredos entre si nem sequer na vida pessoal.

Na manhã de 31 de março (já com os rebeldes na estrada), o embaixador informa da situação na mensagem urgente número 2126, recebida em Washington às 13h21, e no item 4, assinala:

Kubitschek contou a Minotto, esta manhã, o seguinte: em termos práticos, a situação está decidida. Haverá um golpe bem-sucedido contra Goulart. A resistência a isto será uma greve geral durante dois ou três dias. Os trabalhadores, porém, voltarão ao trabalho quando sentirem fome. Kubitschek disse ter insistido em falar com Goulart pelo telefone. Informou-lhe que estava rompendo com ele, já que o presidente seguia um caminho que levaria a entregar o país aos comunistas.

James Minotto, alto funcionário do Senado dos EUA, especialista em América Latina, chegara ao Brasil dias antes e conheceu diferentes figuras políticas por intermédio de Gordon.

– 5 –

À noite do mesmo 31 de março, JK encontrou-se com Gordon, mostrando-se ansioso e praticamente solidário com os rebeldes. Em mensagem despachada no início da madrugada de 1º de abril à Casa Branca, ao Departamento de Estado, ao Pentágono e à CIA, o embaixador informa textualmente:

1. Estive com Kubitschek durante meia hora às 21h15 locais. Ele estava num estado de espírito totalmente diferente do comunicado por Minotto (telegrama 2126). Disse não acreditar que Magalhães Pinto ou Alkmin agissem sozinhos, mas também não podia entender por que São Paulo não tinha se movimentado.
2. Disse ter visitado Goulart a convite deste, à tarde, e o encontrara confiante. Kubitschek pediu-lhe que salvasse seu mandato fazendo uma clara rejeição ao CGT e aos comunistas, mas Goulart respondeu que isso seria um sinal de fraqueza e, se demonstrasse qualquer fraqueza, estaria perdido. Além disso, estava seguro sobre seu apoio militar e considerava a rebelião de Minas facilmente sufocável.
3. Kubitschek disse [ao embaixador] que suas próprias fontes militares discordavam da avaliação feita por Goulart sobre seu apoio militar. As próximas horas e dias são cruciais, pois, se Minas for isolada e a rebelião esmagada, Goulart estará com o caminho livre para a ditadura. Kubitschek aguardava o pronunciamento de

Adhemar, programado para a noite, pelo rádio, com grande ansiedade. Também disse que Minas não cederia facilmente e que seria necessária uma considerável luta para vencer as forças ali.
4. Discutimos também o problema da legitimação de qualquer rebelião bem-sucedida, em termos gerais, expressando Kubitschek a crença de que o Congresso ratificaria rapidamente qualquer solução militar.

As opiniões de Juscelino (contidas na mensagem catalogada no Departamento de Estado como *Incoming Telegram number 452*) reafirmavam as conjecturas e opiniões gerais de que "haveria luta longa" no Brasil. Ali aparece um Juscelino que comunga com as paranoicas teses dos rebeldes e do próprio embaixador sobre o "perigo do comunismo" e de uma "ditadura" a ser imposta por João Goulart caso os revoltosos não triunfem e o golpe não se consuma. Pouco depois, o embaixador anuncia a Washington que "Kubitschek rompeu com Goulart", antes ainda de o próprio Juscelino distribuir aos jornais e às emissoras uma rebuscada declaração que soa como clara definição a favor dos rebeldes, mas que não o compromete se os rebeldes forem derrotados:

> [...] Tenho a responsabilidade histórica de apontar onde está a legalidade que cumpre defender com coragem e sem ódios. [...] A legalidade está onde estão a disciplina e a hierarquia. Não há legalidade sem Forças Armadas íntegras e respeitadas em seus fundamentos. A legalidade exige, pois, que primeiro se restabeleçam a confiança e a paz nos quartéis, nos navios e aviões. Salvemos a paz, salvando a única legalidade possível.

(*Onze dias depois, com as punições do Ato Institucional, JK terá começado a perceber seu erro de avaliação sobre onde estava a legalidade. Tarde demais, porém. Deu ainda seu voto de senador para "legalizar" Castello Branco na presidência, mas mesmo assim teve o mandato cassado, meses depois, e viu-se forçado a sair do Brasil*).

– 6 –

No Palácio das Laranjeiras, no Rio, João Goulart, o segundo regente da sinfonia, também tem Juscelino como um de seus violinistas informantes. A essência da conversa entre ambos está na mensagem do embaixador Gordon a Washington. Além do que ali aparece, Juscelino preveniu o presidente de que "o plano de Minas" era proclamar-se em "estado de beligerância" para obter reconhecimento internacional, a começar pelos Estados Unidos. E isso complicaria a situação de Jango.

Outro mineiro, o deputado San Thiago Dantas, transmitiu a mesma opinião a Jango: Minas buscaria reconhecimento internacional, a começar pelos EUA. No entanto, nem JK nem San Thiago sabiam do *Contingency Plan* ou da disposição norte-americana de enviar a frota naval em auxílio aos rebeldes e, portanto, nunca disseram nada disso a João Goulart. Isso era um segredo que, no Brasil, só Gordon e Walters conheciam. Ninguém mais na Embaixada dos EUA sequer suspeitava.

(*Só em 1976, meses antes da morte no exílio, na Argentina, o próprio Jango foi saber da decisão norte-americana de enviar a esquadra em apoio à revolta, quando a historiadora Phillys Parker revelou os primeiros documentos da Operação Brother Sam, que havia descoberto nos arquivos do governo Lyndon Johnson, nos EUA.*)

– 7 –

Na manhã de 31 de março, um furioso editorial de primeira página do *Correio da Manhã*, do Rio, é a senha que alerta os conspiradores comandados por Castello Branco, que ainda não tinham data para se rebelar: "Basta!" é o título. "*Até que ponto e até quando o presidente da República abusará da paciência da nação?*" – pergunta-se no texto, imitando o discurso de Cícero contra Catilina no Senado romano – a "Catilinária", que passou à História como símbolo do poder violento e persuasivo da oratória e que o jornal carioca adotava em suas páginas.

A grande imprensa do Rio e São Paulo atira-se contra Jango, participando assim da revolta de Mourão. A única exceção é *Última Hora*, com edições em seis capitais estaduais, mas solitária na oposição ao golpe. No dia 1º de abril, sob ordem direta de Niomar Moniz Sodré, sua proprietária, o *Correio da Manhã* dá a senha definitiva para incorporar ao golpe os conspiradores chefiados por Castello, noutro editorial de primeira página, bem redigido e enxuto, mas numa fúria jamais vista na imprensa brasileira. O título breve já diz tudo – "Fora!". O alvo definitivo é Jango, tal qual afirma o texto: "[...] *A nação não mais suporta a permanência do sr. João Goulart à frente do governo. Chegou ao limite final a capacidade de tolerá-lo por mais tempo*".

– 8 –

No Palácio das Laranjeiras, Jango recebe a confirmação de que, em São Paulo, seu compadre, o general Amaury Kruel, aderiu à revolta. Com isso, também o governador Adhemar de Barros se pronuncia "a favor de Minas Gerais e contra o comunismo". Na manhã de 1º de abril, tudo é rápido e muda em minutos. O coronel Rui Moreira Lima, comandante da Base Aérea de Santa Cruz, no Rio, também poderia ter mudado tudo em minutos. Após vencer a tempestade e a chuva, localizou os revoltosos de Mourão na estrada e fez um voo rasante sobre eles, de segundos, com seu jatinho desarmado.

– Os soldados e oficiais abandonaram tudo, armas e tanques, e se jogaram no mato, de medo, pensando que era um bombardeio – contou-me ele, 46 anos depois, ao recordar aquela manhã em que "podia ter terminado com aquela aventura do Mourão". Herói da Segunda Guerra Mundial, com 94 missões de combate aéreo, Rui sabia como atacar sem matar ninguém: bombardearia "as posições" na estrada, à frente da tropa e atrás da tropa, vanguarda e retaguarda, tal qual fizera na Itália.[45]

---

45. Entrevista de três horas gravada para o filme *O dia que durou 21 anos*, de Camilo Tavares.

E o fazia com tanta precisão que o capitão Humberto Castello Branco o chamava de "Lince" (não Lima), pelos profundos "olhos de lince" com que, do ar, via tudo no solo. Mas o comandante da maior base aérea do país não foi autorizado a bombardear sequer "as posições" na estrada.

— E se fosse autorizado e tivesse bombardeado?" – perguntei-lhe em 2010.

— A soldadesca e os oficiais estariam correndo até hoje pelo mato. Inclusive o Mourão e o general Guedes... – respondeu-me.

(Após o golpe de 1964, o herói de guerra Rui foi excluído da Força Aérea Brasileira na primeira lista dos punidos, junto a outros 450 integrantes das Forças Armadas, entre eles generais, brigadeiros e almirantes. Sua licença de voar foi "cassada" e nem sequer pôde pilotar aviões civis durante a ditadura.)

– 9 –

Tudo é rápido e rapidamente se modifica no Rio, menos os transportes para o povo. A greve geral paralisou tudo – não há trens, ônibus nem nada. As barcas Rio-Niterói não navegam e, em terra, não há táxis. Tudo parou em protesto contra o golpe. Mas o golpe caminha. E caminha facilmente, até porque os sindicatos não têm como sequer tentar mobilizar o povo – não há transporte.

Os portos estão paralisados também. Os trabalhadores portuários são um dos bastiões da esquerda, principalmente de Jango, e o embaixador Gordon lembra isso sempre em suas mensagens a Washington. Mas no maior porto do país, Santos, o capitão da Marinha Júlio de Sá Bierrenbach, praticamente sozinho e literalmente "a grito", tomou as instalações em apoio aos revoltosos de Minas. Levava ao cinturão uma pistola e nas mãos um ofício do governador paulista nomeando-o "interventor" e, com isso, assumiu o controle e convenceu os grevistas a voltar ao trabalho. O que seria a batalha pelo porto termina com o triunfo rebelde sem um tiro.

O governador Adhemar e o general Kruel já podem dizer isso ao embaixador, que tanto insiste em ter o controle do porto. (Neste

1964 ainda ninguém sabe, e só se saberá daqui a três décadas, mas o porto é essencial para receber as armas e os navios-tanque com petróleo, que vêm dos Estados Unidos.)

Perto dali, na refinaria da Petrobras, ao perceber o triunfo do golpe, o engenheiro Víctor Medeiros do Paço reúne técnicos e operários e mostra como "paralisar tudo sem que volte a funcionar durante meses" e sem qualquer explosão. (O plano não chega a ser executado e o engenheiro de petróleo tem de se asilar na Embaixada do México, no Rio.)

– 10 –

No Rio, o brigadeiro Francisco Teixeira, comandante da III Zona Aérea, insiste em resistir, mas precisa de "ordem superior". No início da tarde de 1º de abril, o ministro da Aeronáutica reúne seus principais comandados e dá a notícia:

– Tristonho, o ministro nos informou que tudo tinha terminado. 'O presidente saiu do Rio, onde tinha nosso apoio, foi para Brasília e de lá irá a Porto Alegre. Disse que não quer derramamento de sangue e que tudo está terminado. Vamos voltar para nossos postos e entregá-los a quem nos suceda.' E assim foi feito! – recordou o então comandante da Base Aérea de Santa Cruz, Rui Moreira Lima, 46 anos depois.

A situação se repetiu no Exército e na Marinha.

Por que Jango deixou o Rio assim tão inesperadamente? Só muitas décadas após 1964 – com a difusão da documentação secreta dos EUA sobre o golpe no Brasil – aparece um detalhe que ajuda a explicar muito do que esteve oculto naqueles dias. Uma mensagem "urgente" do embaixador Gordon a Washington, expedida às 12 horas de 1º de abril, informa que "o ministro da Guerra, Jair Dantas Ribeiro, notificou o presidente Goulart de que rompia completamente com ele. Ribeiro disse a Goulart que sua colaboração constante e direta com os sindicatos e com os comunistas é insuportável".

O general Jair (que a embaixada designa como "Ribeiro") continuava no Hospital dos Servidores Públicos, no centro do Rio, com restrição de visitas, e sua postura fora sempre uma incógnita nas 24 horas finais do golpe. A dúvida persistiu até mesmo com a descoberta da comunicação secreta da Embaixada dos EUA.

De qualquer forma, o segundo compasso da sinfonia macabra estava concluído.

Nessa mesma tarde, no Rio, a polícia do governador Lacerda começa a prender e espancar em plena rua. Invade sindicatos, faculdades, escolas e o prédio do jornal *Última Hora*, na Rua Sotero dos Reis. Ali, os invasores depredam as oficinas gráficas e tentam incendiar a redação. Ao anoitecer, os policiais levam a meninada do CCC à sede da UNE, na Praia do Flamengo, 132, para que incendeiem tudo: móveis, arquivos e o próprio prédio. E para que queimem, até, quem estiver lá dentro. E o fogo é tanto que ilumina até o mar, literalmente. Logo, uns quarteirões adiante, invadem a sede da representação comercial da República Popular da China, espancam e levam presos seus nove integrantes, que moram no mesmo prédio.

– 11 –

Brasília é o terceiro movimento, ou o terceiro compasso de algo que já é quase uma dança macabra.

Ao chegar no meio da tarde de 1º de abril, Jango foi direto ao Palácio do Planalto, reuniu-se com o chefe da Casa Civil, Darcy Ribeiro, combinou um encontro com os líderes do governo no Congresso e conversou com o general Ladário e com Brizola, em Porto Alegre, pela radiofonia da Casa Militar. Telefonou a Maria Thereza para que preparasse as crianças e as malas para viajar urgente ao Sul. Tudo tão rápido que ela não entendeu nem percebeu que saía para jamais voltar e mandou arrumar poucas mudas de roupa.

O cabeleireiro Virgílio chegava nesse exato momento para penteá-la e ela o dispensou. Ele insistiu, com aqueles trejeitos teimosos em que imitava as birras ou denguices das artistas de cinema, com os quais costumava dobrar a primeira-dama. Ofereceu-se para penteá-la no Sul e pediu carona no avião da Presidência da República. E, sem saber que a passagem era só de ida, embarcou no Avro turboélice, que decolou dali mesmo, do campinho da residência presidencial. Quatro passageiros apenas: Maria Thereza, as duas crianças e o cabeleireiro. A ordem de Jango fora terminante: ela viajaria de imediato, para que ele se reunisse em intimidade com os mais achegados lá mesmo, na Granja do Torto, evitando o palácio.

– 12 –

Quem negocia não dá ordens e não se isola. Ao contrário, amplia o espectro da negociação, dialoga com o adversário e seu entorno, busca tornar permeável o que seja duro e impenetrável. Na residência presidencial, porém, Jango só conversou com os mais próximos e só para lhes dizer os planos já estabelecidos e saber da estratégia parlamentar para contestar o pedido de impeachment que a oposicionista UDN preparava para as próximas horas ou dias. A nenhum deles, porém, esmiuçou a situação militar. Falou das dificuldades no Rio, mas contou apenas em parte da posição já definitiva de Kruel e do II Exército, em São Paulo. Quanto ao Nordeste, "Arraes impediria em Recife qualquer desvio do IV Exército".

Apressado, deixou num gravador caseiro uma longa e discursiva mensagem, uma espécie de inventário do seu governo, enumerando fatos e realizações, "numa noite em que forças reacionárias desencadeiam o golpe contra as instituições democráticas e contra a libertação econômica da pátria". Ao final, dizia:

> Exploram o sentimento religioso, como se meu governo [...] não cercasse de prestígio e respeito a Igreja Católica e os demais credos religiosos. Mistificam com a supervalorização do perigo comunista, como se não fôssemos uma democracia plantada irremovivelmente no coração da nossa gente. Estou firme na defesa e ao lado do povo em quem acredito e em quem deposito a certeza da vitória de nossa causa. Não recuarei nem me intimidarão. Reagirei aos

golpes dos reacionários com a lealdade, a bravura e a honra das forças militares e com a sustentação das forças populares do país.[46]

Sua voz saiu tão distorcida na improvisada gravação (feita num pequeno gravador na sala ampla da residência) que foi impossível transmiti-la sequer pela Rádio Nacional de Brasília, pois daria a impressão de falsa ou forjada.

Na área parlamentar, nenhum dos opositores foi chamado (ou convidado) a conversar com o presidente em fuga, que mudava temporariamente a sede do Executivo. O presidente do Senado (e do Congresso), Auro Moura Andrade, era desafeto de Jango, dizia-se abertamente "um inimigo pessoal", e talvez se negasse a conversar. Mas, exatamente por isso, seria preciso tentar apaziguá-lo. O presidente da Câmara dos Deputados, Ranieri Mazzilli, era um neutro em política (mesmo sendo paulista e do PSD, como Auro) e poderia ser assimilado à causa contra o golpe. Nem o hábil Tancredo Neves, líder da maioria na Câmara dos Deputados, lembrou-se de Mazzilli, que era, além de tudo, o primeiro na lista dos substitutos eventuais do presidente da República.

– 13 –

Naquela tarde e noite, fiquei num ir e vir constante entre o Palácio do Planalto e o edifício do Congresso, onde senadores, deputados, jornalistas e diplomatas estrangeiros indagavam de tudo sem saber de nada. Sem comunicações com o país, a grande incógnita era a posição de Kruel. Os parlamentares governistas esperavam tudo dele e os da oposição diziam em sussurros que ele "já tinha aderido". No Congresso, nem o "homem de confiança" do comandante do II Exército, o deputado trabalhista Gilberto

---

46. Tancredo Neves esboçou o texto, Valdir Pires (consultor-geral da República), Artur Virgílio e Doutel de Andrade deram algumas ideias e Almino Affonso o datilografou, acrescentando palavras ou frases. O advogado Sérgio Huck Coelho (amigo pessoal de Jango) levou seu gravador, pois na residência presidencial não havia nenhum aparelho.

Azevedo, de São Paulo, sabia algo certo e concreto. No entanto, Henrique Turner, da UDN paulista, me confidencia:

– Kruel está com o Mourão. O Herbert Levy acaba de confirmar!

Uma sobrinha do deputado Levy era casada com Robert Dean, chefe do escritório da Embaixada dos EUA em Brasília, e a informação (mesmo em surdina) só podia vir daí. Na isolada capital, os norte-americanos dispunham de um sistema próprio de comunicações e só eles sabiam daquilo que todos desconheciam.

Em Brasília, a única coisa visivelmente clara era a concentração dos "candangos" no imenso Teatro Nacional: os trabalhadores que haviam construído a cidade, nordestinos na maioria, lá estavam para "defender o presidente e a Constituição". Não se explicava como seria a defesa, nem eles sabiam direito o que significava a tal de Constituição. Toda a bancada da Frente Parlamentar Nacionalista tinha passado por lá. Mas não só a esquerda, também uma heterogênea multidão de altos funcionários e, mais do que tudo, de políticos. Até o conservador Tarso Dutra, do PSD gaúcho, lá estava e discursou.

Dizia-se que Darcy Ribeiro enviaria armas. E, enquanto as armas não chegavam, os "candangos" ouviam discursos de deputados, de senadores ou de outros trabalhadores como eles. Muitos gritavam, pedindo fuzis, "com urgência, pois os golpistas estão avançando". A cada grito, o deputado pernambucano Francisco Julião respondia que já estava armado e que 5 mil homens das Ligas Camponesas, espingarda em punho, chegariam de Goiás "para rodear o palácio", proteger o presidente e evitar o golpe. (Não sabia que Jango ficara apenas uma hora no palácio e nem imaginava que jamais voltaria lá.)

– 14 –

No plenário do Congresso, retumbam discursos contra e a favor do golpe, em meio a conjecturas e previsões sobre como será o pedido de "impedimento" de Jango que a UDN vai formular.

Diz-se que o presidente nacional do PSD, Ernâni do Amaral Peixoto, mandou o líder da bancada assessorar a oposição. Dez anos atrás, em 1954, Amaral Peixoto viveu minuto a minuto a crise que desembocou no suicídio de Getúlio. E viveu duplamente – como político que o apoiava e como genro, marido de Alzirinha, a filha e confidente do presidente. Sabe o que é defender um presidente acuado, mas, agora, em 1964, ele é um dos que querem encurralar Jango Goulart.

Em mensagem a Washington dias antes, o embaixador Gordon previu que "não haverá maioria parlamentar" para o impeachment, mas a rebelião militar começa a mudar os números. Na Granja do Torto, Jango consultou os líderes do governo no Congresso e todos coincidem: o debate e votação do impeachment demorarão uns oito dias, no mínimo. Jango vai instalar o governo em Porto Alegre para, de lá, negociar com o Parlamento em Brasília e com os militares em Minas e no Rio, ou onde estejam.

A estratégia é bizarra, ou até estranha. Mas ninguém percebe e os que percebem se calam. E se Jango permanecesse em Brasília para negociar diretamente com o Parlamento e, ao mesmo tempo, estar mais perto dos revoltosos, que deverão entrar também na negociação?

– 15 –

Minas Gerais está em "estado de guerra", mobilizada para o golpe, mas o deputado mineiro José Aparecido de Oliveira não se conforma. Sabe que metade do estado, pelo menos, está contra o golpe e decide mobilizar a opinião pública para ampliar a faixa e, assim, chegar até os soldados e oficiais de Mourão e da Força Pública estadual. Na Rádio Nacional de Brasília, José Aparecido monta seu quartel-general: além de mineiro, ele é da UDN, esteve ao lado do governador até meses atrás e conhece intimidades que todos desconhecem.

Somos uma dezena de jornalistas de jornais diferentes e, à frente das máquinas de escrever, transformamos em notícias o que Zé Aparecido conta dos principais personagens da rebelião. Do governador ao general Mourão ou ao coronel José Geraldo, chefe da Força Pública estadual, aparecem safadezas e verdades escondidas, que a rádio transmite e os soldados vão escutar "lá nas trincheiras" e saber quem os comanda. De pé, Zé Aparecido ri da cara dos tenentes, sargentos e soldados ao saberem, lá longe, pelo radinho de pilha, que estão combatendo por uns idiotas e tolos. E, assim, a contrapropaganda ao golpe ganhava o ar. Daquelas barricadas, combatemos horas.

Só não sabíamos que a Rádio Nacional de Brasília, com velhos transmissores, nem em onda curta chegava a Belo Horizonte, Juiz de Fora ou outros pontos de Minas, alvos da nossa guerra verbal.[47]

– 16 –

Estávamos ainda "combatendo" na Rádio Nacional, por volta das 20 ou 21 horas, quando Jango chegou à Base Aérea de Brasília, acompanhado de quatro ou cinco ministros, para viajar a Porto Alegre. Ali mesmo, o presidente sentiu que as lealdades começavam a mudar de lugar, como o general Kruel. Ou tal qual o ministro da Indústria e Comércio, Egídio Michaelsen, trabalhista e gaúcho, que acabava de anunciar à imprensa que pedira demissão "porque o governo descambou para o comunismo".

Junto com os ministros, Jango entrou no imenso jato Coronado e, minutos depois, foi informado de que o avião estava "em pane", com problema nos reatores. Um mal súbito, mas não exatamente no avião, e sim no seu velho amigo Rubem Berta, presidente da Varig, que mudava de cavalo no meio do rio e passava para o lado oposto a onde sempre estivera. A "pane" não era no Coronado, mas em quem mandava nele.

Teve de esperar quase três horas (muito mais do que o tempo da viagem em jato ao Sul), até que um Avro turboélice da Força

---

47. Na Rádio Nacional, estive junto a Evandro Carlos de Andrade (dos oposicionistas *Estadão* e *Jornal do Brasil*), Almir Gajardoni, Ruy Lopes e D'Alembert Jaccoud (da *Folha*), Nuevo José Baby (da *Última Hora*) e outros.

Aérea iniciasse uma lenta viagem a Porto Alegre. Na Base, não havia tripulantes disponíveis àquela hora e o coronel-aviador Hernani Fittipaldi, da Casa Militar da Presidência, assumiu o comando do bimotor. Num tempo em que não existiam telefones celulares, ninguém ficou sabendo (nem no palácio nem no Congresso) que o presidente continuava em Brasília, praticamente isolado na Base Aérea. Só às 23h30 o Avro decolou, por fim.

Uns quarenta minutos depois, os reatores do jato Coronado se recuperaram subitamente do mal súbito e a aeronave saiu rumo ao Rio, pouco depois da zero hora.

– 17 –

Não foi o debate no Congresso nem os discursos a esmo no Teatro Nacional que provocaram o golpe ou levaram a ele. Ao contrário, o golpe em marcha é que provocava o debate. Mas sem a participação do Parlamento, sem sua conivência com a rebelião militar, a "legalização" da quartelada e a formalização da derrubada do presidente da República teriam sido dificultosas, ou impossíveis até.

Ao final da noite de 1º de abril, o senador Auro Moura Andrade convoca uma reunião extraordinária do Congresso para as horas seguintes. Pouco antes das 3 horas, consegue reunir 29 senadores e 183 deputados e abre a sessão dizendo que fará "uma comunicação e uma declaração":

– Comunico ao Congresso Nacional que o sr. João Goulart, por força dos notórios acontecimentos de que a nação é conhecedora, deixou o governo da República – acrescenta Moura Andrade, mandando que o secretário leia ofício do chefe da Casa Civil, Darcy Ribeiro:

> Ao presidente do Congresso Nacional
> O senhor presidente da República incumbiu-me de comunicar a Vossa Excelência que, em virtude dos acontecimentos nacionais das últimas horas, para preservar de esbulho criminoso o mandato que o povo lhe conferiu, investindo-o na chefia do Poder Execu-

tivo, decidiu viajar para o Rio Grande do Sul, onde se encontra à frente das tropas militares legalistas e no pleno exercício dos poderes constitucionais, com o seu ministério.

O deputado trabalhista Sérgio Magalhães, do Rio, tenta evitar que a sessão continue e, numa "questão de ordem", sustenta que o regimento interno do Congresso não prevê esse tipo de comunicação ou declaração. A balbúrdia cresce. Moura Andrade retoma a palavra:

— A resposta a esta "questão de ordem" está nos fatos. O presidente da República deixou a sede do governo. Deixou a nação acéfala numa hora gravíssima da vida brasileira. O sr. presidente da República abandonou o governo!

Gritos de apupos e vaias misturam-se a aplausos. As campainhas ressoam alto e o senador acrescenta, quase num brado:

— A nação está acéfala. O Congresso Nacional deve tomar a atitude que lhe cabe como poder civil, nos termos da Constituição!

Entre gritos do plenário inteiro, Auro faz uma pausa de segundos, aumenta o tom de voz e anuncia:

— Assim sendo, declaro vaga a Presidência da República e, nos termos do artigo 79 da Constituição Federal, declaro investido no cargo o presidente da Câmara dos Deputados, sr. Ranieri Mazzilli. Está encerrada a sessão![48]

Auro desliga os microfones, levanta-se e sai em meio a berros de protesto ou palmas e hurras de triunfo. O deputado trabalhista Zaire Nunes Pereira, do Rio Grande do Sul, corre para esbofeteá-lo aos gritos de "cretino mistificador da lei", mas não chega a alcançá-lo. Em ambos os lados, o espanto é geral. Tudo foi tão rápido que até os que aplaudem estão perplexos. Satisfeitos, mas atônitos. Revolta e alegria se alternam por aquela insólita "declaração de

---

48. O artigo 79 da Constituição Federal não atribuía qualquer tipo de competência ao presidente do Congresso para declarar a vacância presidencial. Dizia apenas que "[...] *vagando os cargos de presidente e vice-presidente da República, serão sucessivamente chamados ao exercício da Presidência o presidente da Câmara dos Deputados, o vice-presidente do Senado e o presidente do Supremo Tribunal*".

vacância" do mais alto cargo do país, em que nada foi debatido ou discutido e tudo se consumou em poucas frases imperativas.

Eram 3 horas. Tudo tinha durado apenas três minutos.

– 18 –

A cilada fora perfeita, mas fora uma cilada. Como entender que – em nome do livre debate da democracia – a derrota ou o triunfo dependesse da astúcia em armar a ratoeira? Como podia o Parlamento portar-se assim e deixar de lado o debate e o livre exame de ideias e situações? Podia-se entender e era até compreensível que um setor militar apelasse para as armas e tentasse derrubar o presidente da República, mas parecia inadmissível que o Congresso se antecipasse à decisão das armas e desse o golpe por conta própria. E logo assim, daquele jeito – sem qualquer debate ou votação, só com meia dúzia de frases, como se o senador fosse um autoritário monarca dos tempos do absolutismo, que não permitia debates nem divergências!

O que tinha ocorrido não era usual no Congresso, onde as divergências políticas resolviam-se sempre pelo debate e em votação. O que havia mudado, então? Por que Auro Moura Andrade, cioso de sua condição de "quatrocentão" paulista tradicional, se expunha a inventar que "o governo estava acéfalo" e que "o sr. João Goulart deixou o governo da República", numa artimanha que, por mais que desse certo, seria sempre uma artimanha?

– 19 –

Naquela madrugada, mais além da divergência política, havia uma vingança pessoal. Moura Andrade era um conservador, mas tinha ficado ao lado de Jango na crise política de 1961. Nos últimos vinte meses, fizera-se íntimo do embaixador dos EUA, com quem invariavelmente almoçava em suas viagens frequentes ao Rio. Mas não era só a afinidade cada vez mais profunda com Lincoln Gordon que o distanciava do presidente. Os ultrajes pessoais ferem mais do que as divergências políticas, e, entre Jango e Auro, mais do que brigas ou rusgas ideológicas, havia um abismo gerado pela ofensa. Auro sentia-se "vítima" do presidente.

Em junho de 1962, no regime parlamentarista, foi escolhido primeiro-ministro e, depois de receber o voto de confiança do Parlamento, Auro começava a formar o ministério quando soube que "havia renunciado" ao cargo. De fato, não renunciara a nada, apenas convidava ministros sem consultar o presidente, que (sentindo-se postergado) usou de um ardil. Tinha consigo uma "carta--renúncia" sem data, assinada por Auro, a ser usada em eventual futura fricção insanável entre ambos, e pediu ao líder trabalhista na Câmara dos Deputados, Almino Affonso, que anunciasse a "renúncia" do primeiro-ministro. Auro estava no edifício do Congresso e soube que "renunciara" pelos alto-falantes que transmitiam as sessões. A manobra do presidente fora astuta, mas de astúcia pueril, e, com ela, antecipou o seu próprio futuro trágico, consumado na vingança de 21 meses mais tarde. Auro nunca mais falou com Jango, nem sequer o cumprimentou em cerimônias oficiais.

A artimanha de junho de 1962 fora respondida na madrugada de 2 de abril de 1964, numa vingança impiedosa e implacável.

– 20 –

Em tropel, todos saem do plenário – eu também, no meio de todos, como entontecido por uma bofetada. Entro no gabinete do líder da maioria no Congresso (um cubículo improvisado no saguão), onde Tancredo Neves abre gavetas e furiosamente rasga papéis. Pergunto-lhe como vai reagir:

– Não há o que fazer. Tudo terminou! – responde tenso e continua a rasgar papéis.

Um grupo maior se aglomera à saída, oitenta ou cem parlamentares, jornalistas e curiosos, todos confusos. O senador Luiz Viana Filho, da Bahia, conduz a pequena multidão desordenada. A um lado, vê o jovem diplomata norte-americano Bob Bentley e lhe diz:

– Vamos invadir o palácio. Venha junto, nos acompanhe!

(Nenhum dos dois – nem o senador nem o diplomata – sabe que aquele "venha junto" irá definir, horas adiante, o gesto mais importante da madrugada e dar forma definitiva ao golpe).

O grupo caminha em direção ao Palácio do Planalto. Eu no meio e, como todos, a pé, quase tocando os calcanhares de Álvaro Ribeiro da Costa, presidente do Supremo Tribunal Federal. A passo acelerado, chegamos ao palácio. Metralhadora em punho, os soldados da guarda presidencial impedem a invasão pela porta principal, que está fechada. Mandam que o grupo retroceda. Não entendem aquela confusão em plena madrugada. À frente daqueles senhores engravatados (homens apenas, nenhuma mulher), Moura Andrade diz, a gritos, que vai "dar posse ao novo presidente da República", e os gritos vencem a aspereza dos guardas. Ranieri Mazzilli, presidente da Câmara dos Deputados, está chegando nesse momento em automóvel, com três ou quatro capangas. Todo o grupo entra pelos fundos, pela garagem sem elevador e sem iluminação. Acendem fósforos ou isqueiros e sobem a escada. Subo junto e, por fim, chegamos ao gabinete do presidente da República, no 3º piso.

São 3h25 e agora será a posse. Alguém, no entanto, lembra um detalhe fundamental: falta um general. Sem um general que avalize a posse do novo presidente, não pode haver posse nem haverá novo presidente. Alguns senadores e deputados saem em busca de um general e entram no gabinete de Darcy Ribeiro. O general Nicolau Fico está lá, ao lado do chefe da Casa Civil, mas pensa também como Darcy, que, dedo em riste, lhes grita:

– Isto é um esbulho, uma usurpação. Vocês são uns usurpadores. Retirem-se daqui!

E os senadores e deputados se retiram. Estão apenas à procura de um general.

– 21 –

Finalmente, por volta das 4 horas, chega o general André Fernandes, chefe do gabinete do ministro da Guerra em Brasília. Até aqui, exercia cargo burocrático, quase sem função, mas agora é a figura central, mimoseada por todos. E Mazzilli (que em instantes será presidente) lhe antecipa, em voz alta:

– Já está nomeado chefe da Casa Militar da presidência da República!

E, após a tediosa espera na madrugada, Paschoal Ranieri Mazzilli, paulista de Caconde, é investido no cargo de presidente da República pelos três homens que o ladeiam na escrivaninha presidencial – o presidente do Supremo Tribunal, o presidente do Congresso e o general com cargo burocrático, mas que, em verdade, preside tudo e a todos eles.

Os assistentes põem-se em fila, um a um, para abraçar o novo presidente, em gritona euforia. Robert Bentley é o único que se esquiva e sai. Ao lado do gabinete presidencial, encontra um telefone e liga para o escritório da Embaixada dos EUA em Brasília.

– Estávamos com linha aberta para o Rio e o Rio com linha aberta para Washington, e relatei em detalhes o que tinha ocorrido. Perguntaram-me se tudo fora feito de acordo com a lei e eu disse que não tinha condições de julgar, mas achava que sim, pois até o presidente do Supremo Tribunal estava presente. Aí me disseram: 'Vamos, então, reconhecer o novo governo. O que você acha?'. Repliquei: 'Quem sou eu para poder decidir!'. E, de lá, voltaram a me dizer: 'OK. Então vamos reconhecer. Vá dormir'. E eu fui dormir e só me acordei doze horas depois – rememorou Robert Bentley, quase meio século depois daqueles dias em que permaneceu insone quase 72 horas. Tinha, então, 24 anos de idade, e Brasília, onde estava desde o final de 1962, era seu primeiro posto diplomático no exterior.[49]

Sem querer, e sem saber, seu telefonema passara a ser a peça--chave dos Estados Unidos nos acontecimentos do Brasil: o reconhecimento do novo governo. *The color of legitimacy*, a aparência de legitimidade que o secretário de Estado Dean Rusk salientara tantas vezes nos últimos meses como "fundamental" para justifi-

---

49. Entrevistei Robert Bentley longamente, em 2010, para o filme-documentário *O dia que durou 21 anos*, de Camilo Tavares.

car o apoio dos EUA ao golpe, estava à vista e tinha duas vertentes. A declaração de "vacância" da presidência, feita pelo presidente do Congresso, por um lado, e, por outro, a posse do "sucessor constitucional", feita na presença do presidente do Supremo Tribunal. Horas depois, nesse mesmo 2 de abril, os EUA reconheciam o "novo governo" do Brasil. O terceiro movimento da sinfonia macabra chegava ao fim.

– 22 –

Porto Alegre é o quarto movimento, ou o quarto compasso da dança.

A partir da tarde de 31 de março, a capital do Rio Grande do Sul começou a viver sob tensão, como se, naquele 1964, outra vez voltasse a agosto de 1961 no Movimento da Legalidade. O governador Ildo Meneghetti (solidário com o governador de Minas Gerais) tinha fugido para o município de Passo Fundo, ao norte do estado, abandonando o Palácio Piratini às pressas, sob temor de ser preso pelo III Exército. As emissoras de rádio tocavam o Hino da Legalidade – "*Brasileiros, avante, de pé/ unidos pela liberdade...*" – e Leonel Brizola voltava a convocar a população "a lutar contra o golpe e os golpistas". Agora, porém, ele já não era governador como em 1961. Sua voz ecoava ainda como a de um comandante, mas já não comandava a máquina pública nem dispunha da Brigada Militar estadual ou da polícia. Mesmo sendo deputado federal pelo Rio de Janeiro, era o mais importante líder político dos gaúchos, mas apenas isso. Tudo, agora, concentrava-se no III Exército, desde o poder das armas até o poder formal do Estado, como representação do próprio governo federal no Sul.

Mesmo com alguns comandos em dissidência, o general Ladário Pereira Telles fizera os cálculos e concluíra que dispunha de "bem mais da metade" das unidades importantes, em condições reais de resistir "fosse como fosse". Vindo do Rio de Janeiro, porém, Ladário tinha assumido o comando apenas no início da madrugada de 1º de abril e não conhecia sequer a maioria de seus auxiliares mais próximos. Nem pudera ainda designar os conhecidos para serem os mais próximos.

— Vou resistir. Vim ao Rio Grande do Sul para derrotar o golpe de Estado — disse à chegada e continuava a repetir. Estava convencido de que a presença de Jango em Porto Alegre pesaria nos indecisos, animando outros mais a resistirem. Repetiu essa ideia à chegada do próprio Jango a Porto Alegre.

– 23 –

O general Ladário desconhecia, porém, que Jango ia ao Sul não exatamente para resistir, mas para "instalar o governo" e negociar com os rebeldes, abrandando o ímpeto do golpe, enquanto o Congresso debatesse o "impeachment". Se estivesse decidido (mesmo) a resistir militarmente, e ir à frente, por que não permaneceu no Rio? Lá tinha, no mínimo, o "poder de fogo" da maior base aérea do país e poderia usá-lo como pressão e persuasão militar, neutralizando os revoltosos talvez sem fazer vítimas e sem sacrificar ninguém. O comportamento de Jango Goulart (até mesmo quando foi incisivo e não aceitou as imposições de Kruel ao telefone) mostra que, nele, o máximo da resistência não era a resistência, mas a negociação. Ou a conciliação, marca do seu estilo desde que se iniciou na política.

Jango embarcou em Brasília às 23h30 de 1º de abril, ainda como presidente da República, dizendo a todos, e a si mesmo, que ia resistir. O que ainda lhe restara como decisão de se opor ao golpe em marcha, porém, esvaiu-se na solitária lentidão do voo ao Sul. A viagem no turboélice bimotor demorou quase quatro horas e, quando desceu em Porto Alegre, a artimanha de Auro Moura Andrade o tinha retirado da Presidência da República. Para o Congresso (pelo menos oficialmente), ele já não era mais presidente da República.

O Congresso dera o golpe e formalizara a derrubada antes dos próprios militares.

— 24 —

Fazia frio e ventava quando João Goulart chegou ao Sul. O general Ladário, de japona verde de lã, e Brizola, de grosso sobretudo cinza, o abraçaram com efusão, naqueles abraços que damos nos velórios, peito a peito, apertando com força para mostrar que, nas dificuldades do infortúnio, a união é integral e absoluta. O coronel Alfeu Monteiro, comandante da Base Aérea, deu o terceiro abraço e abriu caminho para que caminhasse pela pista. Além do general Assis Brasil, três ou quatro ministros o acompanhavam – Amaury Silva, do Trabalho, Osvaldo Lima, da Agricultura, Wilson Fadul, da Saúde. Os dois gaúchos do ministério estavam ausentes – o banqueiro Ney Galvão, da Fazenda, ficara no Rio, e Egídio Michaelsen, da Indústria e Comércio, tinha acintosamente mudado de lado horas antes. O ministro das Relações Exteriores, Araújo Castro, com sua experiência da carreira diplomática, telefonava do Rio ao governador de Minas sugerindo-lhe o que fazer para ser "reconhecido como estado beligerante"...

Àquela mesma hora, por volta das 3h30, em Brasília, a comitiva que saíra do Congresso para "invadir" o palácio recém tinha chegado ao gabinete do presidente da República para dar posse a Mazzilli. Uns vinte minutos depois, em Porto Alegre, quando Jango chegou à residência do comandante do III Exército, outro homem – e não ele – acabava de "ser empossado" na presidência da República. O ato era discutível ou até mesmo ilegítimo, um simples "truque". Sim, um "truque" como o dos magos que tiram coelhos da cartola, algo que não se entende mas que é real, pois os coelhos saltam e são coelhos mesmo. Só não se sabe como entraram na cartola...

Mas que importava isso? Jango tinha anunciado que iria ao Sul para instalar o governo e "resistir ao esbulho", como explicava o ofício de Darcy Ribeiro ao Congresso. Então, por que não resistir?

– 25 –

Ao chegar à residência do comandante do III Exército, o presidente João Goulart ouviu uma proposta de Brizola: nomear o general Ladário ministro da Guerra, e a ele, Brizola, ministro da Justiça, para que ambos assumissem o comando da resistência. O governo se instalava no Sul para resistir ao golpe, só para isso, "não para cuidar da Saúde ou da Agricultura", argumentou.

Jango titubeou. "Não temos nem papel timbrado!", argumentou ao início, mas, em seguida, quando apareceram folhas com o timbre da Presidência da República, disse que ia decidir e responderia mais tarde, quando se levantasse, às 7 horas. E foi dormir exausto.

– Percebi, então, que o Jango não ia resistir e que não permitiria que ninguém resistisse ao golpe. Vi que se entregava, que abdicava do poder e que tinha nos enganado a todos, a mim e ao general Ladário – disse-me Leonel Brizola, já no exílio, décadas depois em Lisboa. Ao ouvir o relato, Neusa, sua mulher e irmã de Jango, arrematou como conclusão:

– Sim, foi tudo horrível!

– 26 –

A partir das 7 horas, Jango passou a reunir-se com coronéis e generais, Ladário presente e sempre insistindo em cumprir o que o presidente lhe dissera no Rio – "resistir". Tudo se desenvolvia como "um exame da situação", até que o general Adalberto Pereira dos Santos, comandante da 6ª Divisão de Exército, disse que o comandante Ladário, por ser um "recém-chegado", desconhecia a situação interna no Sul e suas avaliações estavam equivocadas. "A tendência é que mais de metade das grandes unidades esteja contra a permanência do presidente da República", afirmou, e aquilo teve o efeito de uma bofetada.

Conhecido como crítico do governo, e vinculado aos conspiradores, Adalberto Pereira dos Santos era o oposto do seu primo, o deputado Zaire Nunes Pereira, que (na madrugada em Brasília) tentara esbofetear Moura Andrade depois que este declarou "vaga a presidência". O golpe dividia as próprias famílias, a começar pela de Jango.

Na noite de 1º de abril, Brizola fizera um apelo dramático e, ao mesmo tempo, violento pelas emissoras de rádio da Cadeia da Legalidade. Dirigiu-se aos militares, convocando oficiais e sargentos à resistência "em todas as frentes e de todas as formas".

– Prendam os 'gorilas', prendam os oficiais golpistas, mesmo que tenham grau ou patente superior, sejam até generais, até! – disse, numa linguagem que, por si só, mostrava as divergências e divisões no III Exército.

– 27 –

No final da manhã, numa reunião ampla, Jango recebeu "o mundo civil" que o apoiava no Sul – o prefeito de Porto Alegre, os diretores da Refinaria da Petrobras, dirigentes sindicais e estudantis, deputados e políticos – e informou que não havia mais condições de resistir e armar um contragolpe. A situação militar já estava definida. Os comandos do I, II e IV Exércitos estavam contra o governo. Os governadores de Pernambuco, Miguel Arraes, e de Sergipe, Seixas Dória, estavam presos. E até seu gabinete no Palácio do Planalto estava ocupado por Mazzilli.

Qualquer tentativa de contragolpe poderia levar o país à guerra civil. E ele não queria confrontação militar. Já tinha decidido: iria para a fazenda em São Borja. Nenhuma outra explicação. Entregou ao prefeito de Porto Alegre, Sereno Chaise, uma nota escrita para distribuir à imprensa – agradecia ao povo, aos militares e civis que se dispunham a sacrificar-se para defender o mandato presidencial. Ele próprio, no entanto, desistia de tudo. Não renunciava formalmente, mas desistia.

Houve um silêncio absoluto, interrompido (segundos depois) por uma voz conhecida de todos: "Isto é uma capitulação desonrosa. Uma traição!", disse Brizola em tom alto, mas tranquilo, sem berrar. Logo, gritos e palavrões, como na sessão do Congresso, mas só de repúdio, sem qualquer aplauso. Vis-à-vis a Jango, o tenente-coronel Pedro Alvarez lhe gritou: "Só não te esbofeteio porque não bato em covarde. A tua honra não serve nem para uma bofetada!".

Pouco antes, no centro da cidade, uns quinhentos civis organizaram-se para tomar o palácio estadual e lá instalar o governo. O coronel Pery Cunha (reformado no Exército, mas velho militante comunista) distribuía as tarefas quando o prefeito de Porto Alegre interveio e pediu que desistissem. De fato, o presidente é quem desistira de tudo.

Por volta do meio-dia, sorrindo, de traje e gravata, Jango embarcou no carro Aero-Willys do III Exército, rumo ao aeroporto. Na rua, da torre do tanque em que protegia o presidente, o capitão Aécio Kaufmann percebeu que ele fugia e quis metralhar os pneus e impedir a fuga, num intento final de resistência ao golpe. Não houve tempo. Logo, com o general Assis Brasil e no avião em que viera de Brasília, Jango voou à fazenda em São Borja, onde sua mulher e os filhos já estavam desde cedo.

Às 22h30, da sala de telex na Embaixada dos EUA no Rio, o embaixador Gordon informa ao coronel King, diretor da CIA, e ao secretário de Estado, em Washington:

> Acabamos de receber confirmação de Castello Branco de que toda resistência acabou em Porto Alegre e que as forças democráticas detêm absoluto controle do Rio Grande do Sul. Isto elimina o último bolsão de resistência militar.

O quarto movimento sinfônico tinha acabado. Mas faltava ainda conhecer a apoteose e seu "gran final" para poder entender o que esteve por trás de tudo: a participação direta dos Estados Unidos, o *Contingency Plan*, a *Operação Brother Sam* – enfim, os planos e operações secretas da intervenção militar. Tão em surdina e tão secretos que a quase totalidade dos golpistas jamais conheceu nada. E dos quais o próprio Jango só se inteirou no exílio, pouco antes de morrer, e tão só em linhas gerais.

Ei-los adiante, em alguns fragmentos que servem, no entanto, para definir a estrutura em que tudo foi montado. E montado apoteoticamente.

Capítulo X
Apoteose no oceano

– 1 –

As águas do Oceano Atlântico não chegam a Minas Gerais, mas o mar é que deu ao governador e aos militares revoltosos a segurança para ir adiante, sem medo. A certeza de que os Estados Unidos não ficariam indiferentes a uma revolta militar e poderiam, até, mobilizar a frota naval pelo oceano em manobras de intimidação pesou mais do que tudo em tudo. O calendário marca o ritmo veloz do movimento que leva ao golpe de Estado e faz com que as horas e os dias pesem em cada passo.

Antes do amanhecer da segunda-feira 30 de março de 1964, muito antes ainda de João Goulart comparecer, à noite, à festa dos sargentos da Polícia Militar do Rio, o cônsul dos Estados Unidos em Belo Horizonte, Herbert Okun, informa ao escritório da CIA, no Rio, que "uma revolução vai eclodir definitivamente esta semana, nos próximos dias", a partir de Minas Gerais e que São Paulo e Minas "chegaram definitivamente a um acordo". Os revoltosos "precisam de apoio", a começar por petróleo, que poderiam receber pelo porto de Vitória, pois preveem que "a revolução não será resolvida rapidamente e será sangrenta". É ainda madrugada escura no Rio e, imediatamente, a CIA reenvia a mensagem a Washington:

> a [...] Negociações de última hora ocorrem entre os estados controlados pelos governadores democráticos. [...] São Paulo seguirá Minas se a revolução começar em Minas Gerais.
> b. Depois de iniciada, tropas de São Paulo e Minas marcharão para o Rio de Janeiro para se unirem a tropas de lá. Não há previsão de

problemas em Minas Gerais. Alguns poucos militares suspeitos serão detidos. O coronel Afrânio Aguiar, comandante da Base Aérea em Belo Horizonte, tende a ser a favor de Goulart [...] mas tem pouco a oferecer em termos de resistência e será dominado pelos revolucionários sem derramamento de sangue.
c. No entanto, esperam-se problemas em São Paulo, e certos estabelecimentos militares precisarão ser atacados rapidamente, pois são tidos como leais ao presidente Goulart.
d. Apoio seria necessário [...] petróleo [...] porto de Vitória.
e. A revolução não será resolvida rapidamente e será sangrenta. Combates no norte poderão prosseguir por longo período. A posição da Marinha é incerta e pode aumentar as dificuldades das forças anti-Goulart. A Força Aérea está tão dividida que não representará problema nas primeiras etapas. No final, deverá partir em auxílio às forças anti-Goulart.

A fonte é altamente confiável: o próprio general Carlos Luiz Guedes, por sua vez informado pelo governador Magalhães Pinto. Guedes conversou pessoalmente com o vice-cônsul Lawrence Laser e lhe pediu ajuda em armas e munição. Mas a informação deixa atônitos o embaixador e o adido militar: não entendem por que o general Ulhoa Cintra – contato dos conspiradores – não os informou de nada. Ao contrário, os conspiradores estavam dedicados ainda à preparação do golpe, à espera de que a *Marcha da Família com Deus pela Liberdade* do dia 2 de abril, no Rio, fosse tão estrepitosa que servisse como catapulta do movimento a estalar pelo final de abril, inícios de maio. (Gordon e Walters, que acompanharam e prepararam tudo, desconhecem que os "castellistas" não incluíram em seus planos o governador de Minas nem Mourão ou o general Guedes e que os três agem em paralelo e podem tomar iniciativas próprias.) É necessário confirmar tudo rápido.

Imediatamente, de Washington, o Departamento de Estado envia mensagens, via telex, ao embaixador e a todos os consulados e postos da CIA espalhados pelo Brasil:

> Informem diretamente a Washington e repitam para a Embaixada todos os desenvolvimentos significativos relacionados à resis-

tência militar ou política ao regime de Goulart. Todos os postos devem se manter em alerta para esses acontecimentos durante as 24 horas.

Inicia-se aí a ansiosa tarefa dos diplomatas e funcionários norte-americanos no Brasil em busca de informações que vou testemunhar em Brasília. No total, junto com os agentes da CIA de número indefinido e oitenta guardas fuzileiros navais, são mais de 1.300 funcionários, entre a embaixada e os consulados, e cada qual deve arregalar os olhos e afinar os ouvidos. Ainda pela manhã, a ansiedade cresce, quando o governador mineiro incorpora a oposição *juscelinista* ao governo e anuncia "a união de Minas".

– 2 –

A 31 de março, o embaixador confirma a Washington que "a revolução anti-Goulart" iniciou-se em Minas Gerais e é um *fait accompli*, um fato consumado. Os contatos "castellistas" estão confusos. Creem que o general Mourão "faz uma loucura", que o movimento é prematuro e que Goulart pode acabar com tudo e vencer. E aí, sim, surgiria o grande perigo, dando ao presidente a força que não teve até aqui. Sem o saber, o agitado Mourão tinha tomado, em Minas, a "iniciativa precoce" que o próprio embaixador havia recomendado a Washington na mensagem ultrassecreta de 29 de março...

Eram 14h29 daquele dia 31 em Washington, quando o secretário de Estado Dean Rusk, numa mensagem "pessoal" ao embaixador Gordon, anuncia que o governo dos EUA decidiu enviar uma força-tarefa naval "para exercícios ostensivos na costa do Brasil" sob a capitania de um porta-aviões, além de navios-petroleiros com combustível. E, mais ainda, por via aérea enviará 110 toneladas de munição e outros equipamentos leves, como gás lacrimogêneo "para conter multidões", a serem transportados por dez aviões cargueiros e seis aviões de reabastecimento, escoltados por seis caças, que descerão em Campinas, São Paulo. A mensagem, "flash 1301", é direta e rápida:

Para sua informação pessoal, somente: Foram tomadas as seguintes decisões com o objetivo de se estar em posição de oferecer assistência no momento adequado às forças anti-Goulart, caso se decida que isso seja feito:
1. Envio de petroleiro da Marinha dos EUA levando óleo diesel e gasolina de Aruba. O primeiro petroleiro é esperado em Santos entre 8 e 13 de abril; seguindo três navios-tanque em intervalos de um dia.
2. Envio imediato de força-tarefa naval para exercícios ostensivos próximos ao Brasil. Deverá consistir de porta-aviões (com chegada esperada para 10 de abril), quatro destróieres, duas escoltas de destróieres e navios-tanque da força-tarefa [...]
3. Cerca de 110 toneladas de munição e outros equipamentos leves, incluindo gás lacrimogêneo para controle de multidões, via aérea para São Paulo (Campinas). O transporte seria feito entre 24 e 36 horas após emissão das ordens finais e envolveria 10 aviões cargueiros, 6 aviões-tanque e 6 caças.

Jamais o Brasil tinha visto uma operação militar dessa magnitude. Também para os EUA se tratava de uma operação de vulto, tanto pela responsabilidade política em si, quanto pelo deslocamento de forças militares. Em termos reais, era a maior operação feita até então no Atlântico. Por isso, as recomendações de Gordon e de Walters para uma "ação precoce" tinham sido analisadas em profundidade numa reunião na Casa Branca, dirigida pelo próprio presidente Lyndon Johnson e com a participação de toda a cúpula diplomática, militar e de espionagem dos Estados Unidos. A documentação liberada ao público décadas depois anota os nomes dos participantes da reunião, além do presidente: pelo Departamento de Estado, o secretário Dean Rusk, o subsecretário Ball, o subsecretário adjunto Johnson e mr. Ralph Burton; pelo Departamento de Defesa, o secretário McNamara, o secretário adjunto Vance e os generais Taylor e O'Meara; pela CIA, o diretor, coronel King e mr. Fitzgerald. A equipe da Casa Branca compõe-se dos senhores Bundy, Dungan, Moyers e Reedy, os mais íntimos "homens do presidente".

Para tranquilizar o embaixador, o secretário de Estado Rusk

explicou que "o envio de petroleiros de Aruba e da força-tarefa naval não nos envolve imediatamente na situação brasileira", pois será visto "como exercício naval normal". O descarregamento de óleo diesel e gasolina pelos navios-tanque e os envios por via aérea, no entanto, "demandariam mais conhecimento do desenvolvimento da situação político-militar", para que surgissem a pedido de "algum grupo que tenha razoável legitimidade para poder requisitar reconhecimento formal e auxílio" de parte dos EUA e "se possível de outras repúblicas americanas".

Cinco horas depois da comunicação ao embaixador, o secretário de Estado envia nova mensagem (número 1305) para "corrigir" alguns pontos da anterior: aos quatro destróieres comuns, manda acrescentar "dois destróieres com mísseis teleguiados" e, mais adiante, manda substituir a expressão "gás lacrimogêneo" por "gás CS", que, de fato, tem o mesmo efeito e é o tal de clorobenzilideno malononitrilo, como dizem os químicos... E, em vez de dez aviões, avisa que serão apenas seis cargueiros com armamento.

– 3 –

O governo dos EUA começava a pôr em prática o Plano de Contingência elaborado para o Brasil. Ainda que num "flash", num relâmpago rápido, o secretário de Estado chamava a atenção para a necessidade de que "algum grupo" com "razoável legitimidade" pedisse reconhecimento como estado beligerante (tal qual Minas Gerais se aprontava para fazer) para, nessa condição, "requisitar auxílio" externo. E, assim, atendendo ao pedido de ajuda, os aviões com armas e munições chegariam ao aeroporto de Campinas, em São Paulo, abastecidos em voo por aviões-tanque e escoltados por seis caças.

Às 13h50, horário de Washington, de 31 de março, o contra-almirante John L. Chew, subchefe de Operações da Chefia do Estado-Maior Conjunto dos EUA, envia mensagem "ultrassecreta" a três destinatários que, daí em diante, aparecerão dezenas de vezes na documentação secreta – CINCLANT, USCINCSO e CINSTRIKE, siglas que identificam o comandante em chefe da Esquadra do Atlântico, o Comando em Chefe das Forças do Comando Sul e o Comando em Chefe das Forças de Ataque:

> Assunto: Deslocamento força-tarefa de porta-aviões.
> Refs.: Plano de emergência do Comando Sul.
> 1. Enviar CVA (porta-aviões) e força-tarefa de apoio logo que possível. Destino inicial: área oceânica nas vizinhanças de Santos, Brasil. Finalidade da força-tarefa de porta-aviões é manter presença dos EUA nesta área, quando ordenado, e estar preparada para cumprir missões que venham a ser ordenadas. Seguem instruções adicionais.
> 2. Enviar as forças de reabastecimento necessárias.
> 3. Até segunda ordem, manter em sigilo o destino deste deslocamento. As instruções relativas ao deslocamento serão distribuídas posteriormente.
> 4. Solicita-se relatório de situação sobre andamento da missão.

– 4 –

A *Operação Brother Sam*, preparada há tempos pelo Departamento de Defesa para qualquer eventualidade no Brasil, fora retirada das gavetas. Passa, agora, à execução plena para levar adiante a parte militar do *Contingency Plan*.

O comando em chefe é entregue ao general George S. Brown e a operação militar em si mobiliza o Exército, a Marinha e Força Aérea, além da CIA. Já a 1º de abril, as forças estão reunidas e partem da base naval de Norfolk, no estado da Virgínia, em direção a Santos. O porta-aviões *Forrestal* vai à frente, comandando uma força-tarefa naval ainda maior do que a anunciada pelo secretário de Estado ao embaixador. Acompanhando o porta-aviões há quatro destróieres com canhões de longo alcance, dois outros com foguetes teleguiados, um navio de transporte de helicópteros (com oito helicópteros), além de quatro petroleiros. Em terra, numa base aérea do estado da Flórida, há ainda oito enormes aviões Hércules, de carga, além de outros oito para abastecimento em voo, um de comunicações, oito caças a jato e um "posto de comando aerotransportado".

Às 20 horas de 31 de março, uma ordem do CINCLANTFL (comandante em chefe da Esquadra do Atlântico), "a ser rigorosamente cumprida", requisita navios, aviões, helicópteros, armas e armamentos e assinala:

> O Comando da 4ª Divisão de Porta-aviões deve abastecer as unidades durante a viagem, através de petroleiros com base no Caribe, para que os navios disponham do máximo de combustível ao chegar à área, no Atlântico Sul.

Outro navio sairá de Porto Rico, carregado de carabinas calibre 12, usuais na caça de animais de grande porte (como elefantes em safáris na África) e destinadas aos "grupos democráticos civis de São Paulo". Em 31 de março, o contra-almirante Bryan, em mensagem urgente, tinha ordenado ao Comando em Chefe do Sul, baseado no Panamá:

> Encaixotar 250 carabinas de calibre 12, consignar embarque para *Brother Sam* e enviar via aérea à Base de Ramey, da Força Aérea, em Porto Rico, a fim de chegar a destino a 0110080Z de abril para retirada posterior.

O código 0110080Z significava "10 horas e 8 minutos da noite de 1º de abril", com o Z final, "Zulu", designando o fuso horário de São Paulo.

– 5 –

Delineado, aparentemente, como "apoio logístico" aos conspiradores "castellistas" com quem o coronel Walters tinha intimidade, o carregamento de armas da Operação *Brother Sam* fora preparado para atender, mais do que tudo, às dificuldades previstas para São Paulo. Lá, o industrial Alberto Byington assegurava ter "pouso seguro" para um desembarque de armas no aeroporto de Campinas.

PRIMEIRA PARTE

É assim que, à 10 horas de 31 de março, o contra-almirante L.A. Bryan, vice-diretor de Logística do comando conjunto, manda o chefe do Estado-Maior do Exército:

> 1. Preparar e embarcar 110 toneladas de munição para armas leves em apoio ao plano operacional 2-61 do USCINCSO (*comandante em chefe do Comando Sul*) para chegar à Base McGuire, da Força Aérea, com destino ulterior, conforme ordenado pelo Estado-Maior Conjunto.
> 2. O chefe do Estado-Maior da Força Aérea garantirá ponte aérea para atender ao item acima. Reunirá, e manterá em posição, seis aviões C-135 na base McGuire para seguirem a seu destino.
> 3. Debitar à conta M&O do serviço regular. Manter registros separados dos custos para levantamento posterior dos gastos totais da operação.
> 4. O chefe do Estado-Maior da Força Aérea fica designado 'órgão executivo' para desenvolver planos detalhados para a ponte aérea, com apoio de caças, além de petroleiros, para o transporte do material até o destino. As forças constarão de aproximadamente sete aviões C-135 (seis para transportar munição e um de apoio), oito caças, até oito aviões de abastecimento, um de apoio de socorro aéreo, um avião de comunicações e um posto de comando aerotransportado.
> 5. O Comando das Forças de Ataque (na Flórida), o Comando em Chefe do Sul (no Canal do Panamá), o comandante em chefe do Comando Aéreo Estratégico e o comandante em chefe do Atlântico (em Norfolk) fornecerão as forças e o apoio necessários ao chefe do Estado-Maior da Força Aérea para o cumprimento da missão.

(A documentação secreta do planejamento, liberada gradualmente ao público nos EUA a partir de 1974, mostra que não se tratou de uma improvisada reunião de navios, mas de uma gigantesca ação militar, pacientemente planejada, que mobilizou todos os setores das Forças Armadas dos EUA, além da CIA. A maioria da documentação da Agência Central de Inteligência, porém, permanece ainda "embargada", numa demonstração de que a CIA reluta em revelar o que fez.)

– 6 –

A *Operação Brother Sam* é "altamente secreta", só a alta cúpula sabe dela, mas, no início da tarde de 1º de abril, o governo norte-americano se assusta: a informação "vazou" para a imprensa. Jornalistas do *Washington Post*, do *The New York Times*, das rádios e das redes de TV buscam saber se a esquadra se movimenta e qual é a relação com o que ocorre no Brasil.

Há consenso no governo de que a opinião pública tem de ignorar tudo, pois, se algo transcender, multidões podem sair à rua acusando os EUA por "intervir num país estrangeiro". Uma reunião urgente é convocada para o início da tarde na Casa Branca para debater o assunto. Antes, porém, o Pentágono nomeia o general Breitweiser como chefe da força-tarefa do Comando Sul-Brasil e dá quatro ordens peremptórias a todos os setores envolvidos na *Brother Sam*:

1) Somente passar informações e referências sobre a força-tarefa conjunta quando solicitado.

2) Todo o pessoal designado para trabalhar no Comando das Forças de Tarefa Conjuntas terá de ser submetido secretamente a uma prova de segurança.

3) Os nomes dos designados devem ser submetidos ao COMUSSCJFT (Comando da Força-Tarefa Conjunta do Comando Sul).

4) O pessoal deve comparecer ao prédio 238 na Base Aérea de Howard às 20 horas de 1º de abril (para a avaliação de segurança).

Logo, na Casa Branca, com o presidente Lyndon Johnson à cabeceira da mesa, toda a alta cúpula militar, diplomática e de espionagem debate o que fazer, a partir do relatório otimista do coronel King, chefe da CIA: "No Brasil, a situação passou a favorecer os insurgentes, pois o general Kruel está marchando com suas tropas para a divisa de São Paulo com o Rio", afirma.

Mas o que os preocupa, mesmo, é a repercussão em torno da *Brother Sam*. O secretário de Estado, Rusk, comenta com preocupação o "vazamento" da noite anterior, mas o general Taylor exime os militares de quaisquer responsabilidades:

– Não houve exatamente um 'vazamento', mas sim a dedução de alguns jornalistas, ao terem conhecimento da reunião especial do Estado-Maior – explica o general, segundo a própria ata da reunião. Liberada atualmente para consultas, a ata acrescenta que "houve consenso em torno de tratar rotineiramente os questionamentos dos jornais sobre os movimentos navais, os quais não devem ser apresentados como uma movimentação de contingência relacionada ao Brasil".

As deduções da imprensa norte-americana, porém, preocupam o governo. O exame da ata da reunião (em que o presidente Johnson aparentemente nada diz, só ouve) mostra o secretário de Estado defendendo antecipadamente o embaixador Gordon e informando que não partiu dele – mas sim do Brasil, "dos paulistas" – o pedido de "apoio dos EUA neste momento". A ata da reunião resume as ideias de Dean Rusk:

> O secretário disse que o embaixador Gordon não estava defendendo apoio dos EUA neste momento. Apenas os paulistas haviam solicitado esse auxílio e sem definição. O embaixador Gordon, com quem o secretário concordou, acredita que seria errado, nesta etapa, dar uma bandeira anti-ianque a Goulart.

– 7 –

As demonstrações de poder da *Operação Brother Sam* na costa brasileira serão "ostensivas", como decidido e informado já na primeira mensagem ao embaixador e como o próprio Gordon tinha sugerido. Essa será a forma de apoiar os insurgentes. Ou "o governo" do Estado brasileiro que se declarar em "estado de beligerância". Mas só nesse momento será "ostensiva e aberta". Até então, tudo é secreto, para "não dar uma bandeira contra os ianques" a João Goulart.

O deslocamento dos navios-petroleiros, porém, se faz como operação normal "com destino a Montevidéu, Uruguai", como ordena o almirante Bryan, subchefe de Logística do Estado-Maior Conjunto:

Esta é uma mensagem Brother Sam. Carregar o navio *Santa Inez*, que chega a Aruba às 22h de 31 de março, com 40 mil barris de gasolina comum; 15 mil barris de gasolina de aviação; 33 mil barris de óleo diesel e 20 mil barris de querosene. O barco seguirá para Montevidéu. Novas instruções sobre o destino real serão fornecidas. Nenhuma comunicação, nenhuma comunicação, repito, será divulgada. Carregar o petroleiro *Chepachet* com 35 mil barris JP (combustível de jato), 40 mil barris de gasolina comum, 33 mil barris de gasolina de aviação 115/145. Carregar o petroleiro *Hampton Roads*, com o máximo de JP (combustível de jato) para 24 pés de calado, aproximadamente 150 mil barris. Carregar o petroleiro *Nash Bulk* com 92 mil barris JP (para jato), 56 mil barris de gasolina comum, 39 mil barris de gasolina de aviação 115/145. As mesmas instruções de navegação do Santa Inez se aplicam a todos os petroleiros.

O subchefe de Logística é detalhista, e não como rima, mas por necessidade dos revoltosos no Brasil: além de determinar o volume e o tipo de combustível, especifica até mesmo que um dos navios petroleiros – o *Hampton Roads* – carregue "o máximo" de gasolina para avião a jato, 150 mil barris, para descarregar em um porto de 24 pés de calado. Seria Santos? Ou Vitória? Dos quatro navios-tanque, só o *Hampton Roads* tem esse calado. Os três outros têm 28 pés.

Os petroleiros que zarparam de Aruba, no Caribe, só entre 10 e 11 de abril chegarão a Santos e "os paulistas" têm urgência, como o industrial Alberto Byington repete e repete ao cônsul dos EUA em São Paulo. De Washington, o secretário de Estado pergunta ao embaixador da possibilidade de que o porto de Recife esteja disponível e seja alternativa. Rusk não tem noção das distâncias no Brasil... e, além disso, nesse momento, o governador Miguel Arraes ainda não foi preso dentro do próprio palácio e lá continua. A solução do problema passa à reunião da alta cúpula com o presidente na Casa Branca. E o secretário de Defesa, McNamara, informa que

> [...] há um navio-tanque norueguês no Atlântico Sul, fretado pela *Esso* e carregado com os combustíveis necessários. A embarcação

está a caminho de Buenos Aires, onde deve chegar em 5 ou 6 de abril e, portanto...

Na cópia disponível da ata da reunião, a palavra de McNamara continua sob censura, cortada logo após o que só pode ser a conclusão óbvia: que a Esso[50] desvie o navio para Santos, por onde, inclusive, o barco já devia andar naquele momento. Buenos Aires está a dois ou três dias de navegação a partir da costa paulista e, portanto, o petroleiro já está chegando.

Quanto ao resto, o poderoso McNamara manda tranquilizar os paulistas: "As armas e munições estão sendo montadas para transporte aéreo em Nova Jersey, e chegarão em 16 horas a partir do momento da decisão", explica.

– 8 –

Na vida militar e na diplomacia, as ordens "de cima" se cumprem, obedientemente, sem discutir. E assim ocorre na *Brother Sam*, em que o pessoal envolvido não sabe qual a finalidade nem a que se destina aquele gigantesco deslocamento da maior força-tarefa que as Forças Conjuntas levaram ao mar, até então. Nem na Segunda Guerra Mundial os EUA deslocaram tanta gente de uma só vez pelo Atlântico. Por isso, alguns oficiais parecem inquietos e, talvez para melhor cumprir o que lhes ordenam, fazem perguntas que os segredos da *Brother Sam* (ainda) os impedem de fazer.

No início da madrugada de 2 de abril, por exemplo, o coronel-aviador R. L. Walker, "oficial executivo J-4", confirma o abastecimento dos quatro petroleiros e descreve, de um a um, os detalhes da carga e as previsões de chegada "nas proximidades do Rio de Janeiro". Quer saber, no entanto, onde e como esvaziar a carga, já que Montevidéu era, apenas, o destino formal, fictício. E, assim, ansioso, solicita no final da mensagem ao comando em chefe: "Designar portos de destino e instalações receptoras".

---

50. Maior empresa petrolífera dos EUA, a Esso tem, hoje, a denominação de Chevron.

Não será preciso, no entanto, revelar o destino verdadeiro prematuramente ao ansioso coronel-aviador, nem puni-lo pela curiosidade.

– 9 –

Por volta das 22h30 de 2 de abril, o embaixador Lincoln Gordon está em plena teleconferência com Washington relatando (ao secretário de Estado e ao diretor da CIA) que João Goulart está na fazenda, em São Borja, quando anuncia que "Castello Branco acaba de confirmar que, em Porto Alegre, o último bolsão da resistência militar acabou" e que "as forças democráticas têm absoluto controle do Rio Grande do Sul". *(A teleconferência era um diálogo escrito, em que um lado perguntava e outro respondia, e vice-versa, datilografando nas teclas do telex, aparelho similar à máquina de escrever, em conexão ponta a ponta, no caso, do Rio a Washington, registrando tudo em rolos de papel.)*

No Rio de Janeiro, a Marcha da Família com Deus pela Liberdade, que o embaixador ajudara a preparar (pedindo "novos e modestos recursos" a Washington), tinha se transformado, desde o anoitecer, em Marcha da Vitória. Mais de 100 mil pessoas desfilaram pela Avenida Rio Branco, passando próximo ao prédio de mármore branco da embaixada, e chegaram a Copacabana, na época o bairro bastião da direita lacerdista. Já na rua, os vitoriosos mostravam a vitória apontando "comunistas" para a polícia espancar ou prender.

Em São Paulo, a violência foi ainda maior. O jornal *Última Hora* foi invadido pela polícia, os jornalistas foram espancados e as rotativas, danificadas com areia e óleo. Entre outros, procuravam o jornalista Nelson Gatto, que horas antes comandara a ocupação da Companhia Telefônica. Na Baixada Santista, onde a "greve geral contra o golpe" tinha sido total, tropas do Exército e da Força Pública estadual ocuparam a refinaria da Petrobras, a Cosipa, as indústrias petroquímicas de Cubatão, a estação da Estrada de Ferro Santos-Jundiaí e a sede do sindicato portuário de Santos, sempre espancando e prendendo.

Em Recife, o governador Arraes foi preso pelo Exército no próprio palácio, sem qualquer resistência, e isso animou os vitoriosos: cerca de mil prisões só nesse dia. O veterano dirigente comunista Gregório Bezerra, que organizava sindicatos de lavradores no agreste pernambucano, foi obrigado a desfilar pelas ruas da cidade descalço, vestindo apenas um calção, acorrentado ao pescoço e puxado por um jipe militar. A cena de estilo medieval foi exibida à noite pela televisão e repetida nos dias seguintes, como símbolo da vitória.

Em Aracaju, o governador de Sergipe, Seixas Dória, foi o primeiro a ser preso. Integrava a UDN, o partido que sustentou o golpe, mas pertencia à ala de esquerda, solidária com as reformas, e, assim, era um "perigoso comunista".

Em Porto Alegre, a residência do deputado e ex-governador Leonel Brizola foi invadida pela polícia e depredada. Os trajes foram abertos a navalha, de alto a baixo, "à procura de dólares". A polícia estadual ocupou as ruas e começou a prender a esmo. O coronel Alfeu Monteiro é morto com quatro tiros pelas costas ao argumentar que não podia ser removido do comando da Base Aérea por um golpe de força.

Pelo país inteiro, os vitoriosos festejavam o triunfo.

– 10 –

Mas, e o imenso porta-aviões *Forrestal*, o maior do mundo, com 4 mil tripulantes? E os destróieres com foguetes teleguiados e os outros navios que navegam pelo oceano em direção ao Brasil?

Às 17h22 de 2 de abril, Washington recebe o alerta inicial da embaixada de que a ação militar muito possivelmente já não seja mais necessária. Mas Gordon e o coronel Walters têm de responder rápido ao que Washington indaga: a *Brother Sam* deve suspender-se? A esquadra continua a navegar normalmente, com a velocidade programada desde o início. Às 11h30 de 3 de abril, o general F.T. Unger, diretor de Operações do Pentágono, informa à força-tarefa que a operação se cancela e que os envolvidos deverão voltar às atividades normais, mas determina: "Continuar a observar sigilo absoluto sobre a operação".

O Comando Sul, no entanto, não pode suspender a operação simplesmente mudando o rumo da navegação. Deve simular alguma "operação" para suspender a *Operação Brother Sam*, deve inventar situações e fantasiar combates, para deixar a impressão de que tudo havia sido uma "simples manobra naval". Mas inventar uma ação militar talvez seja mais difícil do que programar algo real, e só às 17h50 do dia 3 de abril o comandante em chefe do Comando das Forças Conjuntas manda suspender a *Operação Brother Sam*. O general George S. Brown recebe a ordem:

a. Cancele a Ordem de Operação 26-64 CLF.
b. Essencial adotar todas as precauções para encobrir atividades e proceder a recuo rápido em todas as operações. Ordene COMCARDIV 4 (Comando da 4ª Divisão de Porta-aviões) a completar reabastecimento de Kankakee (o *Forrestal*), como programado, e depois dirigir-se à área de recuo rápido, em grupo. Movimentos de Kankakee à discrição de COMSERVLANT (Comando do Atlântico Sul).
c. Sugerir a COMCARDIV 4 (Comando da 4ª Divisão de Porta-aviões) realizar um ataque simulado OPS 8, aproximadamente contra recuo rápido das forças para longe de MHC, fantasiando uma oposição imprevista e, logo, devolver unidades às operações normais. *Leahy* deve reunir-se a *Quick Kick*, como programado. Movimento de COMCARDIV 4 (porta-aviões *Forrestal*) à discrição de CONSECCONDFLT (Comando da Segunda Esquadra).

Apesar das expressões em código militar, é fácil entender que a esquadra enfrentou-se consigo mesma "fantasiando uma oposição imprevista" em pleno oceano. E as armas e munições? A Força Aérea recebe ordens de suspender os voos a São Paulo, mas continuar de posse de "todo o armamento" e armazenar as 110 toneladas em Fort Dix, na Base McGuire, no estado de Nova Jersey, pelas dúvidas...

– 11 –

As naves da *Brother Sam* navegavam ainda pelo Atlântico, com o *Forrestal* à frente e seus caças a jato à vista, sob a pista de aço, quando Lincoln Gordon começou a "teleconferência da vitória" com a Casa Branca, às 23h15, hora do Rio de Janeiro, do dia 2 de abril. Do lado de lá, em Washington, quatro assessores diretos do presidente Johnson, que os documentos identificam apenas como Burton, U.A. Johnson, Noland e Sloan. A finalidade é transcrever para o embaixador o texto da mensagem que o presidente dos Estados Unidos transmitirá na manhã do dia, 3, bem cedo, ao recém-empossado presidente Ranieri Mazzilli, em Brasília. O próprio Gordon tinha sugerido o texto, "caloroso e de apoio":

> Aceite meus calorosos votos de felicidade pela sua posse como presidente dos Estados Unidos do Brasil. O povo americano tem acompanhado com ansiedade as dificuldades políticas e econômicas que sua grande nação atravessa e admirado a resoluta disposição da comunidade brasileira para resolver essas dificuldades dentro dos parâmetros da democracia constitucional e sem conflito civil.

O subsecretário de Estado George Ball (que muitas vezes discordara das ideias do embaixador) chega à sala de telex da Casa Branca nos segundos finais da teleconferência e a encerra escrevendo a Gordon:

> Felicitações *to you* e a toda a sua equipe pelos nervos de aço e, mais do que tudo, pelos bons conselhos durante o período crítico e pelos excelentes relatórios escritos sob condições de enorme confusão. Boa noite e parabéns.

– 12 –

Para os EUA, Lincoln Gordon era o "grande herói". Na paranoica fantasia da Guerra Fria, ele tinha ganhado a grande batalha "contra o comunismo" e "contra os soviéticos". Em verdade, os soviéticos não tinham maior influência no Brasil e seus quarenta diplomatas e funcionários (incluindo cozinheiras e motoristas) não se equiparavam aos quase 1.300 que trabalhavam para a Embaixada norte-americana. Mas Gordon há muito convencera Washington da crescente influência dos russos-soviéticos e isso o fazia ainda mais herói.

Há muito Gordon se preocupava com Jango Goulart. Em abril de 1962, quando Jango visitou os EUA, Gordon sugeriu que o levassem à Base de Offutt, perto de Omaha, em Nebraska, para conhecer as maravilhas tecnológicas com que o Comando Aéreo Estratégico controlava os mísseis de longo alcance e os bombardeiros B-52, que se revezavam pelos céus da Europa, dia e noite, cheios de bombas atômicas. Dias antes, Jango desfilara em carro aberto pelo centro de Nova York, sob chuva de confete caindo dos edifícios, e Gordon quis mostrar-lhe o outro lado. Jango chegou sorrindo à base militar e, a cada detalhe que conhecia, a face se contraía. O comandante da base, general Thomas Power, mostrou-lhe um imenso mapa-múndi em que pontos luminosos da Europa e Ásia pulsavam como num eletrocardiograma, indicando que por ali passava um B-52 naquele momento.

Depois, o general Power o levou de helicóptero ao outro lado do rio Missouri e lhe mostrou o silo, ou túnel-fortaleza, do míssil balístico intercontinental Atlas. Foi o primeiro presidente estrangeiro a estar lá e conhecer aquela maravilha da modernidade, que, com carga nuclear na ogiva, era capaz de matar, em minutos, mais de 500 mil pessoas em Moscou ou 700 mil em Pequim. Jango saiu da visita atordoado e tristonho: durante duas horas, tinha visto apenas como se mata e se destrói.

Mas a tristeza de Jango era também, naquele 1962, a alegria de Gordon. O embaixador pretendia exatamente aquilo: que Jango conhecesse o poder da maior potência militar do planeta, para não a contrariar nem se meter contra ela. Ali, naquela visita de abril de 1962, Gordon tinha semeado o medo com o qual chegou ao triunfo de abril de 1964.[51]

– 13 –

O vitorioso Gordon, que recebera "parabéns" da Casa Branca pelos "nervos de aço" e por tudo que tinha sugerido e que havia

---

51. O filme-documentário *O dia que durou 21 anos* mostrou cenas da visita de Jango à base de Offutt.

dado certo no Brasil, se assusta, no entanto, mais do que ninguém na manhã da segunda-feira 7 de abril de 1964: uma mensagem urgente do secretário de Estado Dean Rusk informa que a *Operação Brother Sam* teve um custo de 20 milhões de dólares e que cabe ao governo do Brasil indenizar o governo dos EUA!

Não pergunta o que pensa o embaixador. Apenas lhe envia o total da conta, para que o transmita ao novo governo brasileiro. Na época, a quantia tinha um poder aquisitivo equivalente, hoje, a 10 vezes mais. E os nervos de aço do embaixador tiveram de funcionar de novo, agora em sentido contrário. Demorou alguns dias, conversou em diferentes áreas e Walters o ajudou na empreitada. Por fim, acabou convencendo seus superiores em Washington de que a cobrança dos custos desmoralizaria os Estados Unidos junto à opinião pública do Brasil e da própria América Latina.

Na época, no Brasil, não soubemos de nada disso. Nem do que a inteligente fantasia paranoica de Gordon instigou (estimulada, por sua vez, pelo atraso comportamental da direita brasileira), nem da intervenção militar direta iniciada pelos Estados Unidos, que só não se consumou porque Jango "desistiu" antes.

E, se soubéssemos, como teríamos reagido? A intromissão estrangeira, a quase invasão pela maior potência militar do planeta, teria desencadeado o que em cada brasileiro? É impossível prever o que teria sido se não houvesse acontecido, mas um detalhe é certo e inegável: os preconceitos que nos levaram ao golpe de Estado e ao horror da ditadura só conseguiram derrotar o livre debate por terem incorporado o medo às nossas vidas.

Em 1964, o medo foi o grande vitorioso e a apoteose do seu triunfo foi isto: o poder da intimidação navegando pelo Atlântico na *Operação Brother Sam*.

Segunda parte

Capítulo XI
Como foi possível?

– 1 –

Como foi possível tudo isto? Tantos nortes perdidos, tantas bússolas sem funcionar? Como entender hoje tantos preconceitos, tanta insensibilidade? De onde vinha tanto ódio acumulado e sem sentido? De onde tanta incompreensão ou cegueira, tanta incapacidade de raciocinar?

E, por outro lado, de onde vinha tanta confiança? E, às vezes, tão cega que se transformava em ingenuidade? E por que a ingenuidade passava a bravata e exibicionismo, simulando coragem em alguns casos?

Naqueles intolerantes e ardilosos tempos da Guerra Fria, bastava alguém gritar "olha aí o dedo do comunismo" para que as iras do céu, construídas aqui na Terra, despencassem como castigo, tal qual um devastador terremoto. O conflito político-ideológico entre as duas superpotências era, no fundo, uma disputa pela hegemonia mundial que os Estados Unidos e a União Soviética mediam (e resolviam) no campo dos arsenais militares. Armar-se cada vez mais, todo dia, para manter a paz cada vez mais, todos os dias – eis o que parecia o lema tácito da disputa. A mútua ameaça da guerra nuclear (exterminando a humanidade inteira), irônica e contraditoriamente, garantia a paz. Esse caminho dava aos exércitos dos países satélites uma força cada vez maior e mais influente na política e na sociedade. O Brasil e a América Latina eram parte da constelação, eram satélites ao redor do queimante sol em brasa dos Estados Unidos da América do Norte.

Segunda parte

No fundo, um acordo não declarado nem estabelecido, mas tácito, entre as duas grandes potências fazia com que as pendências e disputas se resolvessem no tabuleiro político, como se tudo fosse um jogo de xadrez, sem confrontação bélica direta. Um não se metia na área do outro, a não ser pelas ondas de rádio, na guerra de propaganda e contrapropaganda, num tempo em que os aparelhos de radiofonia eram o móvel principal da casa, de todas as casas mundo afora. De Washington, *The Voice of America* a Voz da América, chegava, nítida, aos países comunistas da Europa (e também aos latino-americanos, satélites dos próprios EUA), satélites soviéticos transmitindo em seus idiomas. Da capital soviética, a Rádio Moscou fazia o mesmo no sentido inverso. De permeio, naqueles anos 1950-1960, a Rádio Pequim criticava as duas superpotências, para mostrar-se "mais comunista" que os russos e ainda mais dura para com os americanos, cujos aviões todo dia violavam ameaçadoramente o espaço aéreo chinês.

– 2 –

O fantasma do anticomunismo presidia tudo o que ocorresse no chamado "mundo ocidental" – a área sob influência ou tutela dos Estados Unidos. Dois meses antes do suicídio do presidente Getúlio Vargas, em 1954, por exemplo, a CIA norte-americana treinou e armou (inclusive com aviões e navios) um "exército" que invadiu a pequena Guatemala, lá na América Central, e derrubou o presidente Jacobo Arbenz, que fora eleito e não era um ditador. Sua reforma agrária, porém, tinha desapropriado terras da United Fruit, que monopolizava a exportação de bananas da América Central para o mundo inteiro. Bastava isso! No início de 1959, em Cuba, os guerrilheiros de Fidel Castro e *Che* Guevara derrubaram o tirânico regime de Fulgencio Batista e foram saudados como "libertadores" nos Estados Unidos. Em seguida, ao instituírem a reforma agrária, foram vistos como adversários e, logo, como inimigos, ao nacionalizarem empresas norte-americanas.

Como foi possível?

No clima quente da Guerra Fria, Washington temia perder o controle sobre seus diretos subalternos latino-americanos.

– No contexto da Guerra Fria, tudo era possível, até as paranoias. Com a crise dos mísseis, em 1962, para os norte-americanos a ameaça e o medo à guerra atômica chegavam às portas de casa – disse-me Robert Bentley, em 2010, 46 anos depois daquela noite em que acompanhou a sessão do Congresso que "legalizou" a queda de João Goulart e anotou tudo para informar a seus superiores na Embaixada dos EUA.

Situação similar (e oposta) ocorria com o Kremlin no bloco comunista europeu.

– 3 –

No Brasil, a chamada conjuntura mundial da Guerra Fria estimulava o atraso comportamental da sociedade. Os "tenentes" e a Coluna Prestes dos anos 1920, depois a Revolução de 1930, tinham sacudido o país e iniciado a "modernização" política e social, mas a visão escravocrata ainda era forte, ou até predominava. Os próprios avanços sociais tinham ampliado os preconceitos do setor mais alto da oligarquia e, por sua vez, radicalizado as reivindicações das camadas mais baixas do povo.

Naqueles anos 1960, a dúvida e a desconfiança estavam, ainda, em todas as partes e em qualquer ato. Tudo o que rompesse a monotonia conservadora da sociedade era visto com espanto. Qualquer movimento de reforma social eriçava os ânimos e fazia estremecer a rígida "direita política" e a própria sociedade conservadora, como se os pacatos lares viessem a ser invadidos pelas turbas de vândalos, ávidos por apossar-se de todos os valores materiais e morais – das joias e bens pessoais, das terras ou do virgem hímen das mocinhas de família.

O Brasil crescia, mas os desníveis da sociedade se acentuavam. Nas áreas rurais, de Sul a Norte, a forma impenitente com que pequenos grupos submetiam milhões de pessoas passava a gerar protestos. Brotavam os conflitos entre semiescravos e potentados. No Nordeste, mais do que tudo, "os deserdados do campo" continuavam a fugir em massa para "o Sul" e se faziam operários urbanos (ou suburbanos) em São Paulo. Como outras, a maior cidade do país se inchava, mas poucos percebiam que isso era o primeiro sintoma de um tumor violento a explodir mais tarde, tempos depois. Qualquer menção de reforma social que encarasse a situação pensando no amanhã e levasse a mudar amedrontava os setores mais bem aquinhoados (ou, até, os não tão bem contemplados...), temerosos de perder o que haviam conquistado. No campo ou nas cidades, a maioria dos grandes conglomerados econômicos tinha se originado da exploração do trabalho e temia qualquer modificação na estrutura das leis que haviam garantido seus lucros. A contragosto, de cara feia e resmungando, limitavam-se a observar as leis trabalhistas dos anos 1930, dos tempos de Getúlio Vargas. Cumpriam por baixo, pelo mínimo, e isso era o máximo que concediam... Noutros casos, tentavam burlar sistematicamente a legislação, fazendo crescer as demandas operárias na Justiça do Trabalho. (Foram os anos de bonança dos advogados dos sindicatos.)

– 4 –

A nascente sociedade de consumo ainda não tinha o brilho incandescente atual, no século XXI. (Hoje, a televisão, o computador pessoal e a internet ou o telefone celular acendem ou multiplicam apetites, desejos e fantasias. E, assim – numa civilização de abismos sociais profundos –, ampliam e aprofundam o marginalismo, fazendo crescer a bandidagem que assalta e mata para roubar o que for, do ínfimo ao muito.) Mas os conflitos se expandiam naqueles anos e começavam a ter roupagens de reivindicação social. No Nordeste, principalmente, os que assaltavam trens de carga, caminhões de alimentos, armazéns ou casas de farinha já não eram simples saqueadores famintos. Na maioria dos casos, eram grupos doutrinados e organizados pelo clandestino Partido Comunista ou por setores avançados da Igreja Católica. Levantavam ao ar enxadas, pás e foices para significar que reivindicavam um pedaço de terra. As duas forças confrontadas em termos filosóficos disputavam a adesão dos camponeses pobres, despojados do pouco que haviam tido um dia, ou que, simplesmente, nunca tinham tido um palmo de chão.

São os tempos em que a literatura passa à realidade e deixa de ser um devaneio. O poema dramático *Vida e Morte Severina*, escrito em 1954-1955 por João Cabral de Melo Neto, agora não se recita apenas nos teatros, mas está no quotidiano das palavras de ordem no campo. Nelson Pereira dos Santos transforma em filme o romance *Vidas Secas*, de Graciliano Ramos, e a tragédia da miséria e do analfabetismo no Nordeste dos "coronéis" aparece nos cinemas das grandes cidades do Sul e Sudeste. Nas telas, o jovem Glauber Rocha dá um tom épico e poético às lutas sociais do sertão. Em São Paulo, o Teatro de Arena abre para o país inteiro uma nova visão das artes cênicas. Augusto Boal dá os primeiros passos do que, mais tarde, vem a ser sua descoberta do "teatro do oprimido". O CPC, Centro Popular de Cultura da UNE, com o apoio do Ministério da Educação, abre uma perspectiva nova à criação cultural em todas as áreas, nas cidades e no campo. O poeta Ferreira Gullar é o teórico dessa revolução popular cultural, em que o erudito convive com a ralé, e vice-versa. Na música popular, Carlos Lyra, Zé Kéti, Chico Buarque e muitos mais unem o lírico e o social, e o próprio samba deixa de ser apenas uma confissão pública de desamores.

Na nova capital da República, em meio ao pó das máquinas motoniveladoras, Anísio Teixeira, Darcy Ribeiro e frei Matheus Rocha organizam a Universidade de Brasília nos moldes abertos das instituições acadêmicas norte-americanas. (A inovação, no entanto, é vista como perigosa "invenção comunista" saída da tríplice cabeça formada por um pedagogo, um antropólogo e um frade dominicano "de esquerda").

Num tempo de desconfianças, o Brasil escondido mostrava o rosto. O desenvolvimento industrial (propiciado pela usina siderúrgica de Volta Redonda) criava a "classe operária", até então simples aglomerados de trabalhadores e artesãos ou mero palavreado dos manifestos da esquerda marxista. Os conflitos rurais deixavam de ser "invasões de bugres" (como se dizia no Sul) ou "bandidagens de maltrapilhos ressentidos" (como se dizia no Nordeste) e passavam a reivindicações e demandas sociais.

O país se mostrava a si mesmo, num retrato de corpo inteiro que, aos poucos, se transformava em radiografia das entranhas.

– 5 –

Tal qual o descobrimento do fogo amedrontou o homem das cavernas, a classe média ascendente brasileira assustou-se com a irrupção inesperada e desconhecida do populacho que pretendia transformar-se em povo. E, no medo, grande parte da classe média aceitou e prestou obediência aos que diziam que aquilo era a erupção de um vulcão e que havia que salvar-se do furor das lavas. O desconhecido e o novo assustam sempre, mesmo quando, na outra ponta, eletrizam de ansiedade na estreia de algo esperado há tempos. E, assim, o despertar das reivindicações (além de inquietar a oligarquia ou grandes empresas e assustar a classe média conservadora) criou nos reivindicantes um frenesi público, que se exteriorizava, muitas vezes, com raiva e ira, principalmente na área rural.

Nas grandes cidades do Centro-Sul e do Sul, reivindicar ou fazer greves já não espantava a população, mas no Nordeste significava um desafio aos "coronéis" que manejavam tudo – da terra à política, da vida à morte. Na Paraíba e Pernambuco, por exemplo, o linguajar dos sindicatos rurais do clandestino PCB, coordenados por Gregório Bezerra, era direto, embora menos drástico que as vozes e ações das "sociedades de lavradores", ou ligas camponesas, que ganharam ímpeto e se expandiram a partir de 1956, quando o agricultor João Pedro Teixeira organizou o núcleo inicial em Sapé, na Paraíba.

O conflito social não foi produto dos anos 1960 no Brasil. Ao contrário, estava instalado há muito, por incontáveis decênios ou alguns séculos. Talvez desde as capitanias hereditárias da época colonial, em que as castas se estabeleceram por decisão do rei de Portugal. Os trabalhadores urbanos estavam organizados desde o início da década de 1930 – bem ou mal, conduzidos pelos independentes (anarquistas e comunistas) ou pelos "pelegos", sob amparo do Ministério do Trabalho –, mas na área rural tudo era novo.

– 6 –

A ideia esquemática, dominante em boa parte da sociologia e da historiografia atual, atribui à Revolução Cubana uma influência decisiva (ou quase única) nos movimentos urbanos e, principalmente, nos movimentos rurais que, logo, serão utilizados como um dos pretextos da direita para desencadear o golpe de Estado de 1964. A "ameaça de *cubanização* do Brasil" foi a bandeira principal dos golpistas, inventada pela fantasiosa paranoia do atraso e medo daqueles anos. Os fatos concretos, no entanto, levam a outra visão e sepultam essa ideia.

A primeira grande confrontação com gigantescas companhias norte-americanas, por exemplo, deu-se no Brasil (não em Cuba), quando o jovem governador do Rio Grande do Sul, Leonel Brizola, nacionalizou a American and Foreign Power, do setor elétrico, em maio de 1959. A Revolução Cubana tinha, então, poucos meses apenas e (eufórica por ter derrubado uma tirania corrupta) ainda tateava os caminhos futuros, como um cego à procura de amparo. Só muito depois de Brizola (e, talvez, sem conhecer o ocorrido no Sul do Brasil), Fidel Castro fará o mesmo em Cuba. A chamada "emenda Hickenlooper" (que os EUA usarão, mais tarde, para castigar Cuba e impor o bloqueio financeiro, econômico e comercial) surgiu como consequência da nacionalização da American and Foreign Power no Rio Grande do Sul, para punir Brizola e advertir quem o quisesse imitar.

A Revolução Cubana triunfa a 1º de janeiro de 1959, mas muito antes, em 1954-1955, o oeste do Paraná é cenário de luta acirrada de lavradores pelo acesso a terra. A rebelião contra grileiros-latifundiários começa espontaneamente, mas logo o PCB guia o movimento que chega quase a uma pequena guerra civil localizada. Dois comunistas que, depois, irão tornar-se conhecidos nomes nacionais – o jornalista João Saldanha (mais tarde, técnico da seleção de futebol) e o ex-sargento do Exército e ex-deputado Gregório Bezerra – são os responsáveis diretos pelas tarefas de organização e durante dois anos se embrenham pela região, em parte ainda pura mata inexplorada.

– 7 –

Em 1955, Josué de Castro desafia o "coronelismo" do Nordeste e, sem qualquer apoio ou simpatia do governo do presidente Café Filho, organiza em Recife o Congresso de Camponeses, juntando 10 mil lavradores que, no dia do encerramento, desfilam pela capital pernambucana com seus chapéus de palha e roupas remendadas. Além de deputado federal trabalhista, Josué já era grande nome, reconhecido mundo afora por seus livros *Geografia da Fome* e *Geopolítica da Fome*, e integrava a FAO das Nações Unidas (que presidiu mais tarde) e só isso evitou represálias governamentais.

São os anos em que os trabalhadores dos canaviais e meeiros do Nordeste criam as "sociedades beneficentes de defuntos" ou "ligas de plantadores" ou, simplesmente, "ligas camponesas", como acabam por ser conhecidas. Algumas crescem: a do engenho Galileia, em Pernambuco, comanda de tal forma a produção que a Assembleia Legislativa de Pernambuco aprova o projeto de desapropriação apresentado pelo deputado socialista Calos Luiz de Andrade. E, em 1959, o governador Cid Sampaio, da conservadora União Democrática Nacional (UDN), assina o decreto de desapropriação na sacada do palácio do governo, diante dos próprios lavradores. As terras são repartidas entre 47 famílias, enquanto o governo promete remanejar outras 93 para diferentes áreas.

A partir daí, passo a passo, o advogado e deputado estadual Francisco Julião, como representante das famílias remanejadas, assume a defesa judicial das "sociedades de defuntos" ou "ligas". Hábil, com um linguajar messiânico e religioso, rapidamente controla as agrupações. Com a Bíblia na mão, faz citações "do próprio Deus" e de artigos da Constituição e da lei, que os analfabetos lavradores desconhecem e que lhes ecoam como palavras mágicas. Em pouco tempo, Julião torna as ligas camponesas o principal objeto do noticiário da imprensa. Enquanto na Paraíba e noutros estados, as ligas criadas por João Pedro Teixeira mobilizam camponeses pela posse da terra e sofrem represálias e ataques dos "senhores de engenho", ou de latifundiários e da polícia, as do deputado Julião dedicam-se quase só à agitação política e, assim, aparecem na imprensa, com o que se tornam menos vulneráveis.

Logo, porém, se enfrentam a dois outros adversários: por um lado, os sindicatos rurais, organizados pelo PCB, com o mítico antigo sargento (da rebelião militar comunista de 1935) e ex-deputado Gregório Bezerra à frente; por outro, os sindicatos criados pela Igreja Católica a partir dos padres Paulo Crespo e Antônio Mello em Pernambuco. Católicos e comunistas se enfrentam nas bases pela organização e domínio do "povo rural" que irá formar os sindicatos. Às vezes, até disputam eleições acirradas, em lutas árduas mas em paz.

– 8 –

O Nordeste do Brasil está em chamas – diz a imprensa e a televisão dos Estados Unidos. Desde a renúncia de Jânio Quadros e a ascensão de Jango em 1961, enviados especiais das duas grandes cadeias de TV e dos grandes jornais norte-americanos percorrem o Nordeste para relatar o novo grande incêndio. O *The New York Times* envia duas de suas grandes figuras – Tad Szulc e Juan de Onis, especialistas em América Latina. A luta pela terra e a agitação no campo no Nordeste do Brasil ganha espaços nas revistas *Newsweek* e *Time* como algo alarmante que pode desembocar em uma "nova Cuba". A TV mostra camponeses esquálidos trabalhando de sol a sol e empunhando foices como arma, cenas que os brasileiros urbanos do próprio Nordeste jamais viram nem hão de ver.

SEGUNDA PARTE

O comunista Gregório Bezerra, por um lado, e o católico padre Mello, por outro, evitam transformar-se em "astros" da TV e da imprensa norte-americana. Cada um por um lado organiza lavradores e camponeses sem terra e pouco se mostram fora do campo. Padre Mello recebe, até, algumas migalhas da Aliança para o Progresso, obtidas através do Consulado dos EUA em Recife e talvez até por isso não se mostre, por temor a que digam que aquilo é dinheiro da CIA. Ao contrário, porém, Francisco Julião fala e escancara o rosto para os jornais, posa para a televisão e aparece nos EUA como um "Fidel Castro sem barbas". Foi a Cuba no início de 1960, na comitiva de Jânio Quadros, então candidato a presidente, e, desde então, fez-se amigo de Fidel Castro e proclama esse detalhe aos quatro ventos. A partir daí chamou ainda mais a atenção, até se tornar figura constante nos meios de comunicação norte-americanos, como se fosse talhado para despertar sensacionalismo. Quase imberbe, baixinho e magro, difere fisicamente do alto e atlético guerrilheiro cubano (que naqueles dias inquieta o governo dos EUA), mas fala em revolução como ele, às vezes repetindo idênticas palavras em posturas idênticas.

Quase tudo que a TV e a imprensa difundem serve a dupla interpretação – a penúria do Nordeste não só condói a opinião pública norte-americana, mas a adverte também de que ali está o início da revolução popular. E de que isso é perigoso, pois o comunismo anda por lá e os EUA não podem dar-se ao luxo de tão só observar algo que não podem controlar na América Latina, onde sempre controlaram tudo. Na edição de 18 de agosto de 1963 do *The New York Times*, já no título da reportagem do enviado especial Juan de Onis aparece com nitidez a ideia do que se transmite à opinião pública norte-americana sobre o Nordeste rural: "*Brazil's Goulart skirts the Abyss*" – "Brasil de Goulart circunda o abismo". Uma foto de Francisco Julião junto a camponeses ilustra a nota.

Uma publicação dos EUA, no entanto, o semanário *The Christian Science Monitor*, de Boston, descobre que a coisa não é bem assim. Envia ao Nordeste o jovem advogado-jornalista Ralph Nader, que vasculha o sertão e revela "o conluio criminoso" entre governantes, políticos, opulentos senhores de engenho e fazendeiros para manter uma situação opressiva que perdura no campo há séculos. E as próprias empresas norte-americanas não são alheias a isso e "é comum que apoiem ou participem" de tudo aquilo.[52]

O *The Christian Science Monitor* é um pequeno periódico, sério e respeitado, mas sem maior influência ou repercussão nos Estados Unidos. Pertence à Igreja de Cristo Cientista e pretende, apenas, ser fiel ao lema de Mary Baker Eddy, que o fundou em 1908. O lema em inglês é um sonoro jogo de palavras: "*To injure no man, but to bless all mankind*" – "não ferir o ser humano, mas abençoar a humanidade". Sua voz solitária irá perder-se ou será abafada pela gritaria da grande imprensa e da TV norte-americana.

E, a cada dia mais, implanta-se nos EUA a ideia de que o Brasil é "um barril de pólvora" que, ao explodir do Nordeste ao Sul, vai espalhar estilhaços contagiantes pela América do Sul inteira.

Em 1962, em Porto Alegre recebo Denny Davis, diretor da United Press Internacional (UPI) no Rio de Janeiro, e que visita o Rio Grande do Sul para conhecer a reforma agrária do governador Leonel Brizola. O recém-fundado Instituto Gaúcho de Reforma Agrária reunia e organizava agricultores sem terra para ocuparem grandes fazendas desapropriadas por serem improdutivas ou para se instalarem nas imensas áreas públicas do Banhado do Colégio, próximas à Lagoa dos Patos. O casal Leonel Brizola-Neusa Goulart Brizola doou a metade da fazenda Pangaré, a 80 quilômetros da capital, para um futuro núcleo de reforma agrária.

– Esta pequena doação não resolve o problema agrário, mas busca dar o exemplo! – explicou Brizola, já no fim do mandato de governador.

O jornalista norte-americano impressionou-se com o estilo pacífico do que viu e até mudou a visão com que encarava o franco

---

52. Ralph Nader torna-se, mais tarde nos EUA, o grande denunciante da insegurança dos automóveis, numa campanha que leva a uma mudança radical na indústria, a começar pelo cinto de segurança. Ativista dos direitos humanos, Nader funda diferentes ONGs nessa área e na defesa do meio ambiente. Em 2000 e 2004 foi candidato independente à presidência dos EUA. Seu ponto de partida foi o Brasil.

e briguento jovem governador. Davis esperava encontrar "agitação no campo" e viu, apenas, o próprio governo organizando os agricultores. Ou estimulando com recursos financeiros o Master, Movimento dos Agricultores Sem Terra, criado pelo prefeito do município de Encruzilhada, Milton Serres Rodrigues, um ex-delegado de polícia que pouco entendia de agricultura mas que, com sensibilidade social e agudeza política, organiza lavradores pobres. O Master (desfeito após o golpe de 1964) foi o embrião de tudo o que apareceu décadas mais tarde, com a redemocratização.

A opinião pública norte-americana, porém, há muito estava impregnada da ideia de que o Brasil era "um barril de pólvora" e qualquer pretexto podia gerar uma explosão. Ou iniciá-la. Lincoln Gordon conheceu o Brasil como pesquisador de Harvard e, depois disso, incorporou às suas tarefas de embaixador o que tinha visto e observado como professor universitário. Com a mentalidade da Guerra Fria, porém, desdenhou todas as observações dos nacionalistas, que criticavam a política norte-americana mas estavam longe dos comunistas e poucas afinidades partilhavam com eles.

– 9 –

Uma contradição definia a ação das Forças Armadas naqueles anos: os ministros militares eram os fiadores do processo democrático, mas os oficiais tomavam posições políticas abertamente. A legitimidade do poder assentava-se no poder militar, garantidor das instituições civis, mas a oficialidade era ideologicamente heterogênea, com claros antagonismos políticos. De um lado, os nacionalistas, reunindo dos pró-getulistas aos pró-comunistas. E, inclusive, os próprios comunistas, com eles identificados na denúncia do imperialismo norte-americano. De outro, os liberais pró-UDN, gestados no combate ao *Estado Novo* getulista ou admiradores da política norte-americana, que, pouco a pouco, se assumem como "direita", em função da Guerra Fria. Uma faixa neutra, silenciosa mas enorme, se preocupava apenas com o quartel e pendia ora para um lado, ora para outro. Os preconceitos derivados da Guerra Fria, porém, punham em vantagem os liberais simpáticos aos EUA, e era comum que os oficiais nacionalistas ou de esquerda respondessem a inquéritos internos ou sofressem "prisões disciplinares" ao se engajarem em movimentos em defesa da soberania nacional.

Se a discussão, no entanto, entrasse nos quartéis e sensibilizasse os comandos das Forças Armadas, deixava de ser uma tese e se transformava num golpe de Estado.

Mas o golpe era ideia antiga. Em setembro de 1961, o general Ulhoa Cintra continuava a minar pontes e estradas no Paraná para "resolver o problema do comunismo no Exército", mesmo que os próprios ministros militares já tivessem "concordado" com a posse de João Goulart. (Mais tarde, Cintra seria o "contato clandestino" entre os conspiradores e o adido militar dos EUA.) Pouco depois, o coronel Golbery deixou a ativa do Exército para organizar o IPÊS e dedicar-se a conspirar livremente. Sempre, na vida humana ou na sociedade, tudo é uma soma. E março de 1964 (que desemboca no 1º de abril) foi, tão só, o espelho dessa soma. Ou o somatório das próprias somas acumuladas. O triunfo dos golpistas de 1964 nasceu (ou começou) na derrota dos golpistas de 1961, mas não como fatalidade, e sim como organizada ação de revanche.

– 10 –

Essa "ação organizada", porém, não teria tido a organização que teve nem os recursos de que dispôs, se o governo dos Estados Unidos não houvesse dado assistência aos conspiradores em diferentes áreas. O fantasma do medo, gerado pela Guerra Fria, alimentou os preconceitos e temores dos próprios brasileiros, estabelecendo-se um sistema em que ambas as partes intercambiavam fantasias e se retroalimentavam com o que fantasiavam. As indecisões e titubeios de João Goulart, que às vezes serviam como tática de negociação, são insuficientes para explicar o golpe. Tampouco a sua súbita transformação em líder decidido, disposto a levar adiante o que dizia e pregava, pode explicar como tudo desembocou num golpe feito em nome da democracia e da liberdade, mas que estabeleceu a ditadura e terminou com a liberdade.

A conspiração civil-militar se desenvolveu para acabar com um governo que os conservadores acusavam de todos os males do passado, do presente e, até, dos que viriam no futuro. Na voragem de reunir tudo e todos – das verdades às mentiras, do inventado à realidade –, os conspiradores tiveram na indecisão de Jango um inesperado e decisivo aliado. A insinuação de uma luta prolongada o acovardou muito além do seu conhecido sentido de conciliação, foi além do seu comportamento de negociar para não ter de resistir.

Como dizia Darcy Ribeiro, Jango Goulart não foi derrubado pelos seus erros, mas – sim – pelos seus acertos. Poucos acertos, na opinião de muitos. Ou muitos acertos, segundo alguns. Em qualquer dos casos, porém, suficientes para que o tirassem do poder. Ou para que os EUA fizessem o Plano de Contingência, dessem dinheiro ao IBAD e ao IPÊS, tramassem o apoio aos conspiradores militares e, por fim, deslocassem a frota.

Em 1962, o coronel Walters veio ao Brasil para encaminhar a conspiração e dar-lhe forma. O pedido do embaixador Gordon a Kennedy, naquela reunião na Casa Branca, foi claro e previa uma futura "ação militar". Em março de 1964, os discursos e declarações tonitruantes do marinheiro Anselmo dos Santos transformaram uma assembleia reivindicatória em "crise na Marinha" e, logo, em motivo (ou pretexto) para a sublevação de Minas.

(Meio século depois, tudo aponta a que o marinheiro Anselmo trabalhava para a CIA, como agente provocador.)[53]

---

53. "Sempre se acreditou na Marinha que o marinheiro Anselmo era da CIA", revelou-me em 2010 o insuspeito almirante Júlio Bierrenbach (que, no golpe, tomou o porto de Santos), em entrevista filmada para o documentário *O dia que durou 21 anos*. Preso após o golpe, Anselmo dos Santos "fugiu" inexplicavelmente do cárcere. Durante a ditadura, em 1972, integrando um grupo da resistência de esquerda, armou uma emboscada contra seus companheiros no interior de Pernambuco, matando seis deles, inclusive a própria namorada, Soledad Barret Viedma, grávida de cinco meses. Ou seja, matou o próprio filho.

Como foi possível?

O reconhecimento imediato do novo governo por parte do presidente Johnson abriu a fresta para fazer entender que o interesse norte-americano ia muito além da simples afinidade com os golpistas. Dentro do Brasil, tudo fora tão rápido e simples que o próprio Gordon chegou a se exibir como o grande mentor: num avião Convair da Força Aérea dos EUA, viajou a Porto Alegre, bastião do brizolismo, e levou junto o coronel Walters para as homenagens que lhe prestou o governo do Rio Grande do Sul. Em seguida, porém, quando o autonomeado Comando Supremo da Revolução impôs o Ato Institucional, o embaixador se assustou. Aquilo era uma ditadura! Como explicar à opinião pública dos EUA que, além das prisões em massa e a esmo, surgia um governo acima do próprio governo, dando-se poderes acima da Constituição e das leis? Como explicar que os militares democratas passavam a ser exatamente aquilo que diziam pretender impedir com o golpe de Estado?

Além de "legalizar" as prisões em massa, cassavam mandatos de parlamentares, suspendiam os direitos políticos, expulsavam oficiais e subalternos das Forças Amadas e suspendiam a vitaliciedade na função pública, deixando o poder judicial sob ameaça. No Rio, o escritório do *The New York Times* fora invadido pela polícia e seus jornalistas foram ameaçados por terem noticiado, nos EUA, que entre 4 e 6 mil pessoas haviam sido presas nos dias imediatos ao golpe. E o susto cresceu. Mais do que ninguém, Gordon conhecia os detalhes da implicação dos EUA com a gênese de tudo e, talvez por isso, sugeriu que, em Washington, o governo impusesse um "*golden silence*" – um silêncio de ouro ao que ocorria no Brasil.

Mais do que ninguém, ele sabia que, sem a participação dos EUA, o golpe não teria sido como foi, ou não teria sido tão fácil. Ou, até, não teria havido golpe de Estado. O "silêncio de ouro" soava como paternal receita ao filho desviado do caminho que anunciara.

Mas, mesmo assim, como foi possível tudo isso? E, mais ainda, como foi possível tudo o que veio depois, nos longos anos da ditadura, de silêncio e conivências, de violência, opressão e medo?

Capítulo XII
Jango: A surpresa

– 1 –

O alheio imprevisível rodeou sempre João Goulart. Desde menino até a morte, tudo lhe apareceu na vida de surpresa, como se fosse doação ou dádiva. Ou, até, desmoronamento, mas sempre inesperado e sem que ele próprio pouco ou nada interviesse. Desde a condição de fazendeiro milionário (que herdou do pai, um tropeiro pobre que enriqueceu pelo trabalho perseverante e pela astúcia de saber comprar e vender) até a presidência da República, tudo lhe foi jogado nas mãos, ou no colo, praticamente pronto e montado, sem participar nas lutas maiores que o levaram ao Palácio do Planalto. Aos 15 anos, em poucos minutos passou a ter 16 anos, quando o pai conseguiu alterar a certidão de nascimento, para que pudesse entrar à Faculdade de Direito. Casou-se aos 37 anos, em 1956 (pouco antes de ser empossado vice-presidente de Juscelino Kubitschek), com a jovem e bela Maria Thereza Fontella, de 19 anos, mas, para "pedir-lhe a mão" formalmente, enviou do Rio a Porto Alegre um de seus homens de confiança, que acertou, inclusive, todos os detalhes da boda.

(Já viúva, Maria Thereza contou-me que, em 1955, Doutel de Andrade, então funcionário do Ministério do Trabalho – mais tarde deputado federal –, viajou do Rio a Porto Alegre para "propor casamento" em nome de Jango. Acertou, inclusive, a doação (por parte do futuro noivo) de mil hectares de terra de fazenda de gado, em São Borja, RS, que ela recebeu ainda solteira.)

Em 1961, de novo eleito vice-presidente, tornou-se presidente da República porque Jânio Quadros renunciou e o governador do

Rio Grande do Sul, Leonel Brizola, rebelou-se e lhe garantiu a posse que lhe negavam os comandantes do Exército, Marinha e Aeronáutica. Mais tarde, consolidou-se na Presidência num plebiscito em que recebeu 80% dos sufrágios e, catorze meses depois, foi deposto num golpe de Estado que acompanhou "sem acreditar", e contra o qual não esboçou qualquer resistência ou tentativa de defesa.

Morreu no exílio, doze anos e oito meses mais tarde, na tórrida madrugada de 6 de dezembro de 1976, jovem ainda, aos 57 anos, após um dia estafante de viagens e trabalho. Cinco ou seis horas antes, tinha montado a cavalo e, sob sol inclemente, inspecionado o rebanho de gado em sua fazenda, na província de Corrientes, na Argentina. Na madrugada, enquanto dormia, chegou-lhe a derradeira surpresa. Não gritou nem sequer balbuciou algo. Só um ronco profundo, forte como um estrondo final e definitivo, tão inesperado e surpreendente que despertou Maria Thereza, a seu lado na cama.

– 2 –

João Goulart nunca pensou em ser presidente da República. Sabia que, contra ele, havia um veto subliminar – de um setor militar, por um lado (ou principalmente), e, por outro, de um extenso setor civil conservador. As restrições civis resolviam-se pelo voto, é a norma da democracia, mas as restrições militares eram de outro tipo. A patologia política da Guerra Fria, presente em tudo, era ainda mais notória e profunda na área castrense. As Forças Armadas participavam da política, influíam e até decidiam sobre ela. O setor militar nacionalista (ou "legalista" e de esquerda), que o apoiava, numericamente se igualava aos chamados "liberais", ou americanófilos da Cruzada Democrática, que o combatiam e viam nele a cunha para "a anarquia e a comunização" do país. Por isso, qualquer desavença ou fissura no equilíbrio militar era perigosa, até porque os nacionalistas eram displicentes e confiantes, em contraste com os chamados "liberais", ativos e organizados, atentos a qualquer pretexto para apontá-lo como deslize. Conspiravam desde 1945 e foram vitoriosos da primeira vez: facilmente, derrubaram Getúlio Vargas do poder, meses antes das eleições já programadas, e, logo, o triunfo lhes fugiu das mãos na vitória eleitoral do apagado general Eurico Dutra, que só com o apoio do presidente deposto chegou à presidência da República.

Menos de cinco anos depois, em 1950, o próprio Getúlio "volta ao poder pelo voto". O "getulismo" e suas variantes só deixam o poder em janeiro de 1961, durante os sete meses da presidência de Jânio Quadros.

Nesse então, o grande divisor de águas já não é Getúlio, mas a Guerra Fria. A patologia do anticomunismo, que a política oficial dos Estados Unidos mantém, alimenta e multiplica, está em todos os lugares mas se faz escancaradamente visível e presente nas Forças Armadas, divididas entre uma espécie de "sim" e "não" ou de "crê ou morre" de estilo quase medieval.

Seus grupos mais radicais, de arraigada fobia anticomunista, tinham fracassado em quatro diferentes rebeliões ou abertas tentativas de golpe entre 1955 e 1961 e, talvez por isso, multiplicavam a voracidade de influir ou apossar-se do poder.

(Em 1955 o golpe de Estado para impedir a posse de Juscelino Kubitschek e João Goulart como presidente e vice, respectivamente, fora abortado pelo contragolpe do general Teixeira Lott. Depois, em pleno governo JK, as rebeliões de Aragarças e Jacareacanga foram sufocadas facilmente. Em 1961, após a renúncia do presidente Jânio Quadros, o golpe de Estado em que os ministros militares se negaram a permitir a posse do próprio João Goulart e queriam prendê-lo ao retornar ao Brasil foi derrotado pelo Movimento da Legalidade.)

– 3 –

As sucessivas frustrações políticas não debilitaram a direita militar. Ao contrário: cada derrota ampliava o grupo de conspiradores e a combatividade se sofisticava nos métodos de ação. Por tudo isso, o grande surpreendido na surpresa geral da renúncia de Jânio Quadros foi seu sucessor natural, o vice Jango Goulart. Até então, convencera-se de que seu teto era a vice-presidência. Contra ele havia o veto explícito de um setor militar, que em 1953 o havia retirado (de fato) do ministério do Trabalho, no governo de Getúlio Vargas.

Na eleição presidencial de 1960, ele chegara ao máximo, ao cume do Everest da política brasileira, quando se reelegeu, apesar de o marechal Henrique Teixeira Lott ter sido derrotado como candidato presidencial. Votava-se por separado para cada um dos postos e os apoiadores de Jânio dividiram-se entre dois candidatos a vice-presidente. Além disso, numa artimanha eticamente duvidosa ou pouco recomendável, o próprio Jango dera sinal verde à chamada fórmula Jan-Jan (Jânio-Jango) que em São Paulo, principalmente, engrossou seu caudal de votos mas ajudou a estraçalhar Lott.

Ele sabia dos seus limites e do arriscado jogo da política interna militar que o limitava. Mas...

– Quem não quer ser presidente da República? – perguntou-me certa vez Jango para responder à minha indagação sobre se, em algum momento, nos muitos anos de vida política, lhe passara pela cabeça chegar aonde chegou. Corria o ano de 1976 – para ele, o 12º do seu exílio de presidente deposto; para mim, o sétimo do meu banimento do Brasil como "subversivo guerrilheiro" – e Buenos Aires nos unia no esplendor antigo de "Paris latino-americana" e no rude jogo político em que os argentinos se matavam nas ruas. A fascinação e os perigos da cidade que escolhêramos como refúgio político criavam uma intimidade nova, diferente daquela que tínhamos estabelecido no Brasil, em que eu era o jornalista e ele, o presidente. Agora, era como se tudo fosse horizontal. Não havia perguntas incômodas nem respostas cuidadosas. Nem momentos para indagar ou formalidades e desníveis.

Mesmo assim, inibi-me sempre em lhe indagar por que não havia tentado resistir ao golpe. Já sabia da resposta. Não era do seu estilo. No segundo semestre de 1976, quando a historiadora Phillys Parker revelou, nos EUA, a documentação inicial sobre a *Operação*

Brother Sam, o golpe voltou à cena. Nem assim, porém, nenhum dos poucos que o rodeavam no exílio (eu entre eles) aprofundou o tema. Jango não tinha ideia da participação norte-americana e se surpreendeu quando, em Buenos Aires, seu secretário particular mostrou-lhe as notícias dos jornais.

No dia 1º de abril de 1964, nas horas finais no poder, no Brasil, Juscelino Kubitschek e San Thiago Dantas lhe haviam mencionado, vagamente, a possibilidade de que os revoltosos de Minas obtivessem reconhecimento internacional de "estado beligerante". Só isso. E lhe disseram, inclusive, mais como hipótese, e no máximo como possibilidade, nunca como informação que tivesse vindo do embaixador Gordon, que naquele momento era o único a poder dar tal informação...

– 4 –

Dos Estados Unidos, mais do que tudo, Jango guardava lembranças da sua viagem "triunfal" em abril de 1962. Falava do "papel de confete" caindo sobre sua cabeça nas ruas de Nova York e dos diálogos com Kennedy. No inconsciente, porém, estava a visita à base de Offutt.

Agora, meio século após o golpe, quando a documentação dos EUA está aí, à vista, tenho certeza de que a visita de Jango a Offutt foi a antecipada "grande jogada" de Gordon. Aquele tipo de "jogada" que me leva a pensar que o embaixador teve em mente, sempre, a ideia de intervenção militar no Brasil. Partiu do embaixador a ideia de que Jango fosse levado a Offutt e, depois, ao "grande silo subterrâneo", para que conhecesse o Atlas, o formidável míssil balístico intercontinental capaz de destruir Moscou em minutos e lá matar 500 mil pessoas com carga nuclear. Nem Kennedy havia estado nos subterrâneos até então.

O filme oficial da visita a Offutt mostra dois Jangos diferentes e, até, opostos. O sorridente, ao chegar, ao lado do general Kruel, seu chefe da Casa Militar. O tristonho, como se tivesse sido golpeado, ao sair. Conhecer a morte organizada, a morte planejada como símbolo de vitória, como ele conheceu em Offutt, talvez ajude a explicar por que o inconsciente de Jango Goulart nunca pensou em resistir, mesmo que ele possa ter pensado conscientemente em resistir.[54]

Não se trata de pretender uma interpretação de improvisada psicanálise de sarjeta para explicar (ou justificar) a decisão de jamais ter dado uma ordem de resistência. O conciliador Jango não era de dar ordens... Tampouco era um covarde. Ao contrário, muitas vezes enfrentou perigos, na vida pessoal e na política. Mas, acima de tudo, era um extremado em busca da conciliação permanente.

– 5 –

O exílio é um exercício de isolamento. No Uruguai, Jango dedicou-se a criar gado e cultivar arroz e, mesmo perto do Brasil, evitou sequer aproximar-se da fronteira. Fez amigos mas não frequentou os círculos do poder político. Vivia bem, mas convivia quase só com a família, os peões da fazenda e o círculo dos negócios de vender e comprar gado.

Em 1973, quando Perón – após dezessete anos de exílio – retornou triunfalmente à Argentina, João Goulart e a família trocaram a pacata Montevidéu pela feérica e deslumbrante Buenos Aires. Lá, mesmo próximo de Perón e dos peronistas, também não circundou o poder: continuou fazendeiro e revolucionou o cultivo de arroz na província de Corrientes, com métodos de irrigação que conhecia do Sul do Brasil.

Em Buenos Aires, num edifício moderno da Avenida Corrientes, instalou um "escritório de importação e exportação", através do qual pensou realizar grandes negócios com a China, que resultaram em um quase nada.

A partir do golpe militar de março de 1976 na Argentina, para evitar o clima de terror de Buenos Aires, passava mais tempo na fazenda de Corrientes, ou em constantes idas ao interior do

---

54. O documentário *O dia que durou 21 anos*, de Camilo Tavares, mostra cenas da visita a Offutt.

Uruguai. Não exteriorizava, mas a volta ao Brasil ocupava o seu inconsciente. E trabalhava para isso, em surdina, sondando indiretamente os militares no Brasil. Vivia sob tensão. A Argentina estava envolta num clima de terror com a nova ditadura. Para amainar a tensão, viajava a Montevidéu, sempre no seu próprio avião. Em termos formais, porém, ao trocar Montevidéu por Buenos Aires, perdera a condição de asilado político no Uruguai, cujas autoridades lhe comunicaram que devia optar, em definitivo, por um ou outro país e lugar de residência. O tranquilo absoluto que ele sempre foi sentiu-se atordoado, sem saber o que decidir. Pouco antes, tinha consultado um cardiologista em Lyon, na França, que, ao examiná-lo pela terceira vez em três anos, exclamou:

– Vous êtes magnifiquement bien!

E completou:

– Tomando em conta que nunca fez o que devia fazer, que nunca se alimentou como devia alimentar-se, que continua a beber e a fumar, seu estado cardiológico é de um magnífico homem forte!

Jango riu e, do hotel, numa carta manuscrita a Cláudio Braga, contou da constatação do cardiologista!

– 6 –

Na viagem de volta de Paris a Buenos Aires, após longas horas de voo, o comandante do avião da Aerolíneas Argentinas anunciou, pelo alto-falante, que o Boeing-Jumbo faria um pouso em Salvador da Bahia, no Brasil, para reabastecimento. Jango levantou-se, entrou na cabine do piloto e explicou quem era e por que não podia pôr os pés em território brasileiro. O comandante argumentou que ninguém desceria, que seria madrugada plena e que ninguém entraria no aparelho. Jango acalmou-se.

Ao retornar à Argentina, contou o episódio.

– E o reabastecimento do avião? Deu medo estar no Brasil? – perguntei, junto com Cláudio Braga, e Jango explicou:

– O avião não chegou a pousar. Houve vento de cauda e chegamos sem escala. E o comandante veio à minha poltrona, abriu um *champagne* francês e comemoramos os dois!

Até hoje, porém, me indago se foi assim mesmo, ou se o avião reabasteceu-se na Bahia e ele evitou contar os detalhes, falar do temor ou do espanto pela volta do inesperado que o rodeou tantas vezes.

– 7 –

João Goulart estava em Montevidéu na manhã tórrida de 5 de dezembro de 1976 e, em seu avião, viajou à fronteira argentina em companhia de Maria Thereza. Transpôs o rio Uruguai em lancha e, já na Argentina, foi a Paso de los Libres. Ali, com um pé na ponte sobre o rio que separa os dois países, avistou Uruguaiana, no Rio Grande do Sul. Lá ele cursara o secundário e, no costado do rio, ele que era de São Borja, conhecia todo o mundo.

– Qualquer dia banco o louco e entro correndo pela ponte – disse para a mulher, Maria Thereza, fitando a outra margem, território brasileiro, para ele proibido.

Com o olhar matou a saudade e, logo, de novo voltou terra adentro na Argentina, seu exílio. Chegou à estância de Mercedes, em Corrientes, fatigado pelo calor, o coração desfeito pelo abandono a que fora relegado pelos políticos. Para ocupar-se, foi ver o rebanho, a cavalo inspecionar bois e vacas sob o sol impiedoso do verão. Comeu carne gorda de ovelha assada, como sempre, no jantar e deitou-se exausto. João Goulart, o presidente deposto em 1964, morreu na madrugada de uma fulminante síncope cardíaca, enquanto dormia.

Embalsamado o corpo, veio a luta: o governo do Brasil negava licença para que Jango voltasse ao país, mesmo morto. Depois permitiram, mas com a condição de que o caixão com o cadáver cruzasse o rio Uruguai de canoa ou de lancha, de San Tomé, na Argentina, a São Borja.

Maria Thereza, tímida, dispunha-se a fazer o que impunham, sem perceber que aquilo era a humilhação suprema, até que o

Segunda parte

pernambucano Cláudio Braga se negou a expô-lo à humilhação. Almino Affonso viajou de Buenos Aires à fronteira e os dois disseram "não!". Discutiram com o cônsul do Brasil. Mas nada. O assunto chegou ao general Geisel, no Planalto. Por fim, o chefe da Casa Civil da Presidência, Golbery do Couto e Silva, avisou que o governo permitiria a entrada pela ponte de Uruguaiana, mas impôs uma condição: o caixão devia seguir em carro comum. Nada de carro fúnebre com anjos e coroas.

Aquele cadáver não podia ser tratado como um cadáver, menos ainda como um corpo a receber homenagens. Aquele cadáver era como se fosse um pacote, e até podia entrar no Brasil, mas deveria viajar em alta velocidade, sem parar até chegar a São Borja. Como um pacote de entrega rápida, desses que se enviam pelo correio, como encomenda! E o Exército e a Polícia Federal vigiaram o cumprimento da ordem magnânima da real autoridade militar que permitia o regresso do presidente deposto. Do seu corpo morto. E em alta velocidade, sem parada, fazendo pó na estrada.

João Belchior Marques Goulart, o sensato extremado em busca do acordo permanente, voltava do exílio como cadáver inerte, mas tendo de conciliar. Tal qual fora em vida, e sempre como uma surpresa a mais.

TERCEIRA PARTE

Approved For Release 1999/10/19 : NLJ-001-009-4-2-8

CENTRAL INTELLIGENCE AGENCY
Intelligence Information Cable
SANITIZED

PRIORITY

13

COUNTRY BRAZIL

Authority NLJ 001-009-4-2

25X1A

DATE OF INFO. 30 MARCH 1964   By ___ NARA, Date 6-29-01   DISTR. 31 MARCH 1964

SUBJECT

PLANS OF REVOLUTIONARY PLOTTERS IN MINAS GERAIS

PLACE & DATE ACQ. 25X1A

(30 MARCH 1964)   REF   IN 50182

SOURCE AND APPRAISAL: A COMPETENT _____ OBSERVER

FIELD REPORT NO.   25X1

1. ON 30 MARCH 1964 _____ MADE THE FOLLOWING SIGNIFICANT STATEMENTS IN BELO HORIZONTE:

   A. A REVOLUTION BY ANTI-GOULART FORCES WILL DEFINITELY GET UNDER WAY THIS WEEK, PROBABLY WITHIN THE NEXT FEW DAYS. LAST MINUTE NEGOTIATIONS ARE NOW UNDER WAY INVOLVING THE STATES UNDER CONTROL OF DEMOCRATIC GOVERNORS. SAO PAULO AND MINAS GERAIS HAVE DEFINITELY REACHED ACCORD.

   SAO PAULO WOULD FOLLOW MINAS GERAIS IF THE

This material contains information affecting the National Defense of the United States within the meaning of the Espionage Laws, Title 18, U.S.C. Secs. 793 and 794, the transmission or revelation of which in any manner to an unauthorised person is prohibited by law.

STATE/INR DIA ARMY/ACSI NAVY AIR JCS SECDEF NSA NIC AID USIA OCI ONE OCR ORR OO EXO
FBI

IMMEDIATE TO: DIRNSA (PROD WO)
STATE (RCI)(FOR HUGHES)   AFSSO   WHITE HOUSE SIT RO
CNO (OP 922 Y1)   JCS   DIA/CIIC
                             DFI/ACSI

COPY LBJ LIBRARY

Os documentos secretos

Chamamos de incrível a tudo aquilo que a razão e o bom senso não explicam nem o estômago digere. Incrível é o que não é crível por ser tão extravagante e absurdo que soa a fantasia inventada no auge de um porre ou sob os efeitos difusos e confusos do LSD, do ecstasy ou da cocaína.

Na vida ou na política, luz e sombra se iluminam reciprocamente, num aparente paradoxo. Se a claridade alumbra, a sombra atenua o clarão tornando visível o que nos havia deixado cegos. Aqui, mostrei luzes e sombras que os documentos oficiais (e secretos) dos EUA comprovam. Menciono vários deles ao longo do livro, no encadeamento de tudo que levou ao golpe. Outros, mostro adiante em forma integral.

São irrefutáveis documentos oficiais e integram o acervo da Lyndon B. Johnson Library, que guarda em Austin, Texas, a documentação desse período presidencial. A gravação da conversação do presidente Kennedy e do embaixador Gordon provém da John F. Kennedy Library and Museum, em Boston, Massachusetts. Arquivados como "secretos" ou "ultrassecretos", foram liberados ao público a partir de 1975, gradativamente. Foram obtidos na fonte ou através de cópias autênticas fornecidas pelo National Security Archives (NARA), da *The George Washington University*, Washington D.C.

Os documentos estão em fac-símile do original, acompanhados da tradução. Alguns têm ainda tarjas brancas ou pretas (como na página ao lado), tapando partes "sensíveis", vedadas ao público. Ei-los adiante.

STATE DPT CITE RIOD 3824
ONE OF FIVE

RYBAT

PERSONAL FROM AMBASSADOR GORDON. PLEASE PASS IMMEDIATELY TO SEC. STATE RUSK, ASSISTANT SECRETARY MANN, RALPH BURTON, SEC. DEFENSE MCNAMARA, ASSISTANT SEC. DEFENSE MCNAUGHTON, GENERAL MAXWELL TAYLOR, CIA DIRECTOR JOHN MCCONE, COL. J. C. KING, DESMOND FITZGERALD, WHITE HOUSE FOR BUNDY AND DUNGAN, PASS TO CANAL ZONE FOR GENERAL O'MEARA. OTHER DISTRIBUTION ONLY BY APPROVAL ABOVE NAMED.

1. SINCE RETURNING TO RIO 22 MARCH I HAVE CANVASSED BRAZILIAN SITUATION THOROUGHLY WITH KEY CIVILIAN AND MILITARY STAFF MEMBERS HERE, CONVOKING SAO PAULO AND BRASILIA POST CHIEFS TO ASSIST AND ALSO MAKING SELECTED CONTACT WITH SOME WELL INFORMED BRAZILIANS.

2. MY CONSIDERED CONCLUSION IS THAT GOULART IS NOW DEFINITELY ENGAGED ON CAMPAIGN TO SEIZE DICTATORIAL POWER, ACCEPTING THE ACTIVE COLLABORATION OF THE BRAZILIAN COMMUNIST PARTY, AND OF OTHER RADICAL LEFT REVOLUTIONARIES TO THIS END. IF HE WERE TO SUCCEED IT IS MORE THAN LIKELY THAT BRAZIL WOULD COME UNDER FULL COMMUNIST CONTROL, EVEN THOUGH GOULART MIGHT HOPE TO TURN AGAINST HIS COMMUNIST SUPPORTERS ON THE PERONIST MODEL WHICH I BELIEVE HE PERSONALLY PREFERS.

3. THE IMMEDIATE TACTICS OF THE GOULART PALACE GUARD ARE CONCENTRATED ON PRESSURES TO SECURE FROM THE CONGRESS CONSTITUTIONAL REFORMS UNATTAINABLE BY NORMAL MEANS, USING A COMBINATION OF URBAN STREET DEMONSTRATIONS, THREATENED OR ACTUAL STRIKES, SPORADIC RURAL VIOLENCE, AND ABUSE OF THE ENORMOUS DISCRETIONARY FINANCIAL POWER OF THE FEDERAL GOVERNMENT. THIS IS BEING COUPLED WITH A SERIES OF POPULIST EXECUTIVE DECREES OF DUBIOUS LEGALITY AND AN INSPIRED RUMOR CAMPAIGN OF OTHER DECREES CALCULATED TO FRIGHTEN RESISTANCE ELEMENTS. ESPECIALLY IMPORTANT IN THIS CONNECTION IS THE ABILITY OF THE PRESIDENT TO WEAKEN RESISTANCE AT THE STATE LEVEL BY WITHHOLDING ESSENTIAL

Documento 1

ULTRASSECRETO

Rio, 27 de março de 1964

PRIORIDADE MÁXIMA

Pessoal, do embaixador Gordon. Por favor, passar imediatamente ao secretário de Estado Rusk, ao secretário-assistente Mann, a Ralph Burton, ao secretário de Defesa McNamara, ao secretário-assistente de Defesa McNaughton, ao General Maxwell Taylor, ao diretor da CIA John McCone, ao coronel J. C. King, a Desmond Fitzgerald, à Casa Branca para Bundy e Dungan, passar à Zona do Canal para o General O'Meara. Outras distribuições apenas com aprovação dos acima arrolados.

1. Desde o retorno ao Rio, em 22 de março, venho apurando minuciosamente a situação brasileira com membros-chave das equipes civis e militares locais, convocando diplomatas de São Paulo e Brasília a auxiliar e também aumentando os contatos selecionados com alguns brasileiros bem informados.

2. Cheguei à conclusão de que Goulart está definitivamente engajado em campanha para conquistar o poder ditatorial, aceitando a colaboração ativa do partido comunista brasileiro e de outros revolucionários da esquerda radical com esse propósito. Caso ele obtenha sucesso, é mais do que provável que o Brasil fique sob total controle comunista, muito embora Goulart possa ter a esperança de se voltar contra seus apoiadores comunistas no modelo peronista, que acredito ser de sua preferência pessoal.

3. As táticas imediatas da guarda palaciana de Goulart estão concentradas em pressões para garantir que o Congresso realize reformas constitucionais inalcançáveis pelos meios normais, usando uma combinação de manifestações urbanas de rua, ameaças de greve ou greves, violência rural esporádica e abuso arbitrário do enorme poder financeiro do governo federal. Isso está sendo feito em conjunto com uma série de decretos executivos populistas de legalidade duvidosa e uma inspirada campanha de boatos sobre outros decretos com o objetivo de espantar elementos de resistência. Especialmente importante nessa conexão é a habilidade do presidente de enfraquecer resistências no nível dos estados ao reter financiamentos (cont.)

SERIES CALCULATED TO FRIGHTEN RESISTANCE ELEMENTS, ESPECIALLY IMPORTANT IN THIS CONNECTION IS THE ABILITY OF THE PRESIDENT TO WEAKEN RESISTANCE AT THE STATE LEVEL BY WITHHOLDING ESSENTIAL FEDERAL FINANCING. THE GOVERNMENT IS ALSO SUBJECTING RADIO AND TV OUTLETS TO A PARTIAL CENSORSHIP, INCREASING THE USE OF THE NATIONAL NEWS AGENCY AND REQUISITIONING BROADCAST TIME FOR ITS REFORMIST PROPAGANDA, AND MAKING THINLY VEILED THREATS AGAINST THE OPPOSITION PRESS. THE PURPOSE IS NOT IN FACT TO SECURE CONSTRUCTIVE SOCIAL AND ECONOMIC REFORMS, BUT TO DISCREDIT THE EXISTING CONSTITUTION AND THE CONGRESS, LAYING A FOUNDATION FOR A COUP FROM THE TOP DOWN WHICH MIGHT THEN BE RATIFIED BY A RIGGED PLEBISCITE AND THE REWRITING OF THE CONSTITUTION BY A RIGGED CONSTITUENT ASSEMBLY.

4. I DO NOT WHOLLY DISCARD THE HYPOTHESIS OF GOULART'S BEING FRIGHTENED OFF THIS CAMPAIGN AND SERVING OUT HIS NORMAL TERM (UNTIL JANUARY 31, 1966) WITH PROPER PRESIDENTIAL ELECTIONS BEING HELD IN OCTOBER, 1965. THIS WOULD STILL BE THE BEST OUTCOME FOR BRAZIL AND FOR THE UNITED STATES IF IT CAN HAPPEN. GOULART'S COMMITMENTS TO THE REVOLUTIONARY LEFT ARE NOW SO FAR-REACHING, HOWEVER, THAT THE CHANCES OF ACHIEVING THIS PEACEFUL OUTCOME THROUGH CONSTITUTIONAL NORMALCY SEEM A GOOD DEAL LESS THAN 50-50. HE MAY MAKE TACTICAL RETREATS TO TRANQUILIZE THE OPPOSITION AGAIN, AS HE HAS IN THE PAST. THERE ARE SOME SIGNS THAT THIS HAS HAPPENED IN THE PAST FEW DAYS, AS A RESULT OF THE 19 MARCH MASSIVE OPPOSITION STREET RALLY IN SAO PAULO, THE DECLARED HOSTILITY OF THE GOVERNORS OF SEVERAL MAJOR STATES, AND WARNINGS AND RUMBLINGS WITHIN THE OFFICER CORPS, ESPECIALLY OF THE ARMY. BUT PAST EXPERIENCE SHOWS THAT EACH TACTICAL RETREAT LEAVES CONSIDERABLE GROUND GAINED AND THE NEXT ADVANCE GOES FURTHER THAN THE PREVIOUS ONE. WITH HIS TIME RUNNING OUT AND THE CANDIDATES FOR THE SUCCESSION GETTING ACTIVELY INTO THE FIELD, GOULART IS UNDER PRESSURE TO ACT FASTER AND WITH LESS CALCULATION OF THE RISKS. MIS-GOVERNMENT IS ALSO ACCELERATING THE RATE OF INFLATION TO A

GOVERNMENT IS ALSO ACCELERATING THE RATE OF INFLATION TO A POINT THREATENING ECONOMIC BREAKDOWN AND SOCIAL DISORDER. A DESPERATE LUNGE FOR TOTALITARIAN POWER MIGHT BE MADE AT ANY TIME.

(cont.) federais essenciais. O governo também está sujeitando concessões de rádio e TV a uma censura parcial, aumentando o uso da agência de notícias nacional e requisitando tempo de transmissão para sua propaganda reformista, fazendo ameaças veladas contra a imprensa oposicionista. Na realidade, o propósito não é garantir reformas sociais e econômicas positivas, mas desacreditar a Constituição e o Congresso existentes, estabelecendo as fundações de um golpe de cima para baixo que poderá então ser ratificado por um plebiscito emergencial e a revisão da Constituição por uma Assembleia Constituinte emergencial.

4. Não descarto totalmente a hipótese de Goulart desistir dessa campanha e concluir seu mandato normal (até 31 de janeiro de 1966), com as devidas eleições presidenciais sendo realizadas em outubro de 1965. Esse ainda seria o melhor resultado para o Brasil e para os Estados Unidos, se pudesse acontecer. No entanto, o comprometimento de Goulart com a esquerda revolucionária está agora tão extenso que as chances de se chegar a esse desfecho pacífico através da normalidade constitucional parecem bem menores de 50%. Ele pode fazer recuos táticos para tranquilizar a oposição novamente, como fez no passado. Há alguns sinais de que isso tenha ocorrido nos últimos dias, como resultado da gigantesca manifestação de rua oposicionista de 19 de março em São Paulo, da hostilidade declarada dos governadores de vários estados importantes e de alertas e rumores dentro das Forças Armadas, especialmente no Exército. Mas a experiência pregressa mostra que cada recuo tático deixa um considerável terreno conquistado, e o avanço seguinte vai mais além do que o anterior. Com o tempo acabando e os candidatos para a sucessão entrando ativamente em campo, Goulart está sofrendo pressão para agir mais rapidamente e com menos cálculos dos riscos. O desgoverno também está acelerando o índice de inflação a ponto de ameaçar um colapso econômico e a desordem social. Uma investida desesperada para o poder totalitário pode ser feita a qualquer momento.

(cont.)

TOP SECRET

SECTION TWO OF FIVE
RYBAT

5. THE GOULART MOVEMENT, INCLUDING ITS COMMUNIST AFFILIATES, REPRESENTS A SMALL MINORITY - NOT MORE THAN 15 TO 20 PERCENT OF THE PEOPLE OR THE CONGRESS. IT HAS SYSTEMATICALLY TAKEN CONTROL OF MANY STRATEGIC POINTS, HOWEVER, NOTABLY PETROBRAS (WHICH UNDER THE DECREE OF MARCH 13 IS NOW TAKING OVER THE FIVE REMAINING PRIVATE OIL REFINERIES NOT ALREADY UNDER ITS CONTROL), THE DEPARTMENT OF POSTS AND TELEGRAPHS, THE TRADE UNION LEADERSHIP IN OIL, RAILROADS, PORTS, MERCHANT SHIPPING, THE NEWLY FORMED RURAL WORKERS' ASSOCIATIONS, AND SOME OTHER KEY INDUSTRIES, THE MILITARY AND CIVIL HOUSEHOLDS OF THE PRESIDENCY, IMPORTANT UNITS OF THE MINISTRIES OF JUSTICE AND EDUCATION, AND ELEMENTS IN MANY OTHER GOVERNMENT AGENCIES. IN THE ARMED FORCES, THERE ARE A NUMBER OF FAR LEFTIST OFFICERS, WHO HAVE BEEN GIVEN PREFERMENT AND KEY ASSIGNMENTS BY GOULART, BUT THE OVERWHELMING MAJORITY ARE LEGALIST AND ANTI-COMMUNIST AND THERE IS A MODEST MINORITY OF LONG-STANDING RIGHT-WING COUP SUPPORTERS. THE LEFT HAS SOUGHT TO WEAKEN THE ARMED FORCES THROUGH SUBVERSIVE ORGANIZATION OF THE NON-COMMISSIONED OFFICERS AND ENLISTED PERSONNEL, WITH SIGNIFICANT RESULTS ESPECIALLY

(cont.)
5. O movimento de Goulart, incluindo seus afiliados comunistas, representa uma pequena minoria – não mais do que 15% a 20% do povo ou do Congresso. Ele, no entanto, assumiu sistematicamente o controle de vários pontos estratégicos, notadamente a Petrobras, que, com o decreto de 13 de março, está agora assumindo o controle das cinco refinarias privadas de petróleo restantes que ainda não estavam sob seu controle. O departamento de correios e telégrafos, a liderança do sindicato dos petroleiros, as ferrovias, os portos, a marinha mercante, as recém-formadas associações de trabalhadores rurais e algumas outras indústrias-chave, as casas Civil e Militar da Presidência, importantes unidades dos ministérios da Justiça e da Educação e elementos em muitas outras agências do governo. Nas Forças Armadas, há um bom número de oficiais de extrema esquerda que receberam nomeações e atribuições-chave de Goulart. Mas a absoluta maioria é de legalistas e anticomunistas, e há uma modesta minoria de antigos apoiadores de um golpe de direita. A esquerda tem tentado enfraquecer as Forças Armadas através da organização subversiva dos oficiais não comissionados e dos alistados com resultados significativos, especialmente (cont.)

IN THE AIR FORCE AND NAVY.

6. I UNDERTOOK IN MARCH 21 TALK WITH SECRETARY RUSK TO APPRAISE THE STRENGTH AND SPIRIT OF THE RESISTANCE FORCES AND THE CIRCUMSTANCES THAT MIGHT TRIGGER INTERNAL VIOLENCE AND SHOWDOWN. I FIND THAT SINCE THE GOULART-SYNDICALIST STREET RALLY IN RIO ON MARCH 13 THERE HAS BEEN A RADICAL POLARIZATION OF ATTITUDES. POLITICAL AND PUBLIC LEADERSHIP IN CRYSTALLIZING OVERT SUPPORT FOR THE CONSTITUTION AND CONGRESS, FOR REFORMS ONLY WITHIN THE CONSTITUTION, AND FOR REJECTION OF COMMUNISM, HAS COME FROM A GROUP OF GOVERNORS: LACERDA OF GUANABARA, ADHEMAR DE BARROS OF SAO PAULO, MENEGHETTI OF RIO GRANDE DO SUL, BRAGA OF PARANA, AND (SOMEWHAT TO MY SURPRISE) MAGALHAES PINTO OF MINAS GERAIS. THEY HAVE BEEN FORTIFIED BY THE CLEAR DECLARATION OF EX-PRESIDENT MARSHAL DUTRA AND THE NOMINATION ACCEPTANCE SPEECH OF KUBITSCHEK. THE HUGE PRO-DEMOCRATIC RALLY IN SAO PAULO MARCH 19, LARGELY ORGANIZED BY WOMEN'S GROUPS, HAS PROVIDED AN IMPORTANT ELEMENT OF MASS POPULAR SHOWING, WHICH REACTS FAVORABLY IN TURN ON CONGRESS AND THE ARMED FORCES.

7. THERE IS A RECIPROCAL INTERDEPENDENCE OF ACTION BETWEEN CONGRESS AND THE ARMED FORCES. CONGRESSIONAL RESISTANCE TO ILLEGAL EXECUTIVE ACTIONS AND TO UNWARRANTED PRESIDENTIAL DEMANDS FOR CONSTITUTIONAL CHANGE DEPENDS ON THE CONVICTION THAT THE MEMBERS WILL HAVE MILITARY COVERAGE IF THEY TAKE A STAND. THE LEGALIST TRADITION OF THE ARMED FORCES IS SO STRONG THAT THEY WOULD DESIRE, IF AT ALL POSSIBLE, CONGRESSIONAL COVERAGE FOR ANY ACTION AGAINST GOULART. THE ACTION OF CONGRESS IS THEREFORE ONE MAJOR KEY TO THE SITUATION.

8. WHILE A CLEAR MAJORITY OF CONGRESS MISTRUSTS GOULART'S PURPOSES AND SCORNS HIS EVIDENT INCOMPETENCE, THE PRESENT CONSENSUS OF ANTI-GOULART CONGRESSIONAL LEADERS IS THAT AN ABSOLUTE MAJORITY OF THE LOWER HOUSE CANNOT NOW BE MUSTERED FOR IMPEACHMENT. THEY ALSO OPPOSE A MOVE OF CONGRESS AWAY FROM BRASILIA AS TENDING TO UNDERCUT THEIR ALREADY TARNISHED PRESTIGE, ALTHOUGH THEY WOULD KEEP OPEN A DRAMATIC RETREAT TO ELSEWHERE AS A LAST RESORT IN A NEAR CIVIL WAR

(cont.) na Força Aérea e na Marinha.

6. Em 21 de março, tive uma conversa com o secretário Rusk para avaliar a força e o espírito das forças de resistência e das circunstâncias que podem desencadear violência interna e confrontos. Desde a manifestação de rua de sindicalistas pró-Goulart de 13 de março, considero que tem havido uma polarização radical de atitudes. Lideranças políticas e públicas cristalizando apoio público à Constituição e ao Congresso, em favor de reformas apenas dentro da Constituição e pela rejeição do comunismo, surgiram de um grupo de governadores: Lacerda, da Guanabara, Adhemar de Barros, de São Paulo, Meneghetti, do Rio Grande do Sul, Braga, do Paraná, e (um pouco para minha surpresa) Magalhães Pinto, de Minas Gerais. Eles foram fortalecidos pela clara declaração do ex-presidente marechal Dutra e pelo discurso de aceitação de candidatura de Kubitschek. A imensa manifestação pró-democracia realizada em São Paulo em 19 de março, amplamente organizada por grupos femininos, forneceu um importante elemento de demonstração popular de massa, que reage favoravelmente em relação ao Congresso e às Forças Armadas.

7. Há uma interdependência recíproca de ação entre o Congresso e as Forças Armadas. A resistência do Congresso a ações executivas ilegais e às injustificáveis exigências presidenciais por mudanças constitucionais depende da convicção de que seus membros terão apoio militar se assumirem uma posição. A tradição legalista das Forças Armadas é tão forte que elas desejariam, se possível, apoio do Congresso para qualquer ação contra Goulart. A ação do Congresso é, pois, questão fundamental para a situação.

8. Embora uma clara maioria do Congresso não confie nas propostas de Goulart e desdenhe de sua evidente incompetência, o consenso atual dos líderes anti-Goulart no Congresso é de que uma maioria absoluta da Câmara dos Deputados não pode ser reunida agora para impeachment. Eles também se opõem à mudança do Congresso de Brasília por tender a enfraquecer o prestígio já maculado das duas Casas, ainda que uma retirada dramática para São Paulo, ou outro lugar, seria mantida como último recurso numa situação de quase guerra civil (cont.)

SAO PAULO OR ELSEWHERE AS A LAST RESORT IN A NEAR CIVIL WAR
OR OPEN CIVIL WAR SITUATION. THEY ARE PRESENTLY FOCUSSING ON
THE APPROVAL OF SOME MILD REFORM MEASURES AS ONE WAY OF
COUNTERING GOULART'S ANTI-CONGRESS CAMPAIGN, AND CONSIDERING
OTHER MORE AFFIRMATIVE MEANS OF SHOWING RESISTANCE. THEY ARE
MOST UNLIKELY TO VOTE A PLEBISCITE LAW, A DELEGATION
OF POWERS, LEGALIZATION OF THE COMMUNIST PARTY, VOTES FOR
ILLITERATES, OR OTHER POLITICAL CHANGES SOUGHT BY GOULART.

5. BY ALL ODDS THE MOST SIGNIFICANT DEVELOPMENT IS THE
CRYSTALLIZING OF A MILITARY RESISTANCE GROUP UNDER THE
LEADERSHIP OF GEN. HUMBERTO CASTELLO BRANCO, ARMY CHIEF OF
STAFF. CASTELLO BRANCO IS A HIGHLY COMPETENT, DISCREET,
HONEST, AND DEEPLY RESPECTED OFFICER WHO HAS STRONG LOYALTY
TO LEGAL AND CONSTITUTIONAL PRINCIPLES AND UNTIL RECENTLY
SHUNNED ANY APPROACHES FROM ANTI-GOULART CONSPIRATORS. HE
HAS ASSOCIATED WITH HIM A GROUP OF OTHER WELL PLACED SENIOR
OFFICERS AND IS NOW ASSUMING CONTROL AND SYSTEMATIC DIRECTION
OF THE WIDESPREAD BUT HITHERTO LOOSELY ORGANIZED RESISTANCE
GROUPS, MILITARY AND CIVILIAN, IN ALL AREAS OF THE COUNTRY.

GFN GOULART COMMUNIST A NOT MORE 15 TO 20 PETROBRAS MARCH 13
NOT ALREADY A FAR LEFTIST GOULART ANTI-COMMUNIST A COUP I 21
RUSK I GOULART-SYNDICALIST RIO MARCH 13 A COMMUNISM A LACERDA
GUANABARA ADHEMAR DE BARROS SAO PAULO
MENEGHETTI RIO GRANDE DO SUL BRAGA PARANA MAGALHAES PINTO MINAS
GERAIS MARSHAL DUTRA KUBITSCHEK PRO DEMOCRATIC SAO PAULO MARCH 19
A A GOULART A GOLARTS ANTI-GOULART CANNOT NOW A BRASILIA A SAO PAULO A
A ANTI-CONGRESS A PLEBISCITE A COMMUNIST GOULART CRYSTALLIZING
A GEN HUMBERTO CASTELLO BRANCO CASTELLO BRANCO A ANTI-GOULART
A
BT
NNNN

(cont.) ou guerra civil deflagrada. Atualmente, esses líderes estão se focando na aprovação de algumas medidas moderadas de reformas como uma maneira de se contrapor à campanha anti-Congresso de Goulart e considerando outros meios mais afirmativos de demonstração de resistência. É muito pouco provável que venham a votar uma lei de plebiscito, uma delegação de poderes, a legalização do partido comunista, votos para analfabetos ou outras mudanças políticas buscadas por Goulart.

9. Sem dúvida alguma, o desenvolvimento mais significativo é a cristalização de um grupo de resistência militar sob a liderança do general Humberto Castello Branco, chefe do Estado-Maior do Exército. Castello Branco é um oficial altamente competente, discreto, honesto e profundamente respeitado, com forte lealdade aos princípios legais e constitucionais e, até recentemente, distante de quaisquer abordagens de conspiradores anti-Goulart. Tem associado a ele um grupo de outros oficiais experientes e está assumindo o controle e a direção sistemática dos grupos de resistência militares e civis espalhados, mas até agora pouco organizados, em todas as regiões do país.

(cont.)

DE RUESU 5490 27/1940Z
O 271834Z ZEA
BT
XXXXX ZEA
ZERO NINE ONE WASH
TOP SECRET 271834Z
IMMEDIATE DIR CITE RIOD 3824
SECTION THREE OF FIVE
RYBAT

10. CASTELLO BRANCO'S PREFERENCE WOULD BE TO ACT ONLY IN CASE OF OBVIOUS UNCONSTITUTIONAL PROVOCATION, E.G., A GOULARTIST MOVE TO CLOSE CONGRESS OR TO INTERVENE IN ONE OF THE OPPOSITION STATES (GUANABARA OR SAO PAULO BEING THE MOST LIKELY ONES). HE RECOGNIZES, HOWEVER (AS DO I) THAT GOULART MAY AVOID SUCH OBVIOUS PROVOCATION, WHILE CONTINUING TO MOVE TOWARD AN IRREVERSIBLE FAIT ACCOMPLI BY MEANS OF MANIPULATED STRIKES, FINANCIAL UNDERMINING OF THE STATES, AND AN EXECUTIVE PLEBISCITE, INCLUDING VOTING BY ILLITERATES - TO BACK UP A BONAPARTIST OR GAULLIST-TYPE ASSUMPTION OF POWER. CASTELLO BRANCO IS THEREFORE PREPARING FOR A POSSIBLE MOVE SPARKED BY A COMMUNIST-LED GENERAL STRIKE CALL, ANOTHER SERGEANTS' REBELLION, A PLEBISCITE CALL OPPOSED BY CONGRESS, OR EVEN A MAJOR GOVERNMENTAL COUNTERMOVE AGAINST THE DEMOCRATIC MILITARY OR CIVILIAN LEADERSHIP. IN THESE CASES, POLITICAL COVERAGE MIGHT HAVE TO COME IN THE FIRST INSTANCE FROM A GROUPING OF STATE GOVERNORS DECLARING THEMSELVES THE LEGITIMATE GOVERNMENT OF BRAZIL, WITH CONGRESSIONAL ENDORSEMENT FOLLOWING (IF CONGRESS WERE STILL ABLE TO ACT). IT IS ALSO POSSIBLE THAT GOULART MIGHT RESIGN UNDER PRESSURE FROM SOLID MILITARY OPPOSITION, EITHER TO FLEE THE COUNTRY OR TO LEAD A "POPULIST" REVOLUTIONARY MOVEMENT. THE POSSIBILITIES CLEARLY INCLUDE CIVIL WAR, WITH SOME HORIZONTAL OR VERTICAL DIVISION WITHIN THE ARMED FORCES, AGGRAVATED BY THE WIDESPREAD POSSESSION OF ARMS IN CIVILIAN HANDS ON BOTH SIDES.

11. UNLIKE THE MANY PREVIOUS ANTI-GOULART COUP GROUPS WHO HAVE APPROACHED US DURING THE PAST TWO AND ONE HALF YEARS,

(cont.)

10. A preferência de Castello Branco seria por agir apenas no caso de uma evidente provocação inconstitucional, como, por exemplo, um movimento goulartista para fechar o Congresso ou intervir em um dos estados de oposição (Guanabara ou São Paulo sendo os mais prováveis). Ele reconhece, no entanto, (como eu) que Goulart pode evitar tal provocação óbvia – embora continue seguindo rumo a um fato terminado irreversível manipulando greves, enfraquecendo financeiramente os estados, realizando um plebiscito executivo (incluindo o voto de analfabetos) – para apoiar uma ascensão ao poder bonapartista ou gaullista. Castello Branco está, portanto, se preparando para um possível movimento provocado por um chamado de greve geral liderado pelos comunistas, outra rebelião de sargentos, um chamado a plebiscito com oposição do Congresso ou até mesmo um importante contramovimento governamental contra a liderança democrática civil ou militar. Nesses casos, a cobertura política talvez precise ocorrer por meio do primeiro caso de um agrupamento de governadores de estado se autoproclamando como o legítimo governo do Brasil, com aval do Congresso (se o Congresso ainda conseguir agir). Também é possível que Goulart venha a renunciar sob pressão de uma sólida oposição militar, quer para deixar o país ou para liderar um movimento revolucionário "populista". As possibilidades claramente incluem uma guerra civil, com certa divisão horizontal ou vertical dentro das Forças Armadas, agravada pelas abundantes armas em poder dos civis dos dois lados.

11. Ao contrário dos muitos grupos golpistas anti-Goulart que nos procuraram ao longo dos últimos dois anos e meio, (cont.)

11. UNLIKE THE MANY PREVIOUS ANTI-GOULART COUP GROUPS WHO HAVE APPROACHED US DURING THE PAST TWO AND ONE HALF YEARS, THE CASTELLO BRANCO MOVEMENT SHOWS PROSPECTS OF WIDE SUPPORT AND COMPETENT LEADERSHIP. IF OUR INFLUENCE IS TO BE BROUGHT TO BEAR TO HELP AVERT A MAJOR DISASTER HERE - WHICH MIGHT MAKE BRAZIL THE CHINA OF THE 1960S - THIS IS WHERE BOTH I AND ALL MY SENIOR ADVISORS BELIEVE OUR SUPPORT SHOULD BE PLACED. (SECRETARIES RUSK AND MANN SHOULD NOTE THAT ALBERTO BYINGTON IS WORKING WITH THIS GROUP.). WE HOLD THIS VIEW EVEN SHOULD CASTELLO BRANCO BE RELIEVED AS ARMY CHIEF OF STAFF.

12. DESPITE THEIR STRENGTH IN THE OFFICER CORPS, THE RESISTANCE GROUP IS CONCERNED ABOUT THE ADEQUACY OF ARMS AND THE POSSIBLE SABOTAGE OF POL SUPPLIES. WITHIN THE COMING WEEK, WE WILL BE APPRISED OF THEIR ESTIMATES OF NEEDED ARMS THROUGH CONTACT BETWEEN ARMA AND GEN. CINTRA, RIGHTHAND MAN OF CASTELLO BRANCO. POL NEEDS WOULD INCLUDE THE NAVY FUEL NOW BEING SOUGHT BY BYINGTON TOGETHER WITH MOTOR FUEL AND AVIATION GASOLINE.

13. GIVEN THE ABSOLUTE UNCERTAINTY OF TIMING OF A POSSIBLE TRIGGER INCIDENT (WHICH COULD OCCUR TOMORROW OR ANY OTHER DAY); WE RECOMMEND (A) THAT MEASURES BE TAKEN SOONEST TO PREPARE FOR A CLANDESTINE DELIVERY OF ARMS OF NON-US ORIGIN, TO BE MADE AVAILABLE TO CASTELLO BRANCO SUPPORTERS IN SAO PAULO AS SOON AS REQUIREMENTS KNOWN AND ARRANGEMENTS CAN BE WORKED OUT. BEST DELIVERY MEANS NOW APPARENT TO US IS UNMARKED SUBMARINE TO BE OFF-LOADED AT NIGHT IN ISOLATED SHORE SPOTS IN STATE OF SAO PAULO SOUTH OF SANTOS, PROBABLY NEAR IGUAPE OR GANANEIA. (B) THIS SHOULD BE ACCOMPANIED BY POL AVAILABILITIES (BULK, PACKAGED, OR BOTH MAY BE REQUIRED), ALSO AVOIDING USG IDENTIFICATION, WITH DELIVERIES TO AWAIT OUTBREAK ACTIVE HOSTILITIES. ACTION ON THIS (DEPTEL 1281) SHOULD PROCEED FORTHWITH.

T-O-P S-E-C-R-E-T

CFN CASTELLO BRANCOS E G A GOULARTIST GUANABARA SAO PAULO
I GOULART ACCOMPLI PLEBISCITE A BONAPARTIST GAULLIST TYPE CASTELLO BRANCO A A COMMUNIST-LED GENERAL A PLEBISCITE A A BRAZIL GOULART

(cont.) o movimento de Castello Branco demonstra possibilidades de amplo apoio e liderança competente. Se nossa influência precisar ser utilizada para ajudar a evitar um grande desastre aqui – que pode transformar o Brasil na China dos anos 1960 –, é para esse grupo que tanto eu quanto todos os meus conselheiros mais experientes acreditamos que nosso apoio deva ser direcionado. (Os secretários Rusk e Mann podem notar que Alberto Byington está trabalhando com esse grupo.) Mantemos essa visão mesmo que Castello Branco seja desligado da função de chefe do Estado-Maior do Exército.

12. Apesar da força que tem nas Forças Armadas, o grupo de resistência está preocupado quanto à adequação das armas e à possível sabotagem de provisões de petróleo. Ao longo da próxima semana, seremos informados de suas estimativas de armas necessárias através de contatos entre ARMA [adido militar dos EUA] e o general Cintra, braço direito de Castello Branco. As necessidades incluiriam o combustível marítimo que está sendo buscado por Byington junto com combustível de aviação e para veículos terrestres.

13. Dada a absoluta incerteza quanto ao ritmo de um possível incidente que funcione como gatilho (que poderia ocorrer amanhã ou em qualquer outro dia), recomendamos: (A) que sejam tomadas medidas o quanto antes para a preparação de uma entrega clandestina de armas de fora dos EUA a apoiadores de Castello Branco em São Paulo assim que os requisitos sejam conhecidos e que se possam fazer os devidos arranjos para isso. No momento, a melhor forma de entrega nos parece ser através de submarinos sem identificação a serem descarregados à noite em pontos isolados do litoral do estado de São Paulo ao sul de Santos, provavelmente próximo a Iguape ou Cananeia. (B) Isso deveria ser acompanhado por disponibilidades de petróleo (a granel, em tonéis ou ambos), também evitando identificação do governo dos EUA, com entregas programadas para aguardarem a eclosão ativa de hostilidades. A ação sobre isso (mensagem Depto. Estado 1281) seguirá imediatamente.

(cont.)

DE... 550 /2000Z
O 271834Z ZEA
BT
XXXXX ZEA
ZERO NINE TWO WASH
T O P S E C R E T 271834Z
IMMEDIATE DIR CITE RIOD 3824
SECTION FOUR OF FIVE
RYBAT

48986

14. THE ABOVE TWO ACTIONS MIGHT SUFFICE TO SECURE VICTORY FOR FRIENDLY FORCES WITHOUT ANY OVERT US LOGISTICAL OR MILITARY PARTICIPATION, ESPECIALLY IF POLITICALLY COVERED BY PROMPT US RECOGNITION OUR SIDE AS LEGITIMATE GOB. WE SHOULD, HOWEVER, ALSO PREPARE WITHOUT DELAY AGAINST THE CONTINGENCY OF NEEDED OVERT INTERVENTION AT A SECOND STAGE AND ALSO AGAINST THE POSSIBILITY OF SOVIET ACTION TO SUPPORT THE COMMUNIST-LEANING SIDE. TO MINIMIZE POSSIBILITIES OF A PROLONGED CIVIL WAR AND SECURE THE ADHERENCE OF LARGE NUMBERS OF BAND-WAGON JUMPERS, OUR ABILITY TO DEMONSTRATE COMMITMENT AND SOME SHOW OF FORCE WITH GREAT SPEED COULD BE CRUCIAL. FOR THIS PURPOSE AND IN KEEPING WITH OUT WASHINGTON TALKS MARCH 21, ONE POSSIBILITY APPEARS TO BE THE EARLY DETACHMENT OF A NAVAL TASK FORCE FOR MANEUVERS IN SOUTH ATLANTIC, BRINGING THEM WITHIN A FEW DAYS' STEAMING DISTANCE OF SANTOS. LOGISTICAL SUPPLIES SHOULD MEET REQUIREMENTS SPECIFIED IN CINC SOUTH BRAZIL CONTINGENCY PLAN (USSCJTFF-BRAZIL) REVIEWED HERE MARCH 9. CARRIER AIRCRAFT WOULD BE MOST IMPORTANT FOR PSYCHOLOGICAL EFFECT. MARINE CONTINGENT COULD PERFORM LOGISTICAL SECURITY TASKS SET FORTH CINC SOUTH PLAN. WE WOULD WELCOME ADVICE SOONEST ON THIS OR ALTERNATIVE METHODS MEETING OBJECTIVE DESCRIBED ABOVE.

15. WE RECOGNIZE PROBLEM UNCERTAIN DURATION OF NEED THESE FORCES IN AREA. WITH NEAR-DAILY CRISES OF VARYING INTENSITY HERE, HOWEVER, AND VIOLENCE READY TO BECOME EPIDEMIC

(cont.)
14. As duas ações acima podem ser suficientes para garantir a vitória às forças amigas sem qualquer participação logística ou militar aberta dos EUA, principalmente se forem protegidas politicamente pelo pronto reconhecimento por parte dos EUA do nosso lado como governo legítimo. Devemos, no entanto, nos preparar também sem demora contra a contingência de intervenção aberta necessária num segundo momento e também contra a possibilidade de ação soviética para apoiar o lado com inclinações comunistas. Para minimizar as possibilidades de uma guerra civil prolongada e garantir a adesão de muitos vira-casacas, nossa capacidade de demonstrar comprometimento e alguma demonstração de força com grande velocidade poderiam ser cruciais. Para isso e em consonância com as conversas de 21 de março em Washington, uma possibilidade parece ser o destacamento antecipado de uma força-tarefa naval para realizar manobras no Atlântico Sul, trazendo-os até alguns dias de distância a navio de Santos. As fontes logísticas devem estar de acordo com os requisitos especificados no plano do Comando em Chefe para o Sul do Brasil (USSCJTFP-Brasil) revisado aqui em 9 de março. Porta-aviões exerceriam importante efeito psicológico. O contingente de fuzileiros poderia realizar tarefas logísticas de segurança segundo o plano do Comando em Chefe do Sul. Serão bem-vindos o quanto antes pareceres a esse respeito ou métodos alternativos para o cumprimento dos objetivos descritos acima.

15. Reconhecemos o problema da incerteza sobre a duração da necessidade da presença dessas forças na região. Com crises quase diárias de intensidades variáveis por aqui, no entanto, e a violência prestes a se tornar epidêmica (cont.)

PLAN (USSCJTFP-BRAZIL) REVIEWED HERE MARCH 9. CARRIER AIRCRAFT WOULD BE MOST IMPORTANT FOR PSYCHOLOGICAL EFFECT. MARINE CONTINGENT COULD PERFORM LOGISTICAL SECURITY TASKS SET FORTH CINC SOUTH PLAN. WE WOULD WELCOME ADVICE SOONEST ON THIS OR ALTERNATIVE METHODS MEETING OBJECTIVE DESCRIBED ABOVE.

15. WE RECOGNIZE PROBLEM UNCERTAIN DURATION OF NEED THESE FORCES IN AREA. WITH NEAR-DAILY CRISES OF VARYING INTENSITY HERE, HOWEVER, AND VIOLENCE READY TO BECOME EPIDEMIC THROUGH RURAL LAND INVASION, CLASHES OF RIVAL COMMUNIST AND DEMOCRATIC STREET MEETING, OR GENERAL STRIKE EFFORTS, AND WITH PROGRAMMED CRESCENDO OF GOULART ACTIONS WITH SPECIAL COMMITMENT TO " HAVING ACHIEVED BASIC REFORMS" BY AUGUST 24 (TENTH ANNIVERSARY OF VARGAS SUICIDE), REAL DANGER EXISTS OF IRRUPTION CIVIL WAR AT ANY TIME. ONLY CONVINCING SIGN OF LATTER WOULD BE CLEAN SWEEP OF EXTREMISTS FROM MILITARY AND CIVILIAN PALACE GUARD. CURRENT EPISODE OF REBELLIOUS SAILORS DEMONSTRATES FRAGILITY OF SITUATION AND POSSIBLE IMMINENCE OF UN SHOWDOWN.

T-O-P S-E-C-R-E-T

CFN GOB A SOVIET COMMUNIST-LEANING A WASHINGTON MARCH 21 A SOUTH ATLANTIC A SANTOS CINC SOUTH BRAZIL CONTINGENCY USSCJTFP BRAZIL MARCH 9 CARRIER AIRCRAFT PSYCHOLOGICAL CINC SOUTH COMMUNIST GOULART AUGUST 24 VARGAS SUICIDE

BT

NNNN

(cont.) através de invasões de terras rurais, de confrontos de manifestações de rua de rivais comunistas e democráticos ou de esforços em torno de greves gerais, e a progressão programada das ações de Goulart com especial comprometimento em "ter realizado reformas básicas" até 24 de agosto (o décimo aniversário do suicídio de Vargas), existe o perigo real de irrupção de guerra civil a qualquer momento. O único sinal convincente desta última seria a eliminação de extremistas militares e civis da guarda palaciana. O episódio atual dos marinheiros rebelados demonstra a fragilidade da situação e a possível iminência de um confronto.
(cont.)

27 Mar 64

XXXX ZEA
NINE THREE WASH
TOP SECRET 271834Z
IMMEDIATE DIR CITE RIOD 3824
FINAL SECTION OF FIVE
RYBAT

27 Mar 64

16. WE ARE MEANWHILE UNDERTAKING COMPLEMENTARY MEASURES WITH OUR AVAILABLE RESOURCES TO HELP STRENGTHEN RESISTANCE FORCES. THESE INCLUDE COVERT SUPPORT FOR PRO-DEMOCRACY STREET RALLIES (NEXT BIG ONE BEING APRIL 2 HERE IN RIO, AND OTHERS BEING PROGRAMMED), DISCREET PASSAGE OF WORD THAT USG DEEPLY CONCERNED AT EVENTS, AND ENCOURAGEMENT DEMOCRATIC AND ANTI-COMMUNIST SENTIMENT IN CONGRESS, ARMED FORCES, FRIENDLY LABOR AND STUDENT GROUPS, CHURCH, AND BUSINESS. WE MAY BE REQUESTING MODEST SUPPLEMENTARY FUNDS FOR OTHER COVERT ACTION PROGRAMS IN NEAR FUTURE.

17. WE ALSO BELIEVE THAT IT WOULD BE USEFUL, WITHOUT ENTERING INTO DETAIL, FOR SEC STATE OR PRESIDENTIAL PRESS CONFERENCE RESPONSE TO INDICATE CONCERN AT REPORTS OF ECONOMIC DETERIORATION AND POLITICAL RESTLESSNESS IN BRAZIL AND IMPORTANCE TO FUTURE OF HEMISPHERE THAT BRAZIL, TRUE IS ITS DEEP-ROOTED DEMOCRATIC AND CONSTITUTIONAL TRADITIONS, WILL CONTINUE ITS ECONOMIC AND SOCIAL PROGRESS UNDER REPRESENTATIVE DEMOCRACY. WE RECOMMEND SUCH STATEMENT IN NEXT FEW DAYS.

(cont.)
16. Enquanto isso, estamos tomando medidas complementares com nossos recursos disponíveis para ajudar a fortalecer as forças de resistência. Esses recursos incluem o apoio secreto a manifestações de rua pró-democracia (a próxima grande está prevista para o dia 2 de abril aqui no Rio e outras estão sendo programadas), a passagem discreta de informações de que o governo dos EUA está profundamente preocupado com os eventos e o estímulo aos sentimentos democráticos e anticomunistas no Congresso, nas Forças Armadas, nos grupos amigos de trabalhadores e estudantes, nas igrejas e nos negócios privados. Talvez venhamos a requerer modestos fundos suplementares para outros programas de ação secreta no futuro próximo.

17. Eu também acredito que seria útil, sem entrar em detalhes, que o secretário de Estado ou a Coletiva Presidencial indicasse preocupação com os relatórios da deterioração econômica e da instabilidade política no Brasil e ressaltasse a importância ao futuro do hemisfério que o Brasil, fiel à sua arraigada tradição democrática e constitucional, dê continuidade a seu progresso econômico e social sob a democracia representativa. Recomendamos que essa declaração seja feita nos próximos dias.

(cont.)

This message is not an alarmist or panicky reaction to any one episode. It reflects the joint conclusions of the top Embassy staff based on a long chain of actions and intelligence information which convince us that there is a real and present danger to democracy and freedom in Brazil, which could carry this enormous nation into the Communist camp. If this were a country of less strategic importance to the U.S., both directly and in its impact on all Latin America, we might suggest a further period of watchful waiting in the hope that Brazilian resistance unaided would take care of the problem. We believe that there is substantial likelihood that it may do so, given the basic sentiments and attitudes of the majority of the people and the strength of organized democratic sentiment especially in the southern half of the country. The power of Goulart and the Presidency to sap and undermine resistance is so great, however, that our manifest support, both moral and material, and even at substantial cost, may well be essential to maintain the backbone of the Brazilian resistance. No loss of time can be afforded in preparing for such action. The alternative of risking a Communist Brazil appears unacceptable, implying potentially far greater ultimate costs in both money and lives.

TOP SECRET

CPN 3C A DEC DEMOCRACY APRIL 2 RIO USS ANTI-COMMUNIST 1 SEC STATE CON L S BRAZIL BRAZIL NOT AN PANICKY A A BRAZIL COMMUNIST A US LA A BRAZILIAN GOULART SAR BRAZILIAN NO LOSS BRAZIL

BT

(cont.)
18. Esta mensagem não é uma reação alarmista ou assustada a qualquer episódio. Ela reflete as conclusões conjuntas dos mais altos funcionários da embaixada com base numa longa cadeia de ações e informações de inteligência que nos deixaram convencidos de que **há um perigo real e imediato à democracia e à liberdade no Brasil que poderia levar essa imensa nação para o campo comunista.** Caso este fosse um país de menor importância estratégica aos EUA – tanto diretamente quanto em relação ao seu impacto sobre a América Latina –, poderíamos sugerir um maior período de espera vigilante, na esperança de que a resistência brasileira tratasse do problema sem assistência. Acreditamos ser substancialmente provável que isso venha a ocorrer, considerando as atitudes e os sentimentos básicos da maioria do povo e a força do poder democrático organizado principalmente na metade sul do país. No entanto, o poder de Goulart e da Presidência de enfraquecer e minar a resistência é tão grande que nosso apoio manifesto, tanto [ilegível] quanto material e mesmo a um custo considerável, pode muito bem ser essencial para manter a determinação da resistência brasileira. Não se pode perder tempo com preparação para essa ação. A alternativa de arriscar um Brasil comunista parece inaceitável, implicando custos finais potencialmente muito maiores tanto em dinheiro quanto em vidas. GORDON

POL 23-9 BRAZ

INCOMING TELEGRAM *Department of State*

SECRET

Action
INR EJS15 HQA017
     RR RUEHCR
Info DE RUEAHQ 57 28/0347Z
SS   R 280345Z
     FM OSAF
G   INFO RUEHCR/STATE DEPT
ARA ZEN/CIA
     RUECTDD/USA
     RUCSB/CINCSAC
RMR R 262200Z ZEA
     FM OUSARMA RIO DE JANEIRO BRAZIL
     TO RUEPO/VDA
     INFO RUEAHO/DIA
     RULPC/USCINCSO
     RULPC/COMUSARSO
     BT
     S E C R E T DISC-C-20. FOR ACSI. SGD VALTERS.
FROM GENERAL CASTELLO BRANCO, BRIG GENERAL CINTRA AND COLONEL EDSON
FIGUEIREDO IT IS NOW CLEAR GENERAL CASTELLO BRANCO FINALLY ACCEPTED
LEADERSHIP OF FORCES DETERMINED TO RESIST GOULART COUP OR COMMUNIST
TAKEOVER. MARCH 13TH MEETING AND TREMENDOUS RESPONSE TO SAO PAULO
"MARCH FOR GOD AND FREEDOM" HAVE INSTILLED NEW VIGOR INTO PLOTTERS.
GENERAL CORDEIRO DE FARIAS HAS FORMALLY RELINQUISHED MILITARY LEADER-
SHIP TO GENERAL CASTELLO BRANCO. ARMA GIVEN COPY OF QUESTIONNAIRE
SENT OUT GARRISONS ALL OVER BRAZIL BY TRUSTED MESSENGERS. THIS
QUESTIONNAIRE IS CLEVERLY WRITTEN AND ACTUALLY IS A SERIES OF SUGGES-

PAGE 2 RUEAHQ 57 S E C R E T
TIONS TO YOUNG AND INEXPERIENCED OFFICERS AS TO WHAT STEPS THEY
MIGHT TAKE TO PUT THEMSELVES AND UNIT IN STATE OF READINESS IN CASE
OF COUP. APPEARS GENERAL KRUEL CG SECOND ARMY HAS PRACTICALLY
AGREED TO JOIN RESISTANCE FORCES. THEY HAVE TOLD HIM THAT IF HE
WISHES TO RESIST HIS RELIEF AS SECOND ARMY COMMANDER THEY WOULD BE
WILLING TO USE THIS AS PRETEXT FOR DIRECT ACTION. KRUEL AND CASTELLO
BRANCO WERE BROUGHT TOGETHER BY LT GENERAL COSTA E SILVA AND
RECONCILED AFTER FEUD WHICH BEGAN IN ITALY DURING WW II. PLOTTERS
APPARENTLY AGREED TO USE FOLLOWING AS SUFFICIENT CAUSE TO GO INTO
ACTION. (1) CLOSING OF ONE OR BOTH HOUSES OF CONGRESS. (2) GOVERN-
MENT VIOLENCE AGAINST JUDICIARY. (3) ASSASSINATION OR ATTEMPT
AGAINST DEMOCRATIC LEADERS CIVILIAN OR MILITARY. (4) INDISCRIMINATE
ARREST OF DEMOCRATIC LEADERS CIVILIAN OR MILITARY. (5) POLITICALLY
INSPIRED GENERAL STRIKE. (6) GIVING TO ARMED FORCES OBVIOUSLY
UNCONSTITUTIONAL MISSION. (7) MAJOR TROOP MOVEMENTS DESIGNED TO
THREATEN ANY PART OF THE NATIONAL TERRITORY.

SECRET   REPRODUCTION FROM THIS COPY IS
         PROHIBITED UNLESS "UNCLASSIFIED"

Documento 2

Telegrama recebido – Departamento de Estado
Do Adido Militar Rio de Janeiro Brasil
                        27 março 1964 11:50 PM
Para: Departamento de Defesa – Pentágono
    Serviço de Informações do Departamento de Defesa
    Comando em Chefe do Comando Sul EUA
    Comando em Chefe Forças do Exército Sul
SECRETO D I S C – C-20. PARA ACSI. SGD WALTERS.

Sobre o general Castello Branco: Segundo o general de brigada Cintra e o coronel Edson Figueiredo, está claro que o general Castello Branco finalmente aceitou assumir a liderança das forças decididas a resistir ao golpe de Goulart ou à tomada do poder pelos comunistas. A reunião de 13 de março e a impressionante reação da "Marcha com Deus pela Liberdade" deram novo ânimo aos conspiradores. O general Cordeiro de Farias cedeu formalmente a liderança ao general Castello Branco. O adido militar recebeu cópia do questionário enviado a Garrisons a respeito do Brasil por mensageiros de confiança. Escrito com inteligência, o questionário se trata, na realidade, de uma série de sugestões

PÁGINA 2

a jovens e inexperientes oficiais sobre os passos que devem tomar para se colocarem, com suas unidades, em estado de prontidão no caso de um golpe. Aparentemente, o general Kruel, comandante do Segundo Exército, praticamente concordou em se unir às forças de resistência. Os conspiradores disseram que, se ele desejar resistir a sua substituição como comandante do Segundo Exército, estariam dispostos a usar o fato como pretexto para ação direta. Kruel e Castello Branco foram reunidos pelo general Costa e Silva e se reconciliaram de diferenças que tiveram início na Itália durante a Segunda Guerra Mundial. Os conspiradores aparentemente concordaram em utilizar o que segue como motivos suficientes para entrar em ação. (1) O fechamento de uma ou ambas as Casas do Congresso. (2) Violência do governo contra o Judiciário. (3) Assassinato ou atentados contra líderes democráticos civis ou militares. (4) Prisão indiscriminada de líderes democráticos civis ou militares. (5) Greve geral de inspiração política. (6) Delegar às forças armadas missão evidentemente inconstitucional. (7) Grandes movimentos de tropas com o objetivo de ameaçar qualquer parte do território nacional.

Brazil
1730
63a

29 March 1964

Personal from Ambassador Gordon. Please pass immediately to Secretary of State Rusk, Assistant Secretary Mann, Ralph Burton, Secretary Defense McNamara, Assistant Secretary Defense McNaughton, General Maxwell Taylor, CIA Director John McCone, Colonel J. C. King, Desmond Fitzgerald, White House for Bundy and Dungan, pass to Canal Zone for General O Meara. Other distribution only by approval above named.

1. Since my message on Friday, effects of Navy crisis have substantially worsened the overall situation and possibly shortened the time factors. The replacement of Navy Minister Silvio Mota by a super-annuated left-wing Admiral, Paulo Mario Cunha Rodrigues, reliably reported to have been proposed by Communist leaders and the CGT, the retention of Aragao as Marine Commandant, and the total amnesty for the rebellious sailors and Marines, are all body blows to the morale of the officer corps of all three services and are apparently frightening many congressmen. (We expect more light on latter point from Brasilia Monday). The worst feature of the episode is that the tactical moves by the palace Friday afternoon were directed hour by hour by a close-knit group composed mainly of Communists. Left-wing group now talking openly about new advances beginning with "cleaning out the Army". Resistance forces, both military and civilian, seeking recover from unexpected setback and consulting feverishly on future courses of action.

2. Re para 2 of reference, will transmit bill of goods as soon as available. I have had no direct contact with military plotters. My definite judgement is that ARMA must continue intelligence contacts for which he uniquely qualified, but that any operational contacts will become responsibility of ▓▓▓▓

3.3 (b)(1)

3. Re para 3 of Saturday's message purpose of unidentified arms made available soonest and if possible pre-positioned prior any outbreak of violence could be manifold, depending on unforeseeable development of events. Could be used by Para-military units working with Democratic Military groups, or by friendly military against hostile military if necessary. Immediate effect, which we stress, would be bolster will to resist and facilitate initial success. Given Brazilian predilection joining victorious causes, initial success could be key to side on which many indecisive forces would land and therefore key to prompt victory with minimal violence. Risk of later attribution to us Government covert operation seems minor to us in relation positive effects if operation conducted with skill, bearing in mind that many things we don't do are being regularly so attributed.

SANITIZED
E.O. 13292, Sec. 3.6
NLJ 03-286
By _ies_ NARA, Date 2-24-04

COPY LBJ LIBRARY

Documento 3
Original datilografado da Embaixada dos EUA

Rio, 29 de março de 1964

Pessoal, do embaixador Gordon
Favor passar imediatamente ao secretário de Estado Rusk, ao secretário-assistente Mann, a Ralph Burton, ao secretário de Defesa McNamara, ao secretário-assistente de Defesa McNaughton, ao general Maxwell Taylor, ao diretor da CIA John McCone, ao coronel J. C. King, a Desmond Fitzgerald, à Casa Branca para Bundy e Dungan, passar à Zona do Canal para o general O'Meara. Outras distribuições apenas com aprovação dos acima nominados.

1. Desde a mensagem que enviei na sexta-feira, os efeitos da crise na Marinha pioraram substancialmente a situação geral e possivelmente encurtaram os fatores de tempo. A substituição do ministro da Marinha Silvio Mota por um almirante aposentado de esquerda, Paulo Mario Cunha Rodrigues, que teria sido proposto por líderes comunistas e pela CGT, a retenção de Aragão como comandante da Marinha e a anistia total para os marinheiros e fuzileiros rebeldes foram todos golpes à moral dos oficiais das três forças e, aparentemente, estão assustando muitos congressistas. (Esperamos receber mais luz sobre esta última informação de Brasília na segunda-feira.) A pior característica do episódio é que os movimentos táticos do palácio na tarde da sexta-feira foram dirigidos hora a hora por um grupo bastante organizado composto principalmente por comunistas. Um grupo de esquerda que agora está falando abertamente em "limpar o Exército". As forças de resistência, tanto militares quanto civis, estão buscando se recuperar do inesperado revés e conversando intensamente sobre futuros cursos de ação.

2. Resposta para 2 de referência: Transmitirei a conta dos bens assim que estiver disponível. Não obtive qualquer contato direto com conspiradores militares. Minha avaliação definitiva é que o Adido Militar deve continuar com os contatos de inteligência para os quais é especificamente qualificado, mas que quaisquer contatos operacionais devem se tornar de responsabilidade de (**CENSURADO**).

3. Re para 3 da mensagem de sábado. A proposta de armas não identificadas para serem postas à disposição o quanto antes e,

-2-

4. Re paragraph 4 of Saturday's message, my purpose in paragraphs 14 and 18 of Friday's message was to make clear that in civil war type situation our ability show force promptly in response appeal from from politically recognized democratic side might be crucial determining factor in early victory that side. I well understand how grave a decision is implied in this contingency commitment to overt military intervention here. But we must also weigh seriously the possible alternative, which I am not predicting but can envisage as real danger of defeat of democratic resistance and communization of Brasil. We did not intend naval operation to be covert, and overt maneuvers in South Atlantic could be healthy influence.

3.3
(b)(1)
5. Re para 5 of Saturday's message recent Arma reports cover much of this ground. We will continue studying and reporting regularly on these questions, especially possibility and consequences initiative of group of covernors without prior Congressional coverage.

6. Re para 6 of Saturday's message, I see no present point in foot-dragging on debt negotiations or hold action on AID loans, unless preceded by some clear indication of United States government concern with basic problem of Brasilian political regime. No one expects action on debts until a month hence anyway. In case of AID projects of direct interest to clearly democratic elements, such as Cemat, we believe approvals and announcements should continue. We shall evaluate each case as it arises in light of political effects at the time. If we later reach point of wanting to suspend aid publicly, which would be especially dramatic if wheat included, more appropriate time would be in response more obvious political developments than have yet occurred and which would probably include direct attacks on our economic interests. On this subject I await eagerly your April 1 advice on coffee penalties.

7. What is needed now is a sufficiently clear indication of United States government concern to reassure the large numbers of democrats in Brazil that we are not indifferent to the danger of a Communist revolution here, but couched in terms that cannot be openly rejected by Goulart as undue intervention. I am cancelling my trip programmed to Alagoas and Bahia Monday through Wednesday, sending Kubish to represent me, and this cancellation will convey some measure of concern. Our discreet,

se possível, pré-posicionadas antes de qualquer deflagração violenta pode ser multiplicada, dependendo do desenvolvimento imprevisível dos acontecimentos. **Essas armas poderiam ser usadas por unidades paramilitares** trabalhando com grupos militares democráticos ou por militares amigos contrários a militares hostis, caso seja necessário. O efeito imediato, reforçamos, seria sustentar a determinação de resistir e facilitar o sucesso inicial. **Considerando a predileção dos brasileiros de se unir a causas vitoriosas, o sucesso inicial poderia ser chave** para o lado ao qual penderiam muitas forças indecisas e, portanto, chave a uma vitória rápida e com o mínimo de violência. O risco de uma atribuição posterior a uma operação secreta do governo dos EUA nos parece menor em relação aos efeitos positivos se a operação for conduzida com habilidade, tendo em mente que muitas coisas que não fazemos nos estão sendo regularmente atribuídas.

4. Re parágrafo 4 da mensagem de sábado, minha proposta nos parágrafos 14 e 18 da mensagem de sexta-feira era deixar claro que, em situações de **guerra civil, nossa capacidade de demonstrar força** como reação imediata aos apelos do lado democrático politicamente reconhecido pode ser fator determinante crucial para a vitória inicial deste lado. **Compreendo bem o quão grave é uma decisão decorrente deste comprometimento** na contingência de uma intervenção militar declarada aqui. Mas também **devemos considerar seriamente a alternativa possível**, que não estou prevendo, mas posso imaginar, **como perigo real** de derrota da resistência democrática e a **comunização do Brasil**. Não pretendíamos que as operações navais fossem secretas, e **manobras abertas no Atlântico Sul poderiam ter uma influência decisiva.**

5. Re para 5 da mensagem de sábado. Relatos recentes do Adido Militar [**censurado**] tratam bastante dessa questão. Continuaremos a estudar e a realizar relatórios regulares sobre essas questões, especialmente quanto às possibilidades e iniciativas consequentes do grupo de governadores sem cobertura prévia do Congresso.

6. Re para 6 da mensagem de sábado. Não vejo sentido em protelar as negociações de dívidas ou realizar quaisquer ações sobre empréstimos de ajuda, a menos que precedidas por alguma clara indicação de preocupação do governo dos Estados Unidos com o problema básico do regime político brasileiro. Ninguém espera por ações sobre dívidas até daqui a um mês de qualquer maneira. No caso de projetos da AID de interesse direto de elementos claramente democráticos, como o Cemat,

informal contacts with friendly Brazilians also help. Nothing that we here can do, however, will be nearly as influential as a high-level Washington statement. Press reports at home on the navy crisis surely could serve as a peg for such statement.

8. I therefore reiterate recommendation in para 17 of Friday's message. In light developments described para 1 this message, earliest possible action would achieve optimum results.

acreditamos que a aprovação e os anúncios devam continuar. Deveremos avaliar cada caso, conforme eles surjam, à luz dos efeitos políticos da ocasião. Se mais tarde chegarmos ao ponto de desejarmos suspender o auxílio publicamente, o que seria mais especialmente dramático se incluísse o trigo, o momento mais adequado seria em reação a desenvolvimentos políticos mais evidentes do que os que já ocorreram e que provavelmente incluiriam ataques diretos a nossos interesses econômicos. Quanto a essa questão, aguardo ansiosamente por seus aconselhamentos de 1º de abril a respeito das multas do Acordo do Café.

7. O que se faz necessário agora é uma **indicação suficientemente clara da preocupação do governo dos Estados Unidos para tranquilizar** os numerosos democratas do Brasil de que não estamos indiferentes ao perigo de uma revolução comunista aqui, mas utilizando termos de modo a que não possa ser abertamente refutada por Goulart como intervenção indevida. Cancelei a viagem que havia programado para Alagoas e Bahia de segunda a quarta-feira e enviarei Kubish para me representar, e esse cancelamento irá gerar alguma preocupação. Nossos contatos discretos e informais com brasileiros amigos também ajudam. Nada do que possamos fazer, no entanto, poderá ter tanta influência quanto uma declaração de alto nível de Washington.

8. Portanto, reitero a recomendação do parágrafo 17 da mensagem de sexta-feira. À luz dos desenvolvimentos descritos no parágrafo 1 desta mensagem, **a ação mais precoce possível obteria os resultados ideais.**

Será de Juscelino e parte cortada ao início?

TELEGRAM Department of State

CONFIDENTIAL

LUA006
OO RUEHCR
DE RUESJA 727R 31/2240Z
O 31/2230Z ZEA
FM AMEMBASSY BRASILIA
TO SECSTATE WASHDC
STATE GRNC
BT
C-O-N-F-I-D-E-N-T-I-A-L IMMEDIATE ACTION DEPT 130 INFO IMMEDIATE
RIO 233 MARCH 31

REITERATED TODAY HIS CONFIDENCE IN STRENGTH OF MOVE AGAINST GOULART. HE SAID PORCESS IS IRREVOCABLE AND WILL RESULT IN REMOVAL GOULART AND HIS REPLACEMENT FOR 30 DAYS BY CHAMBER PRESIDENT MAZZILLI. AFTER 30 DAYS CONGRESS IN ACCORD CONSTITUTION WILL ELECT PRESIDENT TO SERVE UNTIL 65 ELECTIONS. FORMER PRESIDENT MARSHAL DUTRA BEING CONSIDERED. CFN 130 233 31 30 30 65

PAGE TWO RUESJA 727R C-O-N-F-I-D-E-N-T-I-A-L

PRESUMABLY NEITHER KUBITSCHEK NOR LACERDA UNDER CONSIDERATION SINCE OCCUPANCY PRESIDENCY NOW WOULD MAKE THEM INELIGIBLE IN 65.

SAYS FOLLOWING STATES HAVE PLEDGED SUPPORT FOR MOVE AGAINST GOULART: MINAS GERAIS, SAO PAULO, MATO GROSSO, GOIAS, PARANA, AND SANTA CATARINA. SOME SUPPORT EXPECTED IN NORTH, PARTICULARLY BAHIA, RIO GRANDE DO NORTE AND EVEN IN RECIFE WHERE 4TH ARMY COMMANDER OPPOSES GOULART.

CLASHES AND BLOODSHED EXPECTED IN GUANABARA AND RIO GRANDE DO SUL WHERE GOVERNMENT AND OPPOSITION FORCE FAIRLY EVENLY DIVIDED. EXPECTS PRESIDENT GOULART FLEE TO SAO BORJA AREA RIO GRANDE DO SUL WHERE COMMANDS LOYAL TO THE PRESIDENT HAVE BEEN CAREFULLY ESTABLISHED.

SAID CHAMBER PRESIDENT MAZZILLI WENT TO SAO PAULO YESTERDAY CFN 65 4TH

CONFIDENTIAL

REPRODUCTION FROM THIS COPY IS PROHIBITED UNLESS "UNCLASSIFIED"

Copy

Documento 4

DE   Embaixada norte-americana em Brasília

PARA   Secretaria de Estado Washington D.C.

CONFIDENCIAL– AÇÃO IMEDIATA – DEPT 130 INFO IMEDIATA

RIO 233   31 DE MARÇO   8:12 PM

[**CENSURADO**] reiterou hoje sua confiança na força do movimento contra Goulart. Ele disse que o processo é irrevogável e resultará na retirada de Goulart e em sua substituição por 30 dias pelo presidente da Câmara, Mazzilli. Depois de 30 dias, o Congresso, conforme a Constituição, elegerá o presidente que ocupará o cargo até as eleições de 65. O ex-presidente Marechal Dutra está sendo considerado [**CENSURADO**] Aparentemente, nem Kubitschek, nem Lacerda estão sendo levados em consideração, uma vez que, se ocuparem a Presidência agora, ficarão inelegíveis em 65.

[**CENSURADO**] diz que os seguintes estados declararam apoio ao movimento contra Goulart: Minas Gerais, São Paulo, Mato Grosso, Goiás, Paraná e Santa Catarina. Espera-se algum apoio do Norte, especialmente da Bahia, do Rio Grande do Norte e até mesmo de Recife, onde o comandante do 4º Exército é contrário a Goulart.

Confrontos e derramamento de sangue são esperados na Guanabara e no Rio Grande do Sul, onde as forças do governo e da oposição estão divididas praticamente pela metade. Espera-se que o presidente Goulart fuja para a região de São Borja, no Rio Grande do Sul, onde comandos leais ao presidente foram cuidadosamente estabelecidos.

[**CENSURADO**] disse que o presidente da Câmara, Mazzilli, foi a São Paulo, ontem, (cont.)

CONFIDENTIAL

-2- 130, March 31, from Brasilia

PAGE THREE RUESUA 727R C-O-N-F-I-D-E-N-T-I-A-L
AS THE RESULT OF A CALL FROM HIS WIFE. HE HAS RETURNED TO BRASILIA
TODAY AND REAL REASON FOR TRIP SHOULD SOON BE KNOWN. EX-
PRESIDENT KUBITSCHEK ALSO SUPPORTS COUNTER-COUP AGAINST
GOULART.   SAID KUBITSCHEK JOINED UP EARLY MONDAY MORNING
AFTER LONG CONVERSATION WITH MAZZILLI IN WHICH HE AIRED HIS
GREAT CONCERN OVER LEFTIST COUP UNDERWAY BY GOULART.

DEPUTY ARNALDO CERDEIRA (PSD-SAO PAULO) TOLD EMBASSY OFFICER
GENERAL KRUEL, COMMANDER 2ND ARMY IN SAO PAULO, DISMISSED
THIS MORNING BUT HAS REFUSED RELINQUISH COMMAND.

SAID CONGRESS HAS GIVEN UP IDEA MOVE AWAY FROM BRASILIA
TO RIO, SAO PAULO OR BELO HORIZONTE BECAUSE PROBLEM NOW LARGELY
IN MILITARY THERE. ADDED THAT MAJORITY OF CONGRESS NOW CLEARLY
ANTI-GOULART AND AUTOMATICALLY OPPOSED ANY MEASURE IN HIS
FAVOR, AND BY IMPLICATION PREPARED TO GIBE LEGAL COVER TO MOVE
AGAINST HIM. GP-3. DEAN
BT
CFN 2ND 3

ADVANCE COPY TO S/S-O 8:18 p.m.

NOTE: Passed WHITE HOUSE, CIA, JCS, OSD, CINCSO, CINCSTRIKE
ALSO FOR POLAD, CINCLANT ALSO FOR POLAD 8:45 p.m.

COPY
Lyndon Baines Johnson Library

CONFIDENTIAL

(cont.) por conta de um telefonema de sua esposa. Ele voltou a Brasília hoje, e o verdadeiro motivo da viagem deverá ser conhecido em breve. **O ex-presidente Kubitschek também apoia um contragolpe contra Goulart.** [CENSURADO] **disse que Kubitschek se juntou ao grupo no começo da manhã da segunda-feira,** depois de uma longa conversa com Mazzilli, durante a qual expressou grande preocupação em relação ao golpe de esquerda sendo realizado por Goulart.

O deputado Arnaldo Cerdeira (PSD-São Paulo) disse a um funcionário da embaixada que o general Kruel, comandante do 2º Exército em São Paulo, foi demitido esta manhã, mas se negou a deixar o comando.

[CENSURADO] disse que o Congresso desistiu da ideia de trocar Brasília por Rio, São Paulo ou Belo Horizonte por problemas com os militares. Acrescentou que a maioria do Congresso agora é claramente anti-Goulart e automaticamente contrária a qualquer medida em seu favor e, por implicação, está preparada para dar cobertura legal a um movimento contra ele. GP-3. DEAN
BT
CFN 2ND 3

CÓPIA AVANÇADA PARA S/S-O 20h18

NOTA: Enviado à CASA BRANCA, CIA, JCS, OSD, CINCSO, CINCSTRIKE, TAMBÉM PARA POLAD, CINCLANT TAMBÉM PARA POLAD 20h45

OUTGOING TELEGRAM Department of State

SECRET

ACTION: AMEMBASSY RIO DE JANEIRO   FLASH 1301   MAR 31   2 29 PM '64

NO DISTRIBUTION

FOR AMBASSADOR GORDON

For your personal information only, the following decisions have been taken in order be in a position to render assistance at appropriate time to anti-Goulart forces if it is decided this should be done.

1. Dispatch of US Navy tankers bearing POL from Aruba, first tanker expected off Santos between April 8 and 13; following three tankers at one day intervals.

2. Immediate dispatch of naval task force for overt exercises off Brazil. Force to consist of aircraft carrier (expected arrive in area by April 10), four destroyers, two destroyer escorts, task force tankers (all expected arrive about four days later).

3. Assemble shipment of about 110 tons ammunition, other light equipment including tear gas for mob control for air lift to Sao Paolo (Campinas). Lift would be made within 24 to 36 hours upon issuance final orders and would involve 10 cargo planes,

Drafted by: ARA:RWAdams:ars 3/31/64   classification approved by: George W. Ball

S/S - Mr. Read

SECRET

Documento 5

TELEGRAMA ENVIADO
Do Departamento de Estado
À Embaixada Americana Rio
Nota 1301   31 de março de 64   2:29 PM
Sem distribuição
Para o embaixador Gordon

Para sua informação pessoal, apenas, foram tomadas as seguintes decisões com o objetivo de se estar em posição de oferecer assistência no momento adequado a forças anti-Goulart, caso se decida que isso seja feito.

1. Envio de navios-tanque da Marinha dos EUA levando gasolina e óleo diesel de Aruba. O primeiro navio-tanque é esperado em Santos entre 8 e 13 de abril; seguindo três navios-tanque em intervalos de um dia.

2. Envio imediato de força-tarefa naval para exercícios ostensivos próximo ao Brasil. Deverá consistir de porta-aviões (com chegada esperada para 10 de abril), quatro destróieres, duas escoltas de destróieres e navios-tanque de força-tarefa (todos com chegada esperada para cerca de quatro dias depois).

3. Carga de cerca de 110 toneladas de munição, outros equipamentos leves incluindo gás lacrimogêneo para controle de multidões para transporte aéreo para São Paulo (Campinas). O transporte seria feito entre 24 e 36 horas após emissão de ordens finais e envolveria 10 aviões cargueiros, (cont.)

6 tankers, and 6 fighters

Unloading of POL by US Navy tankers (item 1) and dispatch of airlift (item 3) would require further development politico-military situation to point where some group having reasonable claim to legitimacy could formally request recognition and aid from us and if possible from other American Republics. Dispatch of tankers from Aruba and of naval task force does not immediately involve us in Brazilian situation and is regarded by us as/normal naval exercises.

END

RUSK

(cont.) 6 aviões-tanque e 6 caças.

Descarregamento da gasolina e óleo diesel pelos navios-tanque da Marinha dos EUA (item 1) e envio de transporte aéreo (item 3) demandariam mais desenvolvimento da situação político-militar para haver indicação de algum grupo que tenha razoável legitimidade para poder requisitar formalmente reconhecimento e auxílio da nossa parte e se possível de outras repúblicas americanas. O envio de navios-tanque de Aruba e da força-tarefa naval não nos envolve imediatamente na situação brasileira e é visto por nós como exercício naval normal.

RUSK – Fim

OUTGOING TELEGRAM **Department of State**

SECRET
Classification

ACTION: Amembassy RIO DE JANEIRO 1305 FLASH
Info: DEFENSE FOR McNAMARA AND TAYLOR
CIA FOR McCONE

MAR 31 7 53 PM '64

NODIS FOR AMBASSADOR GORDON

Following corrections should be made in Deptel 1301:

1) Para one should read: "Dispatch of U.S. Navy tankers bearing POL from Aruba, first tanker expected off Santos April 13; following three tankers at one day intervals."

2) Second sentence in para two should read: "Force to consist of aircraft carrier and two guided missile destroyers (expected arrive in area by April 10), four destroyers, task force tankers (all expected arrive about four days later)."

3) Strike words "tear gas" in first sentence of para three, and insert "CS agent".

4) Reference to "10 cargo planes" in second sentence of para three should be "six cargo planes".

DECLASSIFIED
E.O. 13292, Sec. 3.6
NLJ 03-286
By ___, NARA, Date 2-24-04

END

RUSK

S/S:BH Read:vd 3/31/64   ARA - Mr. Adams

COPY LBJ LIBRARY

TELEGRAMA ENVIADO
Do Departamento de Estado
À Embaixada Americana Rio de Janeiro
Nota 1305 31 de março de 64   7:53 PM
Sem distribuição
Para o embaixador Gordon
As seguintes correções devem ser feitas na Nota 1301:
1) No parágrafo um, leia-se: "Envio de navios-tanque da Marinha dos EUA levando POL de Aruba. O primeiro navio-tanque é esperado em Santos em 13 de abril; seguindo três navios-tanque em intervalos de um dia".

2) Na segunda frase do parágrafo dois, leia-se: "Deverá consistir de porta-aviões e dois destróieres com mísseis guiados (com chegada esperada para 10 de abril), quatro destróieres, navios-tanque de força-tarefa (todos com chegada esperada para cerca de quatro dias depois)".

3) Riscar as palavras "gás lacrimogêneo" da primeira frase do parágrafo três e inserir "gás CS".

4) Referência a "10 aviões cargueiros" na segunda frase do parágrafo três deve ser "seis aviões cargueiros". RUSK
FIM

~~SECRET~~

1 April 1964

MEMORANDUM FOR THE RECORD

SUBJECT: Meeting at the White House 1 April 1964
Subject - Brazil

PRESENT: The President

State Department: Secretary Rusk, Under Secretary Ball, Deputy Under Secretary Johnson, and Mr. Ralph Burton

Defense Department: Secretary McNamara, Deputy Secretary Vance, General Taylor and General O'Meara

White House Staff: Messrs. Bundy, Dungan, Moyers, and Reedy

CIA: The Director, Colonel King and Mr. FitzGerald

1. The meeting commenced with a briefing on the latest intelligence reports by Colonel King including items from the 10 o'clock telecon between State and Ambassador Gordon. Matters seemed to be more favorable to the insurgents than they had been the previous evening, particularly in view of indications that General Kruel is moving Second Army troops to the Sao Paulo border.

2. Secretary Rusk said that Ambassador Gordon was not advocating U.S. support at this time. Only the Paulistas had requested such aid and this without definition. Ambassador Gordon, with whom the Secretary agreed, believes that it would be wrong at this stage to give Goulart an anti-Yankee banner.

SANITIZED
E.O. 12958, Sec. 3.6
NLJ/RAC D1-18
By ___, NARA, Date 10-31-02

Documento 6

SECRETO
1º de abril de 1964
ATA-MEMORANDO PARA REGISTRO
ASSUNTO: Reunião na Casa Branca em 1º de abril de 1964
PRESENTES: O Presidente
Departamento de Estado: secretário Rusk, subsecretário Ball, subsecretário adjunto Johnson e Sr. Ralph Burton
Departamento de Defesa: secretário McNamara, secretário adjunto Vance, general Taylor e general O'Meara
Equipe da Casa Branca: senhores Bundy, Dungan, Moyers e Reedy
CIA: O diretor, coronel King e Sr. Fitzgerald

1. A reunião teve início com uma exposição sobre os últimos relatórios da inteligência, feita pelo coronel King, incluindo itens da teleconferência das 10 horas entre o Departamento de Estado e o embaixador Gordon. A situação parecia estar mais favorável aos insurgentes do que na noite anterior, especialmente diante das indicações de que o general Kruel está levando tropas do Segundo Exército para a divisa do Estado de São Paulo.

2. O secretário Rusk disse que o embaixador Gordon não estava defendendo apoio dos EUA neste momento. Apenas os paulistas haviam solicitado esse auxílio e sem definição. O embaixador Gordon, com quem o secretário concordou, acredita que seria errado, nesta etapa, dar uma bandeira anti-ianque a Goulart.
(cont.)

3. Secretary Rusk referred to a "leak" the evening before regarding the movement of a Naval task force to the area of southern Brazil. (General Taylor said that there was not actually a leak but that it appeared to be a deduction by newsmen based on knowledge that a special meeting of the Joint Chiefs took place.) It was agreed that newspaper queries concerning the Naval movement would be treated routinely and that it would not be shown as a contingency move having to do with Brazil.

4.

5. There was an aside on Panama concerning the latest OAS language concerning U.S. discussions with the government of Panama. The President gave as his opinion that this language, which appeared to please the Panamanians, did not to him appear to differ from that which we had previously used.

6. In another interjection, the President asked what the effect of Senator Fulbright's speech had been abroad. Mr. Ball referred to his recent trip to Europe during which he addressed the NATO council (prior to the Fulbright speech). He said that the NATO people had agreed that the U.S. had not clearly stated its position vis-a-vis Cuba. Mr. Ball believes that the Fulbright speech may give ammunition to those who do not favor our Cuba policy in the first place. He also added that the Che Guevara speech in Geneva had been much too long and had therefore probably laid an egg. He said that he did not think that, as far as economic denial against Cuba is concerned, the Fulbright speech would have very much effect in Latin America as there was very little trade anyway. The President inquired whether we are endeavoring to explain the basis of our present policy to Fulbright. Secretary Rusk said that this had been and is being done. The President observed that Senator Fulbright probably is enjoying the halo set on his brow by the New York Times and the Washington Post and will probably wish to retain the headgear. Mr. Ball said

(cont.)

3. O secretário Rusk se referiu a um "vazamento" na noite anterior a respeito do movimento de uma força-tarefa naval até a região sul do Brasil. (Segundo o general Taylor, não houve exatamente um vazamento, mas parece ter havido a dedução por parte de alguns jornalistas com base no conhecimento sobre a realização de uma reunião especial do Estado-Maior.) Houve consenso sobre tratar rotineiramente os questionamentos dos jornais sobre os movimentos navais, para que não apareçam como um movimento relacionado com as atuais contingências do Brasil.

4. [CENSURADO TOTALMENTE]

5. Houve um aparte a respeito do Panamá relacionado ao mais recente discurso na OEA quanto às discussões dos EUA com o governo do Panamá. O presidente opinou que o discurso, que pareceu agradar aos panamenhos, a ele não pareceu diferente do que foi utilizado anteriormente.

6. Em outra interjeição, o presidente perguntou que efeito o discurso do senador Fulbright havia tido no exterior. O Sr. Ball se referiu a sua viagem recente à Europa, na qual falou no conselho da Otan (antes do discurso de Fulbright). Ele disse que o pessoal da Otan concordou que os EUA não declarassem claramente sua posição sobre Cuba. O Sr. Ball acredita que o discurso de Fulbright pode dar munição para quem já não é favorável à nossa política sobre Cuba. Acrescentou que o discurso de Che Guevara em Genebra havia sido longo e, portanto, provavelmente foi um fracasso. Ele disse não acreditar que, no que diz respeito à sanção econômica contra Cuba, o discurso de Fulbright fosse surtir muito efeito na América Latina, já que há muito pouco comércio de qualquer maneira. O Presidente questionou se estamos realizando esforços para explicar as bases de nossa política atual a Fulbright. O secretário Rusk disse que isso foi e está sendo feito. O Presidente observou que o senador Fulbright provavelmente está apreciando a auréola posta nele pelo New York Times e o Washington Post e provavelmente deseja manter o acessório. O Sr. Ball disse (cont.)

SECRET

3

that he had identified the soft underbelly of the British position in the Cuban denial matter. Apparently British governmental credits can be granted on two grounds: (1) that it is a good credit risk, and (2) though not a good credit risk, the risk is in the national interests. The British apparently admit that the Leyland Bus deal falls in the second category. As a consequence, he believes that we may well be able to stop future British government-backed credits to Cuba.

The President said that he wants to be very sure that the British fully understand our position with respect to Cuban economic denial.

7. Secretary McNamara reported on the status of the task force. It sailed this morning and would be in the vicinity of Santos by the 11th of April. The arms and ammunition are now being assembled for airlift in New Jersey and the airlift would take 16 hours from the time of decision. As to POL, the earliest Navy tanker, diverted from the Aruba area, would be in place on the 10th or 11th of April. There is, however, a Norwegian tanker chartered by Esso in the South Atlantic loaded with the necessary motor and aviation gasoline. It is headed for Buenos Aires and should arrive there on the 5th or 6th of April.

(Messrs. Bundy and Dungan, following the meeting, said that they had taken exception to the Navy's order to its task force which had placed the movement clearly within the contingency plan for Brazil. They felt that this was an unnecessary security hazard.)

Desmond FitzGerald
Deputy Chief, WH (Special Affairs)

COPY LBJ LIBRARY

(cont.) ter identificado o ponto fraco da posição britânica na questão da sanção a Cuba. Aparentemente, os créditos governamentais britânicos foram concedidos por dois motivos: (1) que se trate de um bom risco de crédito e (2) que, mesmo não sendo um bom risco de crédito, seja risco de interesse nacional. Aparentemente, os britânicos admitem que o negócio dos ônibus Leyland se encaixa na segunda categoria. Como consequência, ele acredita que poderemos muito bem conseguir impedir futuros créditos subsidiados pelo governo britânico a Cuba. **[CENSURADO]** O Presidente disse que quer ter absoluta certeza de que os britânicos compreendem totalmente nossa posição a respeito da sanção econômica a Cuba.

7. O secretário McNamara reportou sobre o status da força-tarefa que partiu esta manhã e estará nas proximidades de Santos em torno de 11 de abril. As armas e munições estão sendo montadas para transporte aéreo em Nova Jersey, e o transporte levaria 16 horas a partir do momento da decisão. Quanto a combustíveis, o primeiro navio-tanque, desviado da região de Aruba, estaria no local em 10 ou 11 de abril. Há, no entanto, um navio-taque norueguês fretado pela Esso no Atlântico Sul carregado com os combustíveis necessários. A embarcação está a caminho de Buenos Aires, onde deve chegar em 5 ou 6 de abril. **[CENSURADO]**

(Os senhores Bundy e Dungan, após a reunião, disseram fazer objeção à ordem da Marinha para a força-tarefa que havia situado a movimentação claramente dentro do plano de contingência para o Brasil. Eles disseram acreditar que se trata de um risco de segurança desnecessário.)

[CENSURADO]
Desmond Fitzgerald
Chefe adjunto do Estado-Maior, Casa Branca (Assuntos Especiais)

INCOMING TELEGRAM *Department of State*

SECRET

Control: 452
Rec'd: APRIL 1, 1964
10:58 AM

FROM: RIO DE JANEIRO

ACTION: SECSTATE 2134 PRIORITY
WHITE HOUSE 4 PRIORITY
OSD 4 PRIORITY
JCS 4 PRIORITY
CIA 4 PRIORITY

DECLASSIFIED
Authority STATE 12.24.75
By GW NARS, Date 2.2.76

INFO: CINCLANT 20
CINCSTRIKE 4
BRASILIA 240
SAO PAULO 107
RECIFE 193

DATE: APRIL 1, 1 AM

1. I SAW KUBITSCHEK FOR A HALF HOUR AT 2115 LOCAL. HE WAS IN ENTIRELY DIFFERENT FRAME OF MIND FROM THAT REPORTED BY MINOTTO (EMBTEL 2126). SAID COULD NOT BELIEVE THAT MAGALHAES PINTO OR ALKMIN WOULD ACT ALONE, BUT ALSO COULD NOT UNDERSTAND WHY SAO PAULO HAD NOT MOVED.

2. SAID HE HAD VISITED GOULART AT LATTERS INVITATION THIS AFTERNOON, AND FOUND HIM SELF CONFIDENT. KUBITSCHEK PLEAD WITH HIM TO SAVE HIS MANDATE BY MAKING A CLEAR REJECTION OF THE CGT AND THE COMMUNISTS, BUT GOULART REPLIED THIS WOULD BE A SIGN OF WEAKNESS AND IF HE DISPLAYED ANY WEAKNESS HE WOULD BE LOST. MOREOVER, HE WAS SECURE IN HIS MILITARY SUPPORT AND CONSIDERED THE MINAS' REBELLION EASILY QUELLABLE.

3. KUBITSCHEK SAID HIS OWN MILITARY SOURCES DISAGREED WITH GOULART'S APPRAISAL OF HIS MILITARY SUPPORT. NEXT HOURS AND DAYS CRUCIAL, SINCE IF MINAS ISOLATED AND REBELLION SMOTHERED, GOULART WOULD BE ON HIGH ROAD TO DICTATORSHIP. KUBITSCHEK WAS AWAITING ADHEMAR'S SCHEDULED NIGHT BROADCAST WITH GREAT EAGERNESS. ALSO SAID MINAS WOULD NOT GIVE IN EASILY, AND SUBSTANTIAL FIGHTING WOULD BE NEEDED TO OVERCOME THE FORCES THERE.

SECRET

REPRODUCTION FROM THIS COPY IS PROHIBITED UNLESS "UNCLASSIFIED"

COPY
Lyndon Baines Johnson Library

Documento 7

Telegrama recebido – Departamento de Estado
1º de abril 1964 10:58 AM
Da Embaixada Americana, Rio
Do Embaixador Gordon
Distribuir a: Secretaria de Estado – Prioridade
Casa Branca – Prioridade
Gabinete Secretário da Defesa – Prioridade
Estado-Maior Conjunto – Prioridade
CIA – Prioridade
Informar a: Comando Forças do Atlântico
Comando Forças de Ataque
Brasília, São Paulo, Recife

1. Estive com Kubitschek durante meia hora às 21h15 locais. Ele estava num estado de espírito totalmente diferente do comunicado por Minotto (telegrama 2126). Disse não acreditar que Magalhães Pinto ou Alkmin agissem sozinhos, mas também não podia entender por que São Paulo não tinha se movimentado.

2. Disse ter visitado Goulart a convite deste, à tarde, e o encontrara confiante. Kubitschek pediu-lhe que salvasse seu mandato fazendo uma clara rejeição ao CGT e aos comunistas, mas Goulart respondeu que isso seria um sinal de fraqueza e, se demonstrasse qualquer fraqueza, estaria perdido. Além disso, estava seguro sobre seu apoio militar e considerava a rebelião de Minas facilmente sufocável.

3. Kubitschek disse que suas próprias fontes militares discordavam da avaliação feita por Goulart sobre seu apoio militar. As próximas horas e dias são cruciais, pois, se Minas for isolada e a rebelião for esmagada, Goulart estará com o caminho livre para a ditadura. Kubitschek aguardava o pronunciamento de Adhemar, programado para a noite, pelo rádio, com grande ansiedade. Também disse que Minas não cederia facilmente e que seria necessária uma considerável luta para vencer as forças ali.

4. Discutimos também o problema da legitimação de qualquer rebelião bem-sucedida, em termos gerais, expressando Kubitschek a crença de que o Congresso ratificaria rapidamente qualquer solução militar. GORDON

EMBASSY
OF THE
UNITED STATES OF AMERICA

Rio de Janeiro, Brazil,
April 13, 1964.

Dear Ralph:

    Your kind letter of April 6 arrived this morning, and I took the liberty of reading it to my top staff. They were naturally most pleased, as was I.

    Let me repay the compliment by saying that from the moment of Dean Rusk's message of Monday night March 31, we here could not have asked for more ample, cordial, or timely backing. The best kind of contingency planning is always the kind that need not be put into practice, but it was very comforting for us to know that we would not have been helpless in the event of a less happy outcome. And I still regard it as a little short of a Brazilian miracle that so drastic a transformation could be achieved so quickly and virtually without bloodshed. I would certainly not argue that we have been right in every judgment over the past months and years, but our confidence in the influence and attitudes of the key State Governors and the bulk of the military officer corps certainly proved more than justified.

    The new opportunities which this situation opens for us should be evident, and I gather from both correspondence and Hew Ryan's personal visit that this is well appreciated in Washington. I hope that it will continue to be so, because if there is a failure of policy now, the fault will rest with us and we shall have missed an opportunity which is most unlikely to repeat itself.

    With warm personal regards and all good wishes,

        Yours,

        Lincoln Gordon
        United States Ambassador

The Honorable
  Ralph A. Dungan,
    Special Assistant to the President,
      The White House.

Documento 8

Carta do Embaixador Gordon
Para Ralph A. Dungan,
Assistente especial do Presidente,
Casa Branca.

EMBAIXADA DOS ESTADOS UNIDOS DA AMÉRICA
Rio de Janeiro, Brasil, 13 de abril de 1964

Prezado Ralph:

Sua carta de 6 de abril chegou esta manhã, e tomei a liberdade de lê-la à minha equipe superior. Todos ficaram naturalmente satisfeitos, como eu.

Deixe-me devolver o elogio dizendo que, desde o momento em que recebemos a mensagem de Dean Rusk na noite da segunda-feira 31 de março, não poderíamos ter pedido por apoio mais amplo, cordial ou oportuno. **O melhor tipo de plano de contingência é sempre o tipo que não precisa ser posto em prática, mas foi muito reconfortante sabermos que não estaríamos indefesos na eventualidade de o resultado ser menos feliz.** Ainda vejo como uma espécie de milagre brasileiro que **uma transformação tão drástica** possa ter sido conquistada tão rapidamente e **praticamente sem derramamento de sangue.** Eu certamente não argumentaria que estávamos corretos em todas as nossas avaliações dos últimos meses e anos, mas nossa confiança na influência e nas atitudes dos principais governadores estaduais e da maior parte do corpo de oficiais militares certamente se provou mais do que justificada.

As novas oportunidades que esta situação nos abre são evidentes, e entendo, tanto pela correspondência quanto pela visita pessoal de Hew Ryan, que Washington valoriza isso. Espero que a situação prossiga dessa forma, porque, se houver falha estratégica agora, a culpa recairá sobre nós e teremos perdido uma oportunidade que muito dificilmente voltará a se repetir.

Meus cumprimentos pessoais e os melhores votos,
Atenciosamente,
Lincoln Gordon
Embaixador dos Estados Unidos

Epílogo

...e aqueles dois homens, que escreveram essas palavras e outras mais que aqui não estão?

LINCOLN GORDON permaneceu como embaixador no Brasil até 1966. De volta aos Estados Unidos, presidiu a Universidade John Hopkins de 1967 a 1971. Fruto do seu trabalho diplomático, escreveu *Brazil's Second Chance – En route toward the First World*, sobre o país que ele "ajudara a salvar do comunismo". Em depoimento ao Congresso dos EUA, afirmou – sob juramento – não ter tido qualquer tipo de interferência na preparação do golpe de 1964.

Em 2002, visitou o Brasil e admitiu ao jornalista Geneton Moraes Neto que os EUA deram US$ 5 milhões "para financiar candidatos" na eleição de 1962, mas culpou a CIA e se eximiu de responsabilidades. Já viúvo, morreu aos 96 anos, em 19 de dezembro de 2009, numa casa geriátrica em Mitchelville, Maryland, longe dos quatro filhos.

VERNON WALTERS saiu do Brasil em 1966 e foi para o Vietnã do Sul, em plena guerra. Depois, em 1971, como adido militar dos EUA na França, organizou, num subúrbio de Paris, os primeiros encontros secretos entre o poderoso Henry Kissinger, secretário de Estado do governo Nixon, e Le Duc Tho, representante do governo do comunista Vietnã do Norte.

Foi vice-diretor da Central Intelligence Agency (CIA) de 1971 a 1976. Com a derrota dos EUA no Vietnã, recolheu-se à intimidade para escrever *Silent Missions*. Com a eleição do presidente Reagan em 1980, tornou-se o principal conselheiro do Departamento de Estado. Veio ao Brasil no ano seguinte, mas

Epílogo

não convenceu o general-presidente João Figueiredo a apoiar a invasão de El Salvador, na América Central. Já não tinha a força dos anos 1960 – quando almoçou sozinho com Castello Branco no primeiro dia de governo e foi o último a jantar com ele, na véspera de que deixasse o poder em 1967.

Foi embaixador dos EUA nas Nações Unidas, seu último posto na vida pública. Morreu em Nova York em fevereiro de 2002, aos 85 anos.